프로젝트가 서쪽으로 간 까닭은 Adrenaline Junkies and Template Zombies

ADRENALINE JUNKIES and TEMPLATE ZOMBIES:
Understanding Patterns of Project Behavior

Copyright ⓒ 2009 by Tom DeMarco, Peter Hruschka, Tim Lister, Steve McMenamin, James Robertson and Suzanne Robertson. Published in the original in the English language by Dorset House Publishing Co., Inc.(www.dorsethouse.com), 3143 Broadway, Suite 2B, New York, NY 10027.
All rights reserved.

Korean language edition published by INSIGHT PRESS, Copyright ⓒ 2009

프로젝트가 서쪽으로 간 까닭은
프로젝트 군상의 86가지 행동 패턴

초판 1쇄 발행 2009년 11월 16일 **5쇄 발행** 2021년 5월 14일 **지은이** 톰 드마르코, 팀 리스터, 스티브 맥메나민, 피터 흐루스카, 제임스 로버트슨, 수잔 로버트슨 **옮긴이** 박재호, 이해영 **펴낸이** 한기성 **펴낸곳** 인사이트 **편집** 김강석 **본문 디자인** 디자인플랫 **제작·관리** 신승준, 박미경 **용지** 월드페이퍼 **출력·인쇄** 현문인쇄 **후가공** 이지앤비 **제본** 자현제책 **등록번호** 제2002-000049호 **등록일자** 2002년 2월 19일 **주소** 서울특별시 마포구 연남로5길 19-5 **전화** 02-322-5143 **팩스** 02-3143-5579 **블로그** http://blog.insightbook.co.kr **이메일** insight@insightbook.co.kr **ISBN** 978-89-91268-68-5 13560 책값은 뒤표지에 있습니다. 잘못 만들어진 책은 바꾸어 드립니다. 이 도서의 국립중앙도서관 출판예정도서목록(CIP)은 서지정보유통지원시스템 홈페이지(http://seoji.nl.go.kr)와 국가자료종합목록 구축시스템(http://kolis-net.nl.go.kr)에서 이용하실 수 있습니다. (CIP제어번호: CIP2009003458)

프로젝트가 서쪽으로 간 까닭은

프로젝트 군상의 86가지 행동 패턴

톰 디마르코·팀 리스터 외 지음 | 박재호·이해영 옮김

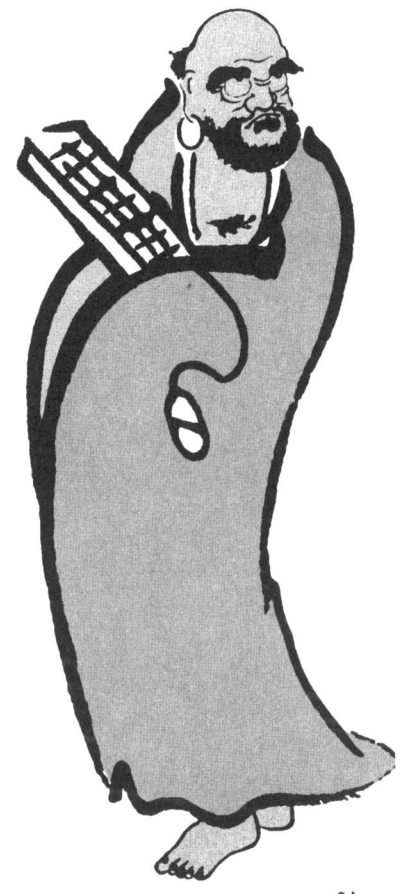

인사이트

차례 …

—	옮긴이의 글	8
—	초기 서평	12
—	도입	15
1	아드레날린 중독증	19
2	발바닥에 땀나도록 뛰어라	24
3	생선 썩는 내	29
4	신나는 회의, 자 박수!	33
5	보모	36
6	관련통 關聯痛	40
7	내일 Manana	44
8	눈 맞추기	48
9	무드링 관리	52
10	광신도	58
11	영혼을 빌려주다	62
12	시스템 개발 레밍 주기	66
13	후보 선수 없음	70
14	대면 접촉	73
15	조각칼을 주었으니 미켈란젤로가 되어라	77
16	대시보드	80
17	끝없는 장애물	86
18	영계와 노땅	90

19	영화 평론가	94
20	한 놈만 팬다	99
	중간휴식 프로젝트 용어정리	103
21	너무 적막한 사무실	106
22	소비에트 스타일	108
23	자연적인 권위	112
24	흰 선	115
25	침묵은 암묵적인 동의다	119
26	밀짚 인형	122
27	가짜로 긴급한 일정	127
28	시간이 선택의 여지를 앗아간다	130
29	루이스와 클라크	134
30	몽땅 연필	138
31	리듬	141
32	야근 예보	144
33	포커 게임	148
34	그릇된 품질 관문	152
35	테스트 전에 하는 테스트	157
36	사이다 하우스 규칙	160
37	말한 다음 써라	164
38	프로젝트 매춘부	168
39	대들보	172
40	옷 입는 이유	177
41	동료 평가	180
42	스노클링과 스쿠버다이빙	184
43	언제나 문제는 빌어먹을 인터페이스!	188

44	파란 영역	191
45	뉴스 세탁	195
46	진실은 천천히 알려주마	200
47	막판 경기 연습하기	204
48	음악가	208
49	기자	212
50	빈 자리	215
51	나의 사촌 비니	219
52	기능 수프	223
53	자료 품질	228
54	벤	231
55	예의 바른 조직	234
56	전념	237
57	야구 선수는 울지 않는다!	241
58	폭력 탈옥	244
59	매번 정시에 출시한다	247
60	음식++	251
61	고아 산출물	255
62	숨겨진 아름다움	259
63	잘 모르겠습니다	263
64	워비곤 호수의 아이들	267
65	공동 교육	273
66	Seelenverwandtschaft	277
67	십자 나사	281
68	혁신 예측하기	284

69	말린 몬스터	288
	중간휴식 편집실 바닥	292
70	브라운 운동	295
71	크고 또렷하게	298
72	안전 밸브	302
73	바벨탑	306
74	의외의 반응	309
75	냉장고 문	312
76	내일은 태양이 뜨리라	317
77	엎친 데 덮치기	322
78	변경이 가능한 시기	325
79	인쇄소	329
80	해외 개발팀 함정	333
81	작전실	338
82	무슨 냄새?	341
83	까먹은 교훈	344
84	설익은 아이디어의 고결함	349
85	누수	352
86	템플릿 좀비	356
	길드 소개	359
	사진 출처	361

옮긴이의 글 ···

프로젝트를 진행하는 도중에 뭔가 문제가 생긴다는 낌새가 느껴지는 경우가 있다. 하지만 느낌만으로 상부에 보고하지는 못한다. 현재 상황과 향후 추이가 어떻게 될지 파악해서 문제 원인과 해법을 내리지 않는 이상 불평분자로 낙인 찍힐 가능성이 높기 때문이다. 그렇다고 해서 충분한 정보를 수집해서 모든 사람이 만족할 만한 정보를 수집하기까지 마냥 방관하고 있을 수도 없다. 시간이 흘러 프로젝트 후반으로 갈수록 쓸 수 있는 카드가 적어지기 때문이다. 자, 이런 상황에서 당신이라면 어떻게 하겠는가? 겁쟁이 경기에서 이기도록 운을 바라고 구경만 할 것인가?

   이 책은 가슴으로는 알고 있지만 머리로는 정리되지 않은 프로젝트 행동 패턴을 알기 쉽게 정리하고 있다. 도입글에도 나오듯이 이 책의 저자 여섯 명은 다 합쳐서 총 150년에 이르는 경험을 토대로 패턴을 분류해서 표현하고 있다. 프로젝트 경험이 풍부한 사람이라면 이 책을 읽는 동안에 여러 차례 (패턴을 보면서) 환호성이나 (안티 패턴을 보면서) 비명을 지를지도 모른다. 어찌 되었거나 "이건 바로 딱 내가 겪은 이야기잖아!"라는 깨달음과 "아니 세상에 이런 중요한 사실을 모르고 지나갔다니!" 하는 안타까움이 교차할 것이다. 이 책을 읽고 나면 단순히 뭔가 문제가 있다는 낌새를 넘어서 구체적인 용어를 사용해서 동료들과 토론도 가능하고 상사에게 보고도 가능해진다. 다시 말해, 패턴과 패턴 뒤에 숨어있는 추상화라는 강력한 무기를 사용해서 적극적으로 문제점을 공략할 수 있게 된다. 이게 바로 이 책의 가장 큰 특징이자 장점이다.

  보통은 번역서나 저술서의 책 판형을 놓고 뭐라고 말하지 않은 성격임에도 불구하고 이번에는 특별히 출판사에게 책 판형을 최대한 줄여달라고 부탁했다. 한 번 읽고 나서 그냥 책장에 고이 보관하기보다는 들고 다니며 필요할 때마다 참고할 가능성이 높은 책이기 때문에 언제 어디서나 들고 다니도록 휴대성을 높이는 편이 좋겠다는 생각이 들었기 때문이다. 미리 각 패턴과 안티 패턴을 충분히 숙지해서 평상시 프로젝트에 임하다가 뭔가 수상쩍은 구석이 있으면 남몰래 슬쩍 책을 펼쳐봐서 다시 한번 이미 남들이 겪은 경험을 활용하도록 하자. 혹시 점심 먹고 나서 커피점에서 혼자 이 책을 읽고 있는 사람을 만나면 품고 다니는 똑 같은 책을 보여주며 다음과 같이 슬쩍 물어보자. "저는 요즘 이런 패턴 때문에 고민이 많습니다. 당신은 요즘 어떤 패턴 때문에 고민하고 계세요?" 그리고 마음이 통한다면 잠깐 시간을 내어 토론해봐도 좋겠다.

  번역하는 과정에서 든든한 동반자가 되어준 공역자 이해영씨에게 감사한다. 그리고 좋은 책을 맡겨주신 인사이트 사장님과 담당 편집자에게 감사한다. 마지막으로 언제나 끝날 것 같지 않은 번역 작업을 늘 참고 기다려준 가족들에게 감사한다.

박재호

"이 책을 번역하면서 가까운 지인에게서 들은 이야기가 계속 떠올랐다. 그 지인은 소위 '기울어가는' 회사에 다닌다. 부자가 망해도 3년은 간다고, 아주 오랫동안 기울어가는 회사다. (참고로 미국회사다.) "야, 이거 완전히 얘네 회사 이야기잖아."

그 회사는 속사정을 속속들이 모르는 내가 봐도 대여섯 개가 넘는 패턴이 금방 눈에 띄었다. 근래 몇 년에 걸쳐 여러 차례 인력을 감축하며 허리를 졸라매는 「몽당연필」 패턴, (일정이 아니라 시장성 측면에서) 실패가 뻔한 프로젝트를 추진하는 「생선 썩는 내」 패턴, 누군가 잘리면 그 사람이 맡은 시스템을 아무도 모르는 「후보 선수 없음」 패턴, 관리자가 왕에다 충원은 무조건 인건비가 싼 인도 사무소에서 하는 「말린 몬스터」 패턴, 가장 젊은 개발자가 경력 10년차인 「영계와 노땅」 패턴······.

막연히 '너네 회사 구리다' 라던 대화가 구체적인 패턴을 논하기 시작했다. 여러 패턴이 뒤섞이며 나름 상승(?) 작용을 일으킨다는 사실도 깨달았다. 그냥 구린 회사가 아니라 '무엇이 문제인지' 이해하기 쉬워졌다.

저자들이 이 책을 쓴 이유가 바로 여기에 있다. 그들은 막연히 '틀렸다, 구리다, 싫다'라는 느낌에서 벗어나 '무엇이, 어디가, 어째서 문제다'는 사실을 명확히 파악하라고 권한다. 맞서 싸우든, 그만두고 떠나든, 눈감고 넘기든, 일단 문제를 이해한 후에 대처하라는 소리다. 결국은 똑같이 대처하더라도 모르는 상태보다 아는 상태를 선호하는 독자라면 꼭 읽어볼 책이다.

언제나 꾸준한 자세로 일정을 관리하고 번역을 이끄는 공역자 박재호씨에게 감사한다. 그리고 좋은 책을 맡겨주시고 편집해주신 인사이트 사장님과 담당 편집자에게 감사한다.

이해영

초기 서평 …

통찰력이 멋지고 뛰어나다. 어느 순간 "빌어먹을, 나도 그렇지…….우린 망했어."라며 철렁했다가 "나만 그렇지 않구나. 희망은 있어!"라는 안도감이 밀려온다.

— 하워드 룩Howard Look | 픽사 애니메이션 스튜디오 소프트웨어 담당 부사장

이들이 아니라면 도합 150여년에 이르는 경험을 토대로 자주 부딪히는 상황을 이처럼 인상적인 이름으로 잡아내지 못하리라. 여러분도 이 책에 나오는 패턴 이름을 금방 사용하게 되리라 생각한다. 나도 이미 내 책에서 사용하기 시작했다.

— 알리스테어 콕번Alistair Cockburn | 『애자일 소프트웨어 개발』 저자

책에서 소개하는 86가지 패턴은 프로젝트와 관련한 조직에서 일한 사람이라면 잔인할 정도로 친숙한 개념이다. 다행스럽게도 일부 패턴은 권장할 만한 좋은 패턴이다. 하지만 슬프게도 많은 패턴은 우울할 정도로 익숙할 뿐 아니라 팀 생산성, 품질, 사기에 놀랄 만큼 파괴적인 영향을 미친다.

— 에드 요돈Ed Yourdon | 『죽음의 행진』 저자

유머 감각과 통찰력이 잘 섞인 작품이다. 프로젝트가 실패하는 원인과 대처 방안을 명확히 설명한다. 아주 친절하고 수긍이 가는 어조로 현실적인 충고를 제시한다.

— 와렌 맥파랜드Warren McFarland | 하버드 비즈니스 스쿨 교수

IT 조직을 운영하는 사람이라면 반드시 읽을 필독서다. 사실 프로젝트를 수행하는 조직이라면 (사실상 거의 모든 조직이 해당하겠지만) 어느 조직에나 유용하다. 그 희비극이 교차했던 그 자리에 당신도 있었지라고 말하는 듯, 사용된 은유가 아주 재미나다. 프로젝트에서 흔히 보이는 증상을 거의 담고 있다. 이 책을 읽고난 후 용기를 조금만 더한다면 (사람들이 일하고픈) 건강한 프로젝트 환경을 만들어서 일관된 결과를 내놓을 수 있으리라.

- 린 엘린Lynne Ellyn | DTE 에너지 부사장 겸 CIO

사람들은 언제나 자신과 남을 이해하려 애쓴다. 살아 남으려면 이해가 필요하니까. 이해는 단순한 생계에서 자아실현에 이르기까지 생존의 질을 좌우한다. 개별적으로, 남과 더불어, 제도 안에서, 사람들이 하는 활동은 태도와 행동이라는 독특한 프레임워크를 형성한다. 이들 복잡한 요소의 역학을 인지하려면 통찰력과 인지력이 필요하다. 이와 관련한 세 가지 시도가 떠오른다. 중국인들에게는 『주역』이 있다. 건축가들에게는 『A Pattern Language』가 있다. 정신 의학자들에게는 『정신 장애의 진단 및 통계 편람Diagnostic and Statistical Manual of Mental Disorder』이 있다. 세 가지를 멋지게 혼합한 이 책은 조직 안에서 프로젝트에 참여하는 사람들이 만들고 따르는 패턴을 소개한다. (득이 되는 패턴과 해가 되는 패턴을 모두 소개한다.) 날카롭고, 재미있고, 정확한 책으로 확실히 읽을 가치가 있다.

- 크리스토퍼 로크Christoper Locke | 『웹 강령 95』 공저자

도입

추상화는 인간에게 유일한 특성이다. 우리는 매일 매시간 의식이 깨어 있는 동안은 언제나 뭔가를 추상화한다. 물론 처음부터 그렇지는 않았다. 태곳적 언젠가 인간이 처음으로 뭔가를 추상화한 순간이 있었으리라. 원시인이 어딘지 익숙하게 여겨지는 뭔가를 응시하다 "아하! 머시기구나!" 하고 생각하며 최초의 추상화가 이뤄졌으리라. 그때부터 모든 것이 바뀌었다. 인간은 지구에서 해방되었다.

추상화는 매우 인간적인 행위지 패턴 인식이 아니다. 패턴 인식은 인간만이 하는 행위가 아니다. 쥐는 고양이가 잠잘 시간대, 사람이 부엌에 없을 시간대, 바닥에 떨어진 빵 부스러기가 (청소하기 전까지) 그대로 남아 있을 시간대를 파악한다. 집에서 기르는 개는 (아마 여행가방을 보고서) 주인이 즉흥적인 주말 휴가를 떠나려 한다는 사실을 감지한다. 동네 너구리는 쓰레기 더미보다 썰물 때의 해변이 먹이 사냥에 낫다는 사실을 이해한다. 하지만 패턴을 능숙하게 인식하는 쥐/개/너구리도 "아하! 머시기구나!" 하는 관찰은 못한다. 여기에는 추상화가 필요하기 때문이다.[1]

결정적인 차이는 본질을 인식하는 방법이다. 패턴은 시간이 흐르면서 흡수되고 다듬어져서, 마음 속 깊이 비언어적인 이미지로 저장되었다가, 예감이라는 형태로 표출된다. 공을 잡은 공격수가 왼쪽으로 파고 들리라는 예감이나 배우자가 분노로 폭발하기 직전이라는 예감은

---

[1] 여기서 인용구는 윌리엄 제임스가 쓴 『The Principles of Psychology』(New York : Henry Holt and Company, 1890) 463쪽에서 가져왔다.
 (옮긴이) 한국어판 : 『심리학의 원리 1, 2, 3』 윌리엄 제임스 지음, 정양은 옮김, 아카넷 2005년 펴냄.

과거 경험에서 패턴을 인식한 결과다. 이번 주 프로젝트 회의에서 논쟁이 벌어지리라는 예감도 마찬가지다. 그런데 이렇듯 직관적인 패턴도 나름대로 유용하지만 (확실히 생존에 도움이 되지만), 심각하게 숙고하여 뭔가를 관찰해낸다면 패턴은 더더욱 유용해진다.

예를 들어, 스스로 다음 질문을 던져보자. 지금까지 논쟁이 벌어졌던 회의는 어떤 공통점이 있는가? 대개 분기 말에 상사의 상사가 참석한 회의였다. 최악은 팀이 일정 지연을 보고한 회의였다. 즉, 패턴을 다음과 같이 말로 표현할 수 있다. "우리 상사는 일정 지연을 보고하는 회의에서 완전히 심기가 뒤틀린다. 특히 분기 말이 다가와서 상사의 상사가 참석하는 회의에서는 더욱 심하다."

위와 같은 결론의 토대가 된 징후는 원래 인식한 그대로 무의식 속에 숨어 있다가 가끔씩 예감으로 튀어나온다. 하지만 이제는 직관을 담당하는 우뇌와 논리를 담당하는 좌뇌가 일시적으로 연결되어 핵심적인 개념을 말로 바꾸었다. 이제는 그 개념을 기록하고, 테스트를 만들어서 검증하고, 남들과 공유하고, 동료가 관찰한 개념과 통합할 수 있다.

프로젝트에 참여하는 사람들 대다수는 패턴 인식과 예감에 상당히 능숙하지만 (예를 들어, "제가 느끼기에 이번 프로젝트는 가망이 없습니다."), 패턴을 좀더 유용한 형태로 추상화하는 일에는 익숙하지 못하다. 그래서 이 책이 나왔다. 도합 100년 하고도 50년이 넘는 경험을 토대로 우리 저자 6명은 머리를 맞대고 지금까지 경험한 패턴을 정리하고 표현했다.

책이라는 형태 자체는 순서가 있다. 한 쪽 다음에 다음 쪽이 나오니까. 하지만 이 책은 첫 장부터 마지막 장까지 읽기 좋게 만들려고 그냥 우리 입맛에 맞게 순서를 매겼을 뿐이다. 패턴 자체는 별다른 순서가 없기 때문이다.

처음부터 끝까지 순서대로 읽든, 아무 패턴이나 내키는 대로 읽든, 한 가지 사실을 명심하기 바란다. 우리 저자들은 우리가 관찰한 패턴이 보편적이라고 주장하지 않는다. 이 책에서 언급하는 패턴이 여러분 회사에 해당할지도 모르고 아닐지도 모른다. 어떤 패턴이 여러분 회사에 해당한다면, 지금까지 단순히 예감으로만 취급했던 감정을 관찰로 바꾸어서 팀과 함께 표현하고, 테스트하고, 개선하기 바란다.

이 책을 집필하면서 아키텍트이자 철학자인 크리스토퍼 알렉산더와 그가 쓴 『A pattern Language』[2]로부터 많은 도움을 받았다. 기념비적인 책인 이 책에서 알렉산더와 공저자들은 수백 가지에 이르는 아키텍처 패턴을 묘사한다. 이 책을 통해 우리가 사는 건물을 (그리고 우리가 좋아하는 건물을) 이해할 수 있었을 뿐 아니라 사려 깊게 표현한 추상화는 어떤 주제도 설명할 수 있다는 사실을 알게 되었다.

---

[2] C. Alexander 외 지음, 『A Pattern Language : Towns, Buildings, Construction』(New York : Oxford University Press, 1977).

(옮긴이) 한국어판 : 『건축 도시형태론 1, 2』, 크리스토퍼 알렉산더 지음, 한근배 옮김, 태림문화사 1998년 펴냄.

1 아드레날린 중독증

"조직이 미친 듯이 바쁘게 움직이는 모습을
생산성이 높은 증거라고 믿는다."

전화가 울린다.

"이번 주에 요구사항 명세서를 반드시 고쳐야 합니다. 오서서 도와 주시겠습니까?"
"뭐가 문제입니까?"
"시간이 없어서 신참들에게 명세서를 작성하라고 맡겼습니다. 아무래도 신참들이 멋모르고 삽질하는 듯 보입니다."
"그렇다면 신참들에게 명세서 작성법을 가르치는 편이 더 생산적이지 않습니까?"
"하지만 이번 주까지 명세서가 필요합니다."
"알겠습니다. 내일 찾아 뵙겠습니다."

두 시간 후에 다시 전화가 울린다.

"오서서 우리가 예측한 일정을 봐주시겠습니까?"
"명세서는 어쩌구요?"
"시간이 없습니다. 명세서는 현재 버전을 그대로 사용할 예정입니다. 상사가 오늘 안에 일정을 예측해서 내놓으라는군요……."

다음은 아드레날린 중독증에 걸린 조직이 보이는 특성이다. 아마 익숙하리라. 1) 우선순위가 계속 변한다. 2) 어제까지 모든 결과물이 나왔어야 했다. 3) 시간이 언제나 부족하다. 4) 모든 프로젝트가 긴급하다. 5) 긴급한 프로젝트가 계속 쏟아진다. 6) 모두가 언제나 미친 듯이 바쁘다.

　이런 조직에서 일하는 사람들은 전략적으로 사고하지 않는다. 무조건 긴급한 업무부터 처리한다. '긴급도'가 낮은 프로젝트는 (장기적인 이익이 보장되어도) 일단 무시한다. 그러다가 갑자기 급해지면 그제야 돌아본다. 아드레날린 중독증에 걸린 조직은 계획보다 전력질주가 최선의 방법이라 믿는다.

　이런 문화는 필사적인 급박함을 효율적인 생산성이라 믿는다. 이렇듯 급박함을 장려하는 문화 속에서는 중독을 피하기 어렵다. 밤낮없이 일해서 터무니없이 짧은 일정을 간신히 맞춘 개발자가 영웅으로 부상한다. (그들이 내놓는 품질은 상관이 없다.) 간신히 업무를 따라잡으려고 주말마다 출근하는 팀이 그렇지 않은 팀보다 더 좋은 평판을 얻는다. 한술 더 떠서, 늦게까지 일하지 않거나 바쁘게 설치지 않으면 왕따를 당한다. 조직을 돌아가게 만드는 바쁘디-바쁘디-바쁜 무리에 속하지 않으니까. 영웅적이지 않은 행동은 노골적으로 거부 당한다.

　아드레날린 중독증에 걸린 조직 대다수에는 병목을 일으키는 요인이 하나 이상 존재한다. 모든 설계 결정을 내리는 영웅이나, 모든 요구사항을 결정하는 영웅이나, 모든 아키텍처 결정을 내리는 영웅이 바로 병목을 일으키는 요인이다. 우리의 영웅은 두 가지 역할을 수행한다. 첫째, 미미한 중생은 꿈도 못 꿀 정도로 바쁘게 보인다. 둘째, 의사결정 흐름을 막는다. 그래서 나중에 결정이 떨어지면 그제야 나머지 조직이 더더욱 바빠진다.

아드레날린 중독증에 걸린 조직 대다수는 고객 서비스 윤리를 열광적으로 포용한다. 그들은 긴급한 요청에 놀랄 만큼 빠르게 대응한다. 고객이 뭔가를 요청하면 즉시 프로젝트를 시작한다. 잠정적인 이익을 (심지어 유용성도) 따져보지 않는다. 프로젝트 기간은 어이없이 촉박하다. (자세한 내용은 패턴 38「프로젝트 매춘부」를 참조하라.) 새 프로젝트는 이미 과도한 업무에 시달리는 영웅에게 더 많은 일거리를 안기므로 우리의 영웅은 더더욱 바빠진다. 이렇듯 조직은 아주 아주 바빠야 한다는 욕심을 끝없이 채워간다. 이런 조직 대다수는 (그릇되게도) 자신들이 기민하다고 믿는다.

아드레날린 중독증에 걸린 조직은 생각보다 행동을 우선한다. 그 결과 대다수 사안은 유동적인 상태에 머무른다. 확정된 사안이나 장기적인 사안이 없다. 유동적인 상태가 지속적으로 이어진다. 명세서가 유동적이라, 아무도 무엇을 만들지 모른다. 설계와 계획이 유동적이라, 내일 당장 바뀔지도 모른다. 중요도나 가치로 우선순위를 정하려는 시도도 없다. 더 급한 일이 널렸으니까.

아드레날린 중독증을 치료하는 시설은 없다. 아드레날린 중독자를 없애고 새로운 관리자로 대체하지 않는 한 아드레날린 중독증을 치료할 방법도 없다. 조직은 응급 상태가 아닐 때 가장 효율적이라는 사실을 인정하는 관리자가 필요하다. 하지만 이런 인력 교체는 거의 불가능하다. 흔히 조직이 미친 듯이 바쁘기를 바라는 사람은 경영진이나 CEO기 때문이다. 그들은 회사가 미친 듯이 바빠야 잘 돌아간다고 믿는다. 회사 경영진이 아드레날린 중독증에 걸렸다면 프로젝트 팀들도 금방 따라 걸린다.

  아드레날린 중독증에 걸린 조직이 항상 실패하지는 않는다. 어떤 조직은 여러 해가 넘도록 미친 듯이 바쁜 상태를 유지한다. 하지만 어느 조직도 진짜 큰 제품, 즉 안정성과 계획성이 필수인 제품을 내놓지 못한다. 중독자가 내놓는 성과는 확장이 불가능하다. 전략이나 방향이 무지한 상태에서 소수가 아주 아주 열심히 일해서 얻어지는 결과이기 때문이다.

  물론 어느 조직이든 때때로 긴급한 상황이 발생한다. 그래서 긴급한 업무에 집중하는 사람도 필요하다. 하지만 모든 사안이 늘 긴급하지는 않다. 모든 사람이 긴급한 사안에 관여할 필요도 없다. 긴급함을 선별과 절제로 대체하지 않는 한 아드레날린 중독증을 치료할 희망은 없다.

2 발바닥에 땀나도록 뛰어라

"팀이 '누가 무엇을 언제까지' 라는 결정을
재깍 내린 후 필요한 조치를 재깍 취한다."

개발 팀 정기 회의가 열리는 회의실이다. 자신이 회의실 벽에 앉은 파리 한 마리라고 상상하자. 팀이 회의를 시작하자마자 다음과 같은 대화가 오간다.

무엇이 문제입니까? 해결하려면 무엇이 필요합니까? 누가 각각을 책임지고 이끕니까? 첫 번째로 할 일은 무엇입니까? 누가 합니까? 언제까지 합니까? 기간을 모른다면 누가 언제까지 범위를 조사합니까? 언제 다시 모여서 다음 단계를 계획합니까?
회의 끝!

회의가 끝난 후 (보통 한 시간 내에) 전자편지가 발송된다. 전자편지는 팀이 합의한 계획을 요약한다. 전자편지가 발송될 즈음이면 대개 팀은 한두 가지 항목을 이미 완료한다. 회의를 끝내자마자 곧바로 착수했기 때문이다.

벽에 붙어 동정을 살피는 파리 눈에도 초고속 팀이라는 사실이 보인다.

우리가 아는 초고속 팀 하나는 종종 회의를 하는 도중에 사람들이 합의한 사안을 처리하기 시작했다. 때로는 담당자가 따로 기록했다가 나중에 하느니 즉석에서 처리하는 편이 쉽다고 여겨서다. '현재 열린 우선순위 2 버그를 제품 관리자에게 모두 재할당하여 선별을 맡긴다'라는 업무가 좋은 예다. 만약 회의에 참석하지 않은 누군가와 상의해서 결정할 사안이라면 담당 팀원이 즉석에서 메신저instant message로 관계자와 접촉하여 결과를 보고했다.

사실 위 예제와 같은 팀은 이례적이다. 명백히 기술적인 뒷받침도 필요하다. 하지만 근본적으로 위와 같은 행동은 (장비가 아니라) 팀 문화에서 비롯된다. 버그를 재할당하는 데 10분이 걸리든 90분이 걸리든 그것은 중요하지 않다. 팀이 곧바로 착수한다는 사실이 중요하다. 항상 발바닥에 땀나도록 뛰는 팀은 다음과 같은 특성을 보인다.

- 시간적인 촉박함을 본능적으로 안다. 지연을 진짜 위험으로 여긴다. 마감일을 독촉할 필요가 없다. 제품을 (혹은 시스템을) 제대로 만들어 즉시 시장에 (실제 환경에) 내놓으려고 스스로 분발한다. 그들은 시간의 금전적인 가치를 이해한다.
- 개인과 집단 능력을 크게 신뢰한다. 깜깜하고 낯선 방안을 맨발로 돌아다닌다고 상상해보라. 무엇을 밟을지 무엇에 부딪힐지 모르므로 천천히 움직인다. 불확신은 마찰력과 같다. 행동에 돌입하는 팀은 자신들이 내린 결정과 자신들이 취할 행동이 올바르다는 사실을 (혹은 올바르게 만들 수 있다는 사실을) 자신한다. 그래서 신속한 행동을 겁내지 않는다.
- 반복의 가치를 믿는다. 그들은 잘못을 겁내지 않는다. 자신이 넘치는 탓이기도 하지만 프로젝트를 진행하면서 주기적으로 상태를 평가하고 경로를 정정할 계획이기 때문이다. 매번 완벽한 결정을 내려야 한다는 부담이 없으면서도 대개 올바른 결정을 내리리라는 자신이 넘치므로 팀은 민첩하게 결정하고 행동한다.

이와는 반대인 패턴이 '토크쇼' 팀 회의다. '토크쇼' 팀 회의는 나름 흥미롭지만 행동이 없다. 다음은 '토크쇼' 패턴에 속하는 몇 가지 회의 모습이다.

- 완벽한 정보를 구한다. 어떤 기업 문화는 일을 추진하는 쪽보다 실수를 저지르지 않는 쪽에 더 가치를 둔다. 다시 말해, 뭔가를 하다가 문제가 생기느니 아예 아무 일도 안 하는 편이 안전하다고 여긴다. 이런 문화에서 일하는 사람들은 처음부터 완벽한 결정을 내리려고 온갖 정보를 수집한다. 흔히 팀 회의는 무엇을 할지 결정하는 자리가 아니라 무엇을 할지 결정하려면 어떤 정보가 더 필요할지 결정하는 자리가 된다.
- '보류'를 선호한다. 약한 팀은 강한 팀보다 결정과 행동을 보류할 가능성이 훨씬 높다. 강한 팀에게 행동과 보류는 양립하기 어려운 개념이다. 강한 팀은 뭔가를 추진하고 싶어서 안달이다. 결정을 내리거나 업무를 완수해야 한다면 강한 팀은 적극적으로 뛰어든다. 결정을 적정한 시기로 미뤄야 한다면 강한 팀은 구체적인 시기를 정한다. 약한 팀은 결정과 행동을 나중으로 미룰 핑계부터 찾는다.
- 왼쪽 괄호가 난무한다. 형편없이 운영되는 팀 회의는 생각이 흐르는 대로 이 주제 저 주제를 건드린다. 시작은 있으되 끝이 없다.
- 야영장에서 노닥거린다. 어떤 팀 회의는 형식이 전무하여 조직에서 구전되는 일화, 회고담, 이야기를 나누는 자리로 그친다.

- 모든 길은 설계로 향한다. 아키텍트와 개발자가 주도하는 팀들 중 어떤 팀은 모든 회의가, 원래 안건이 무엇이든, 설계 토론으로 귀결된다. 설계 토론은 중요하지만 그 때문에 다른 중요한 주제를 논의하지 못해서는 안 된다.
- 회의에서 다른 회의 일정을 잡는다. 실패하는 회의가 모두 이렇게 끝난다.

3 생선 썩는 내

"프로젝트는 애시당초 기한 내에
끝날 가망이 없다. 관련자
대다수가 알면서도 함구한다."

대다수 IT 프로젝트는 목표가 간단명료하다. 한 마디로 표현하면 이렇다. 이런저런 기능을 이만한 정확도와 저만한 안정성으로 어느 날짜까지 구현한다. 이에 팀을 만들고, 목표와 제약을 상세한 요구사항과 설계로 변환하고 모두에게 공지한다.

그런데 한 가지 커다란 비밀은 어느 누구도 프로젝트가 성공하리라 생각하지 않는다는 사실이다. 목표를 조정하지 않는 한 일정 달성은 꿈에서나 가능하다. 신기하게도 프로젝트에 생선 썩는 내가 진동한다는 사실을 아무도 언급하지 않는다.

프로젝트는 그리스 비극처럼 전개된다. 그러다가 출시를 몇 주 남기고 프로젝트 구성원, 프로젝트 관리자, 프로젝트 관리자의 관리자, 기타 프로젝트를 관망하던 사람들은 다음 행동 중 하나를 택한다.

1. 출시할 상태가 전혀 아니라는 사실에 충격, 실망, 경악을 표한다.
2. 누가 묻지 않는 한 입을 닫고 분위기를 살핀다.

어째서 수많은 조직에서 수많은 사람들이 현실을 감추려고 탈취제를 뿌려댈까? 어째서 "프로젝트는 성공할 가망이 없습니다. 썩는 내가 진동한다구요!"라고 솔직히 말하는 사람이 없을까?

조직이 성공에만 매달리기 때문이다. 그래서 의심을 솔직히 표명하면 불이익을 당하기 때문이다. 실제로 누군가 프로젝트 초반에 썩는 내를 지적하면 경영진은 십중팔구 이렇게 반응한다.

"증명하십시오. 성공할 가능성이 '0'이라는 사실을 보여주십시오. 이전 프로젝트 주변에 말라 비틀어진 생선 뼈가 널렸다고 거기서 결론을 유추하지 마십시오. 이번 프로젝트는 다릅니다. 실패가 불가피하다는 사실을 수학적으로 확실히 증명해 보시오."

완벽하게 증명하지 못하면 불평분자로 찍힌다. 열심히 일하지 않으려는 게으름뱅이로 여겨진다.

"불평분자입니까? 아니면 게으름뱅이입니까? 입장을 분명히 하세요. 어느 쪽이든 우리처럼 멋진 조직에 오래 몸 담기는 어렵겠습니다."

이런 분위기에서는 목표가 불가능하다고 말하느니 '열심히' 하다가 실패하는 편이 낫다. 물론 아주 도전적인 프로젝트라면 진짜로 열심히 해보기 전에는 실패를 거론하기 어렵다. 하지만 진짜 데드라인이 있는 험악한 프로젝트는 어느 누구도 비상사태를 선포하기 위해 막판까지 기다리지 않는다. 18개월 후에 발사할 통신 위성 소프트웨어를 만든다면, 그리고 이번 발사 일정을 놓치면 16개월 후에나 또 다시 기회가 온다면, 모두가 썩는 내가 나는지 매일 킁킁거릴 것이다. 그리고 누군가 썩는 비린내를 맡는다면 곧바로 조치에 들어갈 것이다. 반면, 죽은 생선 프로젝트는 선택의 여지가 사라질 때까지 어느 누구도 아무런 조치를 취하지 않는다.

죽은 생선은 조직에 부정적인 영향을 미칠 뿐 아니라 프로젝트 팀과 프로젝트 관리자의 사기도 꺾어놓는다. 조직 문화가 어떠하든 썩은 내가 진동하는 생선을 오랫동안 품고서 마음 편할 사람은 아무도 없다. 죽은 생선을 비밀스럽게 숨기기에는 비용이 너무 크다.

몬티 파이썬 팬을 위한 보너스 :
"이 프로젝트는 죽지 않았어. 죽은 척 하는 것뿐이라구!"
"죽은 게 아냐. 단지 허물을 벗는 중이라고!"
"이 프로젝트는 죽었어. 사람 눈에는 보이지 않는 프로젝트 성가대 일원이 되었지."
"이제 완전히 다른 패턴 몇 개가……."

4 신나는 회의, 자 박수!

"높은 사기를 표출하면 업무고과가 좋아진다."

크리스 린, 기업 전문 연예인 www.chrislinn.com

높은 사기는 건강한 조직을 가리키는 확실한 징표다. 마찬가지로 낮은 사기도 뭔가 잘못되었다는 확실한 증거다. 그런데 이 관계를 오해해서 역으로 이용하려는 관리자가 있다. 그들의 논리는 이렇다. "강제로 사기를 높이면 나머지는 자연히 좋아지겠지."

흠, 그렇다면 강제로 사기를 높이는 방법은 무엇일까? 특히 (진짜로 필요한) 시간과 노력과 비용을 안 들이고 사기를 높이려면? 어려운 문제이나 그래도 시도하는 사람들이 있다. 그래서 이런 농담도 나왔다. "사기가 올라갈 때까지 두들겨 패라."

흔히 시도하는 방법이 공식 회의다. 상사가 만면에 미소를 담은 채 모두에게 발언할 기회를 제공한다. "하고 싶은 말은 뭐든지 하십시오." 그는 자신 있게 말한다. "어떤 이야기든 괜찮습니다. 나쁜 소식이나 어려운 질문도 좋습니다. 솔직히 털어놓읍시다. 우리는 행복한 한 가족이니까요." 그의 발언 뒤에 숨겨진 의미는 이렇다.

"행복한, 빌어먹을 행복한. 정신 차리고 들어라."

내가 아는 어느 회사는 '사기 진작' 회의를 '누구나 손드는' 회의 All Hands Meeting라 불렀다. 누구나 참석해도 괜찮은 회의였기 때문이다. 하지만 실제로 손을 들고 CEO에게 까다로운 질문을 던졌던 어느 용감한 친구는 원하는 대답을 듣지 못했다. CEO는 뭔가를 중얼거린 후 재빨리 연단을 내려갔다. 나중에 그 무례한 친구는 직속 상관한테 불려가서 꾸중을 들으며 '회사가 까다로운 질문을 진짜로 반긴다'는 환상에서 벗어났다. 이후로 사람들은 그 회의를 '아무도 손들지 못하는' 회의No Hands Meeting라 빈정거렸다. 누구도 손 들면 안 된다는 사실을 깨달았기 때문이다.

-톰 드마르코

직원들 의견에는 관심 없고 칭찬만 바란다는 느낌이 든다면 그 회의가 무슨 회의인지 알리라. 자, 박수 준비하시라.

5 보모

"프로젝트 관리자는 전통적인 보모와 같은 자질이 필요하다."

훌륭한 관리자는 팀원들이 보유한 능력을 잘 안다. 훌륭한 관리자는 팀원이 보유한 능력과 맡은 업무가 서로 부합하도록 책임을 할당하고 계획을 세운다. 이 정도는 기본이다. 어떤 관리자는 한 걸음 더 나간다. 이들은 팀원들이 기술을 사용하고 개선하는 능력을 최대로 높여주는 (기술적 그리고 사회적) 환경을 제공하고 업무에 필요한 도구도 확실히 제공한다. 이들은 질문과 토론을 장려하고, 각 팀원에게 적절한 난제를 던져주며, 필요하다면 비평하고, 사람들이 일을 즐기는 환경을 만들며, 프로젝트가 매끄럽게 진행되도록 필요에 따라 적절한 조정을 가한다. 한마디로 우수한 관리자는 아이들을 돌보는 보모처럼 팀원들을 돌본다.

전통적인 의미에서 보모는 아이들을 돌보라고 가족이 고용하는 사람이다. 일반적으로 선생님, 간호사, 요리사 교육을 받으며 아이들의 신체적, 정서적, 사회적, 창의적, 지적 계발을 책임진다. 일상적으로는 아이들이 안전한지, 신선한 공기를 마시며 운동을 충분히 하는지, 영양가 있는 음식을 먹는지, 세상과 세상을 살아가는 방법을 배우는지 등을 챙긴다. 아이들을 돌보는 일 외에도 보모는 아이들이 커가는 상태를 부모와 의논한다. 아이에게 특별한 재능이 있다면 계발하자고 권장한다. 보모는 아이들이 배우기 좋은 환경, 위험을 무릅써도 괜찮은 환경을 만든다.

자질이 보모와 유사한 관리자는 팀원들의 능력을 육성하고 계발하여 팀원들로부터 더 나은 성과를 끌어낸다.

지금까지 내가 함께 일했던 최고의 관리자는 피터 포드였다. 우선 그는 업무에 필요한 장비와 환경을 꼼꼼히 챙겼다. 예를 들어, 우리 사무실은 개방형이어서 생각이 필요한 지적 업무와 맞지 않았다. 피터는 예산을 따내서 방음벽을 세웠고 우리 팀이 사용할 '조용한 방'을 몇 개 확보했다. 그 외에도 우리가 모르는 협상과 정치가 많았다. 피터는 우리에게 새로운 시스템 개발 아이디어를 찾아보고 토론하라고 장려했다. 그는 책과 잡지를 구매하여 팀 도서관을 만들었으며 토론할 시간을 잡아주었다. 팀원들이 기운이 없거나 우울한 기색을 보이면 대화를 청하고 도와줬다. 피터는 조직으로부터 우리를 보호했지만, 마음에 안 드는 부분은 확실히 지적했다. 그의 사무실은 거의 항상 열려 있었다. 피터는 우리의 보모였다.

– 수잔 로버트슨

지금 몸 담은 조직이 다음 조건을 하나라도 만족한다면 이미 그런 보모가 있을지도 모르겠다. 1) 약속을 따로 잡지 않아도 상사와 만나기 쉽다. 2) 소소한 잡무에 많은 시간을 뺏기지 않는다. 3) 개방적인 환경이다. 사람들이 자기 생각을 솔직히 털어놓고 서로에게 배운다. 3) 관리자가 교육과 훈련을 (사치가 아니라) 필수로 여긴다. 4) (오전 커피 타임이나 금요일 오후 책 토론 등) 새로운 아이디어를 토론할 시간이 별도로 마련되어 있다.

사람들이 모이는 곳이라면 어디나 소문과 뒷담화 등으로 시간을 낭비하기 마련이다. 하지만 보모 같은 관리자가 있어 축복 받은 사무실은 이런 시간 낭비가 최소로 줄어든다. 왜냐고? 관리자가 모두에게 솔직하고 정확한 정보를 알려주니까. 팀원들이 회사에서 떠도는 소문에 귀 기울일 필요가 없으니까. 관리자로부터 충분한 정보를 제공 받고 관리자가 자신들을 신뢰한다고 느끼니까. 그래서 팀원들이 마음 놓고 업무에 집중하니까.

보모 같은 관리자는 자신이 업무를 촉진하는 촉매라고 생각한다. 전통적인 보모는 아이들이 성장하는 모습에서 만족을 느낀다. 보모 같은 관리자는 각 팀원이 맡은 역할에서 성장하고 업무에 만족하며 생산성이 높아지는 모습에서 만족을 느낀다.

이와 반대인 패턴이 정치, 행정, 절차, 아부에 신경 쓰는 관리자다. 팀과 나누는 대화보다 PERT와 간트Gantt 차트를 그리고 조정하는 일이 더 중요하다. 또 어떤 관리자는 팀을 보살피는 대신 실제 개발에 뛰어든다.

조직이 관리자 역할을 어떻게 바라보는가? 업무를 촉진하는 관리자를 포상하는가? 보모를 고용하는가 아니면 행정직을 고용하는가?

6 관련통 關聯痛

"프로젝트가 외견상 문제는 해결하나 근본 원인은 건드리지 않는다."

관련통關聯痛이란 통증을 유발한 원인과 통증을 느끼는 부위가 전혀 다른 통증을 가리킨다. 예를 들어, 척추가 손상되면 척추가 아닌 다른 부위에 통증을 느낀다. 좌골신경통이 좋은 예다. 환자는 다리에 통증을 느끼지만 주된 원인은 척추 원반이 탈출하여 신경을 누르는 탓이다. 그래서 다리를 아무리 치료해도 통증은 가시지 않는다. 원인이 다른 곳에 있기 때문이다. 한편 심장 발작이 일어나는 사람은 흔히 왼팔에 통증을 느낀다. 왼팔을 아무리 치료해도 생명의 위협은 사라지지 않는다.

프로젝트를 발주할 때는 흔히 가장 눈에 띄는 문제, 즉 고객이 가장 불편해 하는 문제에 집중한다. 그러나 관련통만 살펴서 치료하려 든다면 프로젝트가 내놓는 제품은 거대한 낭비로 전락한다. 진짜 고객 요구를 해소하지 못하기 때문이다.

예를 들어, 은행 고객이 암호를 잊어 먹고서 보안 부서에 새 암호를 발급해달라고 요청한다. 그런데 새 암호를 발급하려면 고객을 인증하는 복잡하고 값비싼 절차가 필요하다. 어떤 영국 은행은 새 암호를 발급하는 비용이 연간 4백만 파운드를 넘어설 정도였다. 그래서 그들은 암호를 좀더 쉽고 싸게 발급하는 방법을 찾으려고 새 프로젝트를 시작했다.

새 프로젝트는 (많은 사람들이 암호를 잊어버린다는) 근본 원인이 아니라 관련통만 치료하려는 시도였다. 암호 규정이 너무 까다로워서 사용자는 기억하기 어려운 암호를 지정하게 되었고, 그러다 보니 은행은 경쟁 은행보다 훨씬 많은 '새 암호 발급' 요청을 받았다. 은행이 진짜 원인을 공략했더라면 (아주 작은 비용으로) 요청 수가 줄었을 터이고, 그랬다면 기존 발급 방식으로 충분했을 터이다.

근본 원인이 아니라 관련통만 치료하는 일반적인 이유 중 하나가 조사를 꺼려서다. 조사를 꺼리는 이유는 조직 문화 탓이거나 아니면 빨리빨리 결과를 내라는 압력 탓이다. "이것 보세요. 내가 무엇이 필요한지 정확히 압니다. 그러니 빨리 보고서만 내놓으세요." 많은 조직에서 "지금 보고서가 눈 앞에 있다면 어떻게 사용하시겠습니까? 진짜로 보고서가 필요한 이유는 무엇입니까?"라는 질문을 던지려면 용기가 필요하다.

또 다른 이유는 가장 밝은 곳을 보려는 우리의 성향 때문이다. 예를 들어, 우리는 자신이 아는 기술에 비추어 문제를 바라본다. 그래서 자신이 아는 해법 중 가장 적합한 답안을 찾는다. 웹 서비스 설계자에게 비즈니스 문제를 던져주면 십중팔구 웹 서비스 해법을 제안한다. 데이터베이스 설계자에게 물어보면 데이터베이스 해법을 내놓는다. 두말할 나위 없이, 둘 다 자신이 선호하는 구현에 깔끔하게 맞지 않는 부분은 쉽사리 무시한다. 게다가 우리는 가장 매력적인 문제, 그러니까 가장 멋진 제품을 내놓는 문제에 이끌린다. 이런 두 가지 이유로 개발자는 명백한 문제나 명시된 문제에 독창적인 해법을 찾으려고 서두르다 결국은 엉뚱한 방향으로 노력을 소모한다.

관련통을 치료하는 프로젝트는 흔히 편법을 남발한다. 예를 들어, 여러 가지 증상이 나타나는 시스템에 수정이 필요하다. 그런데 시스템을 고치는 대신에 편법을 찾아낸다. 즉, 잘못되게 두었다가 결과만 고친다. 편법은 1회용 반창고다. 문제를 일으킨 원인은 해결하지 못한다. 그럼에도 불구하고, 편법 하나가 먹히는 듯 보이면 더 많은 편법을 사용한다. 때로는 편법 위에 편법을 쌓는다. 수술 대신 일회용 반창고를 덕지덕지 붙이는 형국이다.

많은 문제는 근본 원인이 미묘하다. 아주 엉뚱한 곳에서 증상이 드러나는 문제도 흔하다. 하지만 진짜 원인, 즉 진짜 문제를 찾으려는 노력은 틀림없이 몇 배나 남는 장사다.

7 내일 Mañana

"우리 모두에게는 '일을 끝내려면 즉각적인 행동이 필요하다'고 느끼는 기간이 있다. 이 기간을 벗어나는 업무는 급하다는 느낌이 없으므로 행동할 동기도 유발하지 않는다."

만약 폴 리비어가 한밤중에 말을 타고 메사추세츠 도시와 촌락을 돌면서 이렇게 외쳤다면 어떻게 되었을까?

"영국군이 쳐들어온다! 영국군이 쳐들어온다! 언제 어디로 올지는 정확히 모르지만 여하튼 내년에는 영국군이 쳐들어온다!"[1]

이랬다면 리비어는 자신이 원하는 반응을 얻지 못했으리라. 고작 "폴, 시끄러워!"라는 고함이나 들었으리라. 심지어 누군가 던진 요강에 얻어맞았을지도 모른다.

긴박감은 행동을 촉발하는 대단히 효과적인 촉매다. 긴박감을 없애면 사안은 '오늘 할 일' 목록에서 아래로 밀려난다. 다른 사안이 더 주의를 끌므로, 여러 날이 걸리는 다른 사안에 오늘을 소모한다.

우리 모두에게는 '일을 끝내려면 즉각적인 행동이 필요하다'고 느끼는 기간이 있다. 대다수에게 그 기간은 30일에서 90일 정도다. 즉, 우리들 대다수는 현재에서 대략 30일에서 90일 정도를 내다보고 계획을 세운다. 그 기간 안에 드는 일은 긴박감을 느끼며 추진한다. 정신을 바짝 차리고 할 일을 처리한다.

그 기간을 벗어나면 막연한 '내일Manana'에 해당한다. 내일 일은 (언젠가 해야 한다는) 책임감은 있으나 (당장 착수해야 한다는) 긴박감은 없다.

대다수 프로젝트는 (인간이 긴박감을 느끼는) 30일에서 90일을 넘어선다.

---

[1] 미국 역사와 민속을 잘 모르는 독자들을 위해서 설명하자면, 폴 리비어는 1775년 미국 시민혁명이 시작되기 직전 어느 날 밤 말을 타고 촌락과 도시를 돌면서 식민지 개척자들에게 영국군이 쳐들어온다고 경고한 인물이다. 덕택에 식민지 개척자들은 1775년 렉싱턴 전투에 대비할 수 있었다. 헨리 워드워스 롱펠로우가 쓴 "폴 리비어의 과발(Paul Revere's Ride)"이라는 시는 메사추세츠 학생이라면 누구나 암송한다.

30개월 안에 프로젝트를 끝내야 한다면 너무너무 중요하다는 소리를 들어도 속으로는 긴박감을 느끼지 못한다. 물론 무슨 말인지 안다. 중요하다는 이유도 납득한다. 하지만 마음 한구석에서 작은 목소리가 들린다. "30개월이라……. 그 동안 무슨 일이 일어날지 누가 알아?"

큰 프로젝트는 긴박감을 느끼는 기간 내로 사람들을 집중시켜 '내일'이라는 상태를 피한다. 90일 내에, 가끔은 30일 내에 눈에 보이는 결과물을 내놓으라 요구한다. 흔히 프로젝트가 요구하는 결과물은 다음과 같다.

"거래 화면 프로토타입을 만듭시다. 채권 거래자 전용 프로토타입만 2주 안에 끝내십시오."

"주문을 받아 재고가 있으면 배송 메일을 보내는 코드를 짭시다. 주문 변경이나 주문 취소는 고려하지 마십시오. 새 주문만 처리하십시오. 이달 중순까지 시연이 가능해야 합니다. 괜찮겠습니까?"

다행스럽게도 대다수 개발자는 이렇듯 단기적인 업무를 실제 결승점인 양 여기며 총력을 기울인다. 기본적으로 건강한 프로젝트라면, 마치 2주 안에 최종 시스템이라도 내놓을 양, 2주 동안 프로토타입에 전력을 다한다.

하지만 조심하라. 여기서는 각 기간 끝에 진짜 결과물을 내놓는다는 사실이 중요하다. 진도만 나가서는 부족하다. "5월 말까지 명세를 50% 완료합시다."라는 목표는 그저 어중간한 정도가 아니다. 팀원들이 속으로 "50%라고? 그렇다면 5월 말까지 끝낼 필요가 없다는 소리네. 그때까지 끝낼 다른 일이 뭐가 있더라?"라고 생각한다.

'내일' 중에서도 특히 치명적인 형태가 시작할 준비를 하느라 과도하게 보내는 시간이다. 모두가 완벽한 테스트 도구를 찾느라 시간을 보낸다. 모두가 프로젝트에 가장 효율적인 라이브러리 설정 방법을 둘러싸고 논쟁을 벌인다. 이런 시간은 잘 모아두었다가 프로젝트 마지막 마무리 단계에 투자하는 편이 훨씬 유용하다.

애플 사에서 프로젝트 관리자로 일했던 실란 브레디는 내일 대 오늘을 다음과 같이 비교한다.

> "마감일이 다가오면 모든 프로젝트 참가자가 제발 일주일만 더 있으면 좋겠다고 바란다."

어느 훌륭한 프로젝트 관리자와 마찬가지로, 실란은 사람들이 프로젝트 초반 시간을 프로젝트 후반 시간보다 덜 귀중하게 여긴다는 사실을, 그리고 앞으로 나가는 최선의 방법은 막연한 내일로의 전진이 아니라 오늘의 전진이라는 사실을 안다.

8 눈맞추기

"급하고 복잡한 프로젝트는 팀을 한 곳으로 모은다."

프로젝트 팀을 지역적으로 분산하는 방식은 이제 당연하게 여겨진다. 앞으로 사라질 가능성도 희박하다. 이유는 여러분도 이미 안다. 팀원 대다수가 여기에 있는데 키시미와 리치몬드-어폰-테임즈에 작은 기지를 마련한 이유를 팀원들에게 설명한 경험이 있으리라. 모두가 돈과 가용인력 때문이다. 그렇지 않은가?

그렇지만 솔직히 말해보자. 프로젝트 결과에 내 생명이 달렸다면 모두가 서로를 마주보며 일하도록 한 곳으로 모으고 싶어지지 않겠는가? 물론 특정 기술을 보유한 사람이 다른 지역에 있는데 이쪽 팀원으로 대체하기 어려울 가능성은 언제나 존재한다. 그렇다면 기꺼이 팀을 분산할지도 모른다. 그 외에는 팀을 분산할 이유가 없다. 여기서 요지는 업무를 분산하는 이유가 단순히 돈과 가용인력이어서는 안 된다는 소리다. 구하기 어려운 능력과 기술이 이유여야 한다. 그리고 긴급한 프로젝트일수록 한 곳에서 진행할 필요가 있다.

팀이 한 공간에서 프로젝트에 전념하면 마법이 일어난다. 팀원들이 서로의 요구와 능력을 배우기 시작한다. 그러면서 자신의 행동을 수정하여 최고의 이익을 얻어낸다. 이와 같은 팀워크는, 예를 들어, 매끄럽게 돌아가는 하키 팀이 보여주는 팀워크와 흡사하다. 그들은 거의 보이지 않는 신호로 서로의 행동을 맞추는데, 서로에게 보내는 신호는 물리적 거리가 가까울수록 효과적이다.

마찬가지로, 프로젝트 팀에도 거리가 가까울수록 신호가 효과적이다. 가장 중요한 신호 중 하나가 '신뢰 주고 받기'다. 전자편지와 전화만으로도 멀리 있는 팀원과 상당히 정확하게 업무를 추진할 수는 있다. 예를 들어, 상대가 요구하는 기능, 서로에게 한 약속, 서로에게 청하는 약속 등을 구체적으로 파악하고 결정할 수 있다. 만약 "저쪽에서 받은 정보를 믿습니까?"라고 누군가 묻는다면 "못 믿을 이유가 없지요."라고 답하리라. 하지만 "저쪽에서 받은 정보를 얼마나 믿습니까?"라고 묻는다면 그 동료와 물리적인 거리에 따라서 답은 크게 달라진다. 바로 옆에 있는 동료가 한 약속이나 요구는 신체적인 언어를 수반한다. 약속이나 요구가 나온 전후 사정도 잘 안다. 서로 간에 관계가 성숙하는 과정에서 일어나는 교류다. 서로가 상대방 의도를 이해한다. 똑같은 요구와 약속이라도 대륙과 대양을 건너서 오가면 이런 맥락이 거의 사라진다.

멀리 떨어져 있으면서 신뢰를 주고받기는 어렵다. 뉘앙스, 자신감, 풍자나 빈정, 의도, 신념, 절망감과 무력감, 열의, 거짓을 알아채기도 어렵다. 이런 미묘한 차이를 잡아내지 못한다면 절름발이 의사소통이 이루어진다. 서로 큰 그림은 소통하지만 그로부터 결론을 내리기가 망설여진다. 이런 결점을 안고서 프로젝트를 진행해도 괜찮을까? 물론 괜찮다. 단지 한 곳에서 일하는 만큼 효율적이지 못할 뿐이다.

패턴 14 「대면 접촉」에서 분산이 불가피한 팀이라면 간혹 한 번씩이라도 대면할 기회를 마련해야 한다고, 대면 접촉에서 얻어지는 이익이 상당하다고 주장했다. 눈 맞추기는 여기서 한 걸음 더 나간다. 프로젝트가 아주 중요하다면 (대체가 가능한) 가용인력을 구하겠다고 팀을 분산하는 결정은 비합리적이다. 역으로, 전국 혹은 전세계에 흩어진 가용인력을 활용해도 괜찮다면 별로 중요하지 않은 프로젝트라는 뜻이다. 조직에서 눈 맞추기 패턴을 활용할 경우 긴급성과 복잡도가 프로젝트 팀을 한 곳으로 모으는 결정적인 조건이다.

   경영진이 분산 팀이라는 미신을 무턱대고 신봉하는 조직은 팀을 한 곳으로 모을 합당한 이유를 무시한다. (아니, 인정하지 않는다.) 프로젝트를 시작하는 시점에 투입이 가능한 인력은, 누구든 어디 있든, 프로젝트에 투입할 후보로 간주한다. 이런 환경에서 팀은 이름만 팀이다.

9 무드링¹ 관리

"관리자가 프로젝트 상태를 프로젝트가 직면한 문제,
위험, 결정사항으로 파악하지 않고,
팀이 보이는 열정, 노력, 활동으로 파악한다."

프로젝트 관리자들이 하는 이야기를 들어보라. 특히 프로젝트 상태를 보고하는 방식을 주의해서 들어보라. 그들이 프로젝트를 관리하는 방식이 적나라하게 드러난다.

다음은 어느 프로젝트 관리자가 보고한 프로젝트 상태다. 여기서는 이 관리자를 도나라고 부르겠다. 예제가 다소 극단적이지만 많은 보고가 실제로 이렇다.

"이제 '기능 완료' 중간목표를 달성했다고 보고하게 되어서 기쁩니다. 살짝 덜 끝난 기능이 몇 개 있습니다만, 여기까지 오느라 아주 고생했습니다. 팀이 이룩한 성과가 정말 자랑스럽습니다. 사무실을 둘러보면 팀원들 얼굴에 미소가 가득합니다. 사기가 여전히 높다는 증거입니다. 이처럼 우수한 팀과 일하게 되어서 감사한 마음입니다. 남은 기능 몇 개도 금방 해치우리라 확신합니다."

"한 가지 안타까운 소식을 전하자면 밥 젠슨이 회사를 떠나기로 했습니다. 밥은 지난 5년 동안 QA 팀의 대들보였습니다. 모두가 밥을 그리워할 겁니다. 지난 달은 캐시 엔라이트가 은퇴했고 이번 달은 밥이 그만둡니다. 아시다시피, 캐시 역시 아주 노련한 테스터였습니다. 그래서 앞으로 우리 QA 관리자가 진땀을 빼리라 생각합니다."

"저 역시 새로운 기능을 테스트하는 테스트 케이스 개발 상태가

---

[1] 무드링(Mood ring 혹은 Moodring)은 1970년대 미국에서 유행한 반지다. 아이디어는 간단했다. 손가락에 끼면 자신의 감정에 따라서 반지 색깔이 변했다. 몇 불만 주면 자신의 감정을 파악할 수 있었다.

조금 걱정입니다. 아직 뭐라 단정하기는 이르지만, 조금 불안한 건 사실입니다. 캐시나 밥처럼 훌륭한 동료이자 좋은 친구들이 팀을 떠나 슬프지만, 우리 QA 팀은 역경을 극복하는 능력이 아주 뛰어납니다. 모두가 최선을 다해서 일하리라 확신합니다. 구체적인 상태는 시간이 지나면서 파악이 되리라 봅니다."

도나가 프로젝트 상태를 보고한 방식은 이렇다.

1. 고차원 활동, 팀이 쏟아 붓는 노력, 개개인이 보이는 열정이라는 관점에서 보고했다.
2. 약간의 가감은 있지만 '현재'에 초점을 맞췄다. 팀에게 주어진 시간, 자원, 출시물이라는 큰 틀에서 프로젝트를 평가하지 않았다.
3. 계획에 어긋나는 사안은 감정적인 용어로 보고했다. 예를 들어, "저 역시 새로운 기능을 테스트하는 테스트 케이스 개발 상태가 조금 걱정입니다."라고 말이다.
4. 보고한 사항이 대부분 마무리가 없으며 지속적이다. 예를 들어, "남은 기능 몇 개도 금방 해치우리라 확신합니다."라고 말이다.
5. 이따금 부정적인 소식도 있지만 전체적인 어조는 낙관적이다.

관리자가 낙관적이고 감정을 좀 드러내면 어떤가요? 그게 그리 나쁩니까? 이렇게 물을지도 모르겠다. 물론 나쁘지 않다. 하지만 지나치게 낙관적이고 지나치게 감정적인 프로젝트 관리자는 두 가지 문제를 일으킨다. 첫째, 이런 식의 보고는 프로젝트 상태를 보고하는 근본적인 목적에 미달한다. 성공 확률을 최대한 높이려면 즉각적인 조치가 필요하다고 가정하자. 그런데 관리자가 이런 식으로 보고하면 요지가 흐려진다. 다음 몇 주 동안 주의와 조치와 결정이 필요한 사안이 드러나지 않는다. 도나가 보고한 방식은 프로젝트 측면 몇 가지를 정성적으로 평가할 뿐이다. 각 사안의 상대적인 중요도는 드러나지 않는다.

두 번째 문제는 훨씬 더 치명적이다. 오직 현재 진행 중인 활동에만 관심을 기울이는 프로젝트 관리자는 대개 팀이 달성하려는 궁극적인 목표를 명확히 인지하지 못한다. 이런 프로젝트 관리자와 이런 프로젝트 팀은 한 번에 최대한 빨리 전진하려고 노력한다. 그럼에도 불구하고 정시에 출시할 가망이 없다는 사실을 혹은 궤도를 너무 벗어나는 바람에 내놓을 결과물이 약속한 결과물과 딴판이라는 사실을 막판에 이르러 깨달을 가능성이 아주 크다.

앞서 도나의 의사소통 방식이 한쪽 극단이라고 말했다. 그렇다면 반대쪽 극단인 리사는 어떻게 보고할까?

"지난 주 4월 28일로 '기능 완료' 중간목표를 달성했습니다. 이번 출시에 들어갈 컴포넌트 18개 중에서 15개를 공식적으로 완료했으며, 2개는 이번 주에 완료합니다. 마지막 컴포넌트인 Data Warehouse Interface는 좀 늦어집니다. 지금으로서는 5월 20일로 예상합니다. 현재 QA 팀이 일정을 맞추려면 어느 정도 우선순위 조정이 필요한지 아니면 아예 출시일을 늦춰야 좋을지 평가하는 중입니다. 5월 10일에 열릴 핵심 팀 회의에서 QA 팀이 평가 결과를 보고할 예정입니다. 평가 결과가 어떻든, 제품 관리팀은 이 기능 없이도 공개 베타 테스트를 진행할 수 있다고 합의했습니다."

"기존 기능을 테스트할 자동화된 회귀 테스트 수트를 이번 주에 완료했으며 현재 매일 밤 회귀 테스트를 돌립니다. 통과율은 80%~90% 사이인데, 프로젝트 현재 단계에서 일반적인 수치입니다. 공개 베타 테스트를 수행할 4주 후에는 통과율이 90%를 넘으리라 예상합니다."

"지난 한 달 사이 QA 엔지니어 두 명이 그만두는 바람에 새로운 기능을 테스트하는 테스트 케이스 개발이 늦어졌습니다. 새로운 인력을 구하는 중입니다만, 새로운 엔지니어를 뽑더라도 이번 출시에 도움을 주기는 어려우리라 생각합니다. 현재 QA 팀은 다른 지원 팀에서 엔지니어 몇 명을 빌려올 가능성을 타진하는 중입니다. 이번 인력 손실이 테스트 케이스 개발에 미치는 영향을 파악하려면 일주일 정도가 더 필요합니다. 현재로서는 '테스트 개발 완료' 중간 목표를 일정대로 달성하지 못한다고 가정해야 합니다."

리사가 보고하는 방식은 도나와 여러 측면에서 다르다.

1. 진행 중인 업무의 본질에 적합한 출시물 상태를 살펴 프로젝트 상태를 평가한다.
2. 예상치 못한 사고, 문제, 변경 계획에 초점을 맞춘다. 필요한 조치와 결정을 제시한다.

3. 보고하는 내용이 개별적이며, 지속적이지 않고, 정량적이다.
4. 객관적인 정보와 주관적인 판단을 균형 있게 제공한다.

실제로 리사와 도나처럼 보고하는 관리자는 극소수다. 대다수 관리자는 양 극단 사이에 위치한다. 그렇다 치더라도 도나를 경계할 필요가 있다. 프로젝트 진짜 상태보다 프로젝트에 쏟아 부은 노력에 관심을 집중하는 관리자는 탐색과 조종을 구분하지 못하는 관리자일 가능성이 크다.

참, 거울 속에 도나가 없는지도 확실히 살피기 바란다. 자신이 도나처럼 의사소통 한다면 그 이유를 자문하기 바란다. 도나처럼 팀이 열심히 일한다는 사실만 확신할 뿐 어디로 가야 할지 확신하지 못하기 때문은 아닌지…….

10 광신도

"팀원 한 명이 특정 이론을 신봉한다.
원칙에서 조금만 벗어나도
신성모독이라 여긴다."

소프트웨어 공학에서 인기 있는 방법론은 거의 전부가 (연구자들의 연구가 아니라) 실무자들의 경험에서 나왔다. 실무자들이 자신의 프로젝트 경험을 자발적으로 기록했으며 그 경험이 작은 그룹에서 시작해 많은 사람들에게로 퍼져나갔다. 유명한 프로세스 설계자들과 대화한 결과 대다수 설계자가 1) 특정 분야나 특정 프로젝트 크기에 맞춰 프로세스를 설계했으며 2) 자신이 설계한 프로세스는 모든 환경에서 매뉴얼대로 돌아가는 만능 프로세스가 아니라고 인정했다.

우리 CASE 제품인 ProMod는 초기 버전에서 고객이 문제가 아니라고 생각하는 수많은 사안을 오류로 지적했다. 어떤 방법론을 구현하든 우리는 원칙을 철저히 따랐다. 우리는 광신도였다. 방법론 설명서에 나오는 예제와 기법을 추출하여 엄격한 규칙으로 구현했다. 사용자가 규칙을 정확히 따르지 않으면 오류로 취급했다. 시간이 지나고 나서야 오류를 경고로 대체했다. 또한 모든 메시지를 선택적인 메시지로 만들어야 한다는 사실도 깨달았다. 즉, 메시지를 켜거나 끄는 선택권을 사용자에게 맡겼다. 또한 규칙 위반도 허용하게 되었다.

– 피터 흐루스카

프로세스 서적 대부분은 방법론이 제한적이라는 사실을 충분히 경고한다. 하지만 광신도들은 (흔히 책 마지막에 나오는) 경고 페이지까지 읽어보지도 않고 경고를 무시한다. 현재는 XP를 지지하는 풍조가 한창 유행이다. 켄트 벡은 자신이 쓴 첫 번째 책[1]의 끝에서 두 번째 장에서 XP의 한계를 명백히 밝힌다. 하지만 이 장을 읽지 않은 XP 지지자가 부지기수다.

우리 클라이언트 중 한 명은 자신의 상사에게서 소프트웨어 공학 기술과 열정을 높이 인정 받았다. 상사는 그녀가 프로젝트 성공에 크게 기여하리라 믿었다. 우리는 신제품 2.1 버전에 필요한 UML 활동 다이어그램을 함께 논의했다. 나중에 나는 회사가 선택한 UML 도구를 그녀가 거부했다는 이야기를 전해 듣고 깜짝 놀랐다. 회사가 선택한 UML 도구가 'N-차원 수영 레인swim lane, 인터럽트 가능한 영역, 매개변수 집합과 같은 새로운 기능을 지원하지 않는다'는 이유에서였다. 그녀는 비지오를 선호했는데, 새로운 동작 action 언어가 제안하는 기능 전부를 수용할 수 있기 때문이었다. 그녀는 정말로 모든 기능이 필요하다고 주장했다. 그야말로 광신도였다.

- 피터 흐루스카

프로젝트에 광신도가 있으면 프로젝트가 발목을 잡힌다. 알맹이는 제쳐두고 방법론을 놓고서 싸움을 벌인다. 흔히 도움을 받겠다고 데려

---

[1] (옮긴이) 연대기 상에서 켄트 벡이 쓴 첫 번째 책은 『Smalltalk Best Practice Patterns』이지만, 여기서는 『Extreme Programming Explained : Embrace Change』다. 25장 『When You Shouldn't Try XP』를 참조하기 바란다. (한국어판: 『익스트림 프로그래밍』, 인사이트, 2006년 펴냄)

온 방법론 컨설턴트 중에 광신도가 많다(내부인이든 외부인이든). 양쪽 진영을 대표하는 대장들이 서로 다른 방법론을 신봉할 때 궁극적인 충돌이 일어난다. 서로가 자기 방법론을 옹호하며 싸움을 벌인다. 능력이 아무리 좋아도 이런 사람들은 없는 편이 더 낫다. 그래야 프로젝트가 앞으로 나간다.

"프로젝트마다 다른 방법론이 필요하다."
– 알리스테어 콕번, 『Agile 소프트웨어 개발』[1]

---

[2] (옮긴이) 한국어판: 피어슨에듀케이션코리아, 2002년 펴냄.

11 영혼을 빌려주다

> "실무자가 오랫동안 익힌 기능이나 기술을 기꺼이 포기한다."

괴테의 소설에서 파우스트는 악마에게 영혼을 팔겠다고 계약한다.

진짜 유능한 전문가는 해결할 문제에 맞춰서 답을 찾아간다. 자신이나 팀이 써봐서 검증한 도구나 방법론에 문제를 짜맞추지 않는다. 도구와 방법론을 적용할 줄 몰라서가 아니다. 기술에 영혼을 파는 대신 빌려주기 때문이다. 다시 말해서, 새롭고 멋진 아이디어가 나오면, 유능한 전문가는 장점을 고려하고, 과거 기술과 비교하여, 합리적인 판단으로 가장 적절한 활용법을 정한다.

오랫동안 사용한 (그래서 숙련된) 기술을 버리기는 쉽지 않다. 하지만 그들은 일시적인 불편을 기꺼이 감내한다. 현재 기술로도 충분하지만 새 기술이 더 많은 장점을 제공할지 모른다는 가능성도 인정한다. 그렇다고 화려하게 등장하는 갖가지 신기술을 무조건 추종하지 않는다. 단지 자신에게 익숙한 업무 방식을 잠깐 접어 두고 진정한 발전은 어떤 장점이 있는지 숙고한다. 그들의 태도는 현재에 안주하는 것이 아니라 미래를 주시하는 것이다.

정신을 빌려주는 전문가는 기술 흐름이 바뀌어도 낙오하지 않는다. 아마도 스스로를 개발자라 칭하면서 수년 동안 새로운 프로그래밍 언어와 담 쌓는 사람들을 주위에서 보았으리라. 이들은 언제나 자신에게 익숙한 언어를 요구하는 직장을 찾아 헤맨다. 한때는 최신 언어였으나 이제는 거의 사용하지 않는 프로그래밍 언어에 집착하면서……. 슬프게도 이들은 '언어에 영혼을 판 프로그래머'들이다.

조직은 영혼을 빌려주기가 쉽지 않다. 하지만 장점이 어려움을 메우기에 충분하다. 당연히 어떤 조직이라도 기술을 손바닥 뒤집듯 바꾸지는 못한다. 조직은 언어, 개발 방법론, 기술 기반 구조 등에서 어느 정도 안정성이 필요하기 때문이다. 여기서 안정성은 안정된 태도를 의미한다. 조직이 지속적으로 신기술을 익히려는 태도를 보인다면 똑똑하고 우수한 직원들이 자연히 모여든다. "우리 조직은 시대 흐름에 맞춰서 움직입니다. 함께 일합시다. 우리와 일하면 낙오하지 않습니다."라고 말하는 셈이니까.

새것이 무조건 좋지는 않다. 프로그래밍 언어, 모델링 기법, 방법론, 소프트웨어 도구 등 새로운 뭔가가 나올 때는 (일반적으로) 그럴듯한 홍보와 (많은 경우) 한껏 부푼 과장이 따라온다. 때로는 분야를 혁신할 은총알이라 여겨진다. 때로는 과대광고에 혹해서 영혼을 팔아버린 광신도도 생긴다. 이들 광신도는 모든 문제를 새 기술이라는 잣대로 풀어간다. 반면, 영혼을 빌려주는 전문가는 현실적인 이익과 과장을 구분한다. 장점이 무엇인지 분명히 알므로 새 기술이 제공하는 장점을 올바로 취한다.

기술은 놀랄 만한 속력으로 발전한다. 오늘의 눈부신 혁신이 곧잘 어제의 낡은 잔해로 변해버린다. 조직이든 개인이든, 영혼을 빌려주는 사람들은 기술과 가벼운 관계를 유지한다. 신기술을 열정적으로 포용하지만 그것은 어디까지나 한 여름의 연애일 뿐이라는 사실, 다음 신기술이 나올 때까지 열과 성을 다해서 활용할 뿐이라는 사실을 잘 안다. 그들이 던지는 질문은 "이 문제를 풀기에 적합한 기술은 무엇일까?"다. "이 기술로 이 문제를 어떻게 풀까?"가 아니다.

문제와 해법을 구분하는 태도는 정신을 빌려주는 전문가가 되는 첫 단계다. 다음 단계는 기술이 아무리 좋아도 더 나은 기술이 나온다는 사실을 이해하는 태도다. 특정 기술에 영혼을 팔아먹는 파우스트는 되지 말자.

12 시스템 개발 레밍 주기

"조직이 채택한 프로세스는 표준을 적절히 조율하라고 분명히 명시한다. 그런데 프로젝트 팀은 조율하지 않은 표준을 맹목적으로 따른다."

많은 회사는 CMMI, SPICE, ISO9000 등과 같은 프로세스 개선 프로그램을 토대로 자체적인 개발 프로세스 표준을 정한다. 짐작하겠지만, 이들 프로세스 모델은 팀에 필요한 역할과 구성원, 팀이 수행할 활동, 팀이 생성할 결과물을 미리 지정한다. 대다수 프로젝트 모델은 모든 프로젝트가 동일하지 않다는 사실을 인정한다. 그래서 독일식 V-모델과 RUP_{Rational Unified Process} 등과 같은 일부 프로세스 모델은 프로젝트에 맞추어 역할과 활동과 결과물을 조율하는 상세한 지침도 제공한다.

프로세스를 조율하고 (특히) 결과물을 쳐내려면 용기가 필요하다. 특정 단계를 건너뛰거나 결과물을 생성하지 않았다가 프로젝트가 실패하면 남들이 비난할 빌미가 된다. "프로세스를 충실히 따르고 프로세스가 제안하는 문서를 모두 만들었다면 프로젝트가 성공했으리라."라는 비난이 쏟아지기 딱 좋다. 비난이 두려워서 혹은 처벌이 두려워서, 팀은 프로세스를 조율하려고 나서지 않는다. 그 결과, 팀은 프로세스를 철저히 따르면서 프로젝트를 안전하게 진행한다. 프로세스가 제안하는 명세서 템플릿을 완벽하게 채운다. (중간 목표 단위을 포함하여) 품질 관리 계획서도 만든다. 작업 분해 구조에서 각 패키지마다 업무 할당 내용을 생성한다.

RUP를 만든 필립 크루첸에게 무엇을 바꾸고 싶은지 물었더니 그는 한 번 더 RUP를 만들 기회가 주어진다면 프로젝트에 맞춰 프로젝트를 조율하는 과정을 훨씬 더 쉽게 만들고, 조율을 도와주는 도

67

구를 지원하겠다고 답했다.

- 피터 흐루스카

용기 부족 이외에도 프로세스를 조율하지 않으려는 이유는 더 있다. 대개 훨씬 더 단순한 이유다. 프로젝트 제약에 맞춰서 프로세스를 조율하려면 시간과 노력이 든다. 그런데 프로젝트 관리자는 너무 바쁘다. 경기 규칙을 구상하고 정하는 등 더욱 긴급한 사안이 널렸기 때문이다. 흔히 프로젝트 관리자의 사고 방식은 다음과 같다.

회사가 똑똑한 (외부) 사람들을 고용해서 프로세스와 결과물을 정의했잖아. 그들의 실력을 의심할 이유가 있을까? 그냥 쓰자구. 틀려야 얼마나 틀렸겠어. 우리 프로젝트 제약에 맞춰서 프로세스를 조율하면 월급이 더 나오나? 프로세스를 개조하느라 시간을 낭비하지 말자고. 그냥 남들 하는 대로 하지 뭐. 그럼 프로젝트를 곧바로 시작할 수 있잖아.

프로젝트 실제 요구와 동떨어진 프로세스를 고집하면, 출발은 빨리 할지 몰라도, 도착은 절대로 빨리 하지 못한다.

프로세스를 조율하지 않는 프로젝트 관리자는 조리법을 글자 그대로 따르는 주방장과 같다. 이런 주방장은 절대로 위대한 요리사가 못 된다. 물론 유명한 요리사도 처음에는 견습생으로 출발한다. 대가 밑에서 기본적인 음식 준비 기술을 익히고 스승의 조리법을 따라 하며 성장한다. 하지만 기본기 이상을 익히고 표준 조리법을 벗어날 때에야 진짜 뛰어난 요리사로 부상한다.

13 후보 선수 없음

"선수층이 너무 얇아서
 핵심 인력이 빠지면 재앙이 닥친다."

'혹시라도 모르니까' 자명종을 두 개 맞추거나 옷장 속에 비상금을 꼬불쳐 둔 경험이 있는가? 그렇다면 여러분은 이미 가장 합리적인 위험 관리 기법에 익숙한 것이다. 만약을 대비하여 자신을 보호하는 방법, 바로 자원을 중복하는 방법이다.

지식 전문가로 이루어진 프로젝트 팀에서 가장 명백한 위험은 핵심 인력이 이탈해버리는 위험이다. 그러므로 후보 선수 한두 명은 확보해두었으리라. 프로젝트 핵심 인력이 빠졌을 때 쉽사리 대타로 뛰어줄 후보 선수, 즉 충분한 지식을 지닌 인력을 한 명이나 두 명쯤 챙겨두지 않았는가? 아니라고? 진짜로? 아니 어떻게?

후보 선수를 두지 않는 이유는 비용 때문이다. (주목하라. 중요하다.) 후보 선수가 공짜라면 왕창 확보하리라. 하지만 후보 선수는 돈이 든다. 그래서 확보하지 않는다. 효율이라는 이름 아래 프로젝트 관리자는 최소한의 인력으로 일하라는 압박에 시달린다. 궁핍한 경제는 그다지 즐겁지 않지만 그만큼 자원을 활용하는 효율이 높아진다. 안 그런가?

여기서 문제는 시간은 무시한 채 돈만 생각하는 태도다. 대다수 개발 프로젝트에서는 시간이 돈보다 더 귀한 자원이다. 프로젝트를 진행하다 보면 어느 순간 시간이 부족해진다. 그때는 돈을 들여서라도 시간을 살 수 있으면 좋겠다고 생각한다. 하지만 프로젝트 후반에 이르면 시간을 살 기회는 거의 없다.

'벤치'에 후보 선수 몇 명을 챙겨두면 핵심 인력이 떠났을 때 시간을 돈으로 사들이는 셈이 된다. 후보 선수를 신중하게 뽑는다면 핵심 프로젝트 기술력을 어느 정도 중복하여 확보할 수도 있다. 당연히 프로젝트 비용은 최소 비용을 넘어선다. 하지만 후보 선수가 아무 일도 하지 않고 놀지는 않는다. 필요하다면 언제든지 대타로 뛸 능력을 충분히 갖추었다고 생각하기에, 평소에는 자신의 능력에 비해 다소 떨어지는 업무를 맡는다. 그러다가 누군가 팀을 떠났을 때, 이미 몸을 풀어두었으므로 그 역할을 재빨리 대신한다. 인력을 잃어버린 후에야 새 인력을 찾아 나서는 경우보다 시간을 크게 절약한다.

14 대면 접촉

"분산된 프로젝트 팀이 자주 만나서 친밀감과
신뢰를 쌓고 장거리 팀워크를 다진다."

"전산인 모임에 가면 젊은 프로그램 관리자들에게서 늘 이런 소리를 듣는다. 자신은 그저 그런 프로그래머 수백 명이 참여하는 프로젝트보다 일류 프로그래머 소수가 일하는 팀을 선호한다는……. 누군들 안 그런가?"

누구 글인지 알아챈 독자도 있으리라. 30여 년 전에 나온 글이라고 말하면 깜짝 놀랄지도 모르겠다.[1] 오늘날도 똑같은 소리를 듣는다. 단지 '프로그래머'가 '개발자'로 바뀌었을 뿐이다. 게다가 오늘날의 관리자는 한 곳에 위치한 스타 팀이라는 조건을 덧붙인다. 30년, 40년, 50년 전에도 참이었고 오늘날에도 참이다. 소수 정예 팀 운영은 소프트웨어를 개발하는 최선의 방법이다.

그럼에도 불구하고 지금은 여러 지역으로 분산된 대규모 팀이 대세다. 보통은 두세 지역으로 흩어진 프로젝트가 일반적이지만, 대여섯 지역 이상으로 흩어진 프로젝트도 간간이 접한다. 당연히 대규모 분산 팀은 지역 단위로 팀을 나눠 관리한다. 하지만 지역 팀이 전체 시스템이나 제품에 들어갈 요소를 개발한다면 지역 팀을 분산 팀 일부로 관리해야 한다.

원래 분산 팀이 생겨난 배경이야 어떻든, 협업 기술이 발전하면서

---

[1] 프레더릭 P. 브룩스 주니어, 『The Mythical Man-Month : Essays on Software Engineering』 (Reading, Mass.:Addison-Wesley, 1975), 30쪽.

(옮긴이) 한국어판 『맨먼스 미신 : 소프트웨어 공학에 관한 에세이』 프레더릭 브룩스 지음, 김성수 옮김, 케이앤피북스 2007년 펴냄. 본문에 나온 인용문은 〈http://my.safaribooksonline.com/0201835959/ch03〉을 참조하다.

쉽다는 이유 하나로 분산 팀이 점차로 늘어나는 추세다. 팀은 기존에 사용하던 전화 회의, 전자편지에 더하여 메신저, 위키, 화상 회의, 웹 기반 회의 등을 활용하여 분산 팀이 겪는 어려움을 풀어간다.

분산 팀을 잘 이끄는 관리자는 가끔씩이라도 팀원들이 서로 만날 기회를 만든다. 그래야 분산 팀이 성공할 확률이 높아진다. 대면 접촉이 어째서 필수냐고? 대면 접촉이 부족하면 한 지역 팀이 다른 지역 팀을 업신여기기 쉽다. '저쪽 사람들'은 흔히 '바보들'이라는 의미다. 다른 지역 팀과 주기적으로, 이왕이면 자주, 만나면 서로 간에 선의와 신뢰가 쌓인다. 이렇게 쌓인 선의와 신뢰가 전화 회의와 웹 회의에서 효력을 발휘한다.

그렇다면 얼마나 자주 만나야 좋을까? 팀마다 다르다. 다음은 일반적인 지침으로, 각자 프로젝트에 맞춰 조정하기 바란다.

- 팀 간에 업무를 조율할 책임이 있는 사람은 가장 자주 만나야 한다. 프로그램 관리자, 프로젝트 관리자, 출시 관리자 등이 여기에 해당한다. 이들은 출시 주기 중에 여러 차례 만나야 한다. 분기에 한 번은 충분하지 않다.
- 개발자, QA 엔지니어, 기술 문서 작성자 가운데 선임급은 다른 팀 선임급과 출시 주기마다 적어도 한 번은 만나야 한다. 선임급이 서로 간에 신뢰와 선의를 쌓아서 협력하는 분위기를 조성하면 아래 팀원들이 편해진다.
- 가끔씩 팀원을 타 지역으로 파견한다. 그러면 팀원은 자신이 수

행하는 업무가 팀 전체 목표에 어떻게 부합하는지 직접 보고 느낀다. 또한 타 지역 선임급으로부터 조언을 받으며 경력 계발 방향을 고민할 기회도 얻는다. 게다가 나중에 이쪽 팀 관리자가 귀재貴材 팀원의 승진을 추진할 때 저쪽 팀 동료들이 그 팀원의 우수성을 인정하고 지지하기도 쉬워진다.

분산 개발을 실패로 끝내는 확실한 비법은 다음과 같다. 타 지역에 있는 팀을 인수한 후 비용을 절감하겠다는 목표 아래 '상황이 나아질 때까지 일시적으로' 출장을 제한한다. 분산 개발에 성공하려면 출장 예산을 줄이기는커녕 오히려 늘려야 한다.

분산 개발은 본질적으로 어렵고 위험하다. 때때로 뛰어난 인재를 확보하고 유지하려면 위험을 감수할 필요도 생긴다. 톰 울프가 한 말을 인용하자면 "무모한 계획을 권하지는 않겠네. 하지만 가능은 하다네."[2] 대면 접촉은 필수 요소다.

---

[2] Tome Wolfe, 『The Right Stuff』 (New York : Farrar, Straus & Giroux, 1979)
  (옮긴이) 미국 우주 개척사를 다루는 책이다. 국내에는 『필사의 도전』이라는 제목으로 영화가 나와 있다.

15 조각칼을 주었으니 미켈란젤로가 되어라

"관리자가 팀에게 기술을 제공하는 심정으로 무의식적으로 도구를 사준다."

소프트웨어 도구는 흔히 젊고 열성적인 친구가 판매한다. 그들은 그 도구가 높은 생산성과 엄청난 위력을 사용자의 손에 쥐어 줄 것이라고 열렬히 선전한다. 하지만 대다수 고객은 과대광고를 꿰뚫어 본다. 힘 안 들이고 살 빼기, 자는 동안 새 언어 익히기 등이 좋은 예다. 그러나 일부 초조한 IT 관리자는 환상과 현실을 구분하는 능력을 잃어버린다.

성과를 내야 한다는 압력에 시달리는 관리자, 게다가 주어진 자원이 턱없이 부족한 관리자가 이런 함정에 빠진다. 그들에게 자동화된 도구는 구명줄로 보인다. 필사적인 심정으로 도구를 구매한다. 그래서 도구 사용자가 적절한 기술을 갖추어야 한다는 사실을 간과한다.

"도구 '사용' 비용은 도구 '구입' 비용보다 훨씬 더 비싸다."

– 도로시 그라함 Dorothy Graham

모양새를 중시하는 탓이다. 도구를 사용하는 개발자는 뭔가 있어 보인다. 생산성도 높으리라 여겨진다. 그렇지만 도구 자체는 아무런 변화도 일으키지 못한다. 생산성이 자동으로 높아지지 않는다. 발견되는 오류율은 침통하게 높다. 사기는 실망스럽게 낮다. 현실이 이런데도 카드만 긁으면 (어떻게든) 생산성이 팍팍 치솟으리라 믿는다.

당장 생산성을 높이려는 필사적인 조직, 기술력보다 싼 맛에 인력을 고용한 조직이 팀에게 "미켈란젤로가 되어라!"라고 요구한다. 미켈란젤로 조직은 십중팔구가 한 번 써보고 처박아 둔 도구로 넘쳐난다.

물론 도구는 유용하다. 올바로 쓰기만 하면 생산성이 크게 높아진다. 올바로만 쓴다면 그 전에 불가능했던 업무도 가능하다. 하지만 도구 제작자라면 누구라도 똑같이 경고한다. 도구를 올바로 사용하는 기술이 진짜 중요하다고. 미켈란젤로가 집어 들기 전까지 조각칼은 단순히 날카로운 금속 조각에 지나지 않았다.

16 대시보드

출시	8월 9일	8월 2일	7월 26일	7월 19일	6월 12일	6월 21일
Chelsea	8월 31일	8월 31일	8월 31일	8월 31일	8월 15일	8월 15일
Kennington	10월 20일	10월 20일	10월 20일	10월 20일	10월 20일	10월 20일
Kennington Server	11월 15일	11월 15일	11월 15일	11월 15일	11월 15일	11월 15일
Hounslow	12월 22일	12월 22일	미정	미정	미정	미정
Hounslow for Linux	2월 14일	2월 14일	미정	미정	미정	미정
Hounslow for Solaris	미정	미정	미정	미정	미정	미정

"대시보드는 강한 팀과 약한 팀 모두가 사용한다. 하지만 평균적인 팀은 대개 사용하지 않는다."

구글에서 '대시보드dashboards'라는 단어를 입력하면 자동차와 관련한 결과가 거의 없다. 지난 십여 년 동안 대시보드는 프로젝트나 비즈니스 프로세스의 상태를 표현하고 알려주는 수단으로 커다란 인기를 끌었다.

대시보드란 상태 정보를 모아서 숫자나 그림으로 표현한 문서나 웹페이지다. 대시보드는 프로젝트나 프로세스가 돌아가는 전반적인 상황을 보여준다. 어떤 대시보드는 전반적인 개요에서 상세 정보를 '파고드는' 기능도 제공한다.

위에서 소개한 대시보드 예제는 프로젝트나 비즈니스 프로세스를 여러 측면으로 나눈 후 각 측면의 건강 상태를 색상으로 표현한다. 많은 대시보드가 색상 체계를 사용하는데, 이 예제는 가장 많이 쓰는 색상 체계 중 하나인 신호등 색깔(빨간색, 노란색, 녹색)을 사용한다.

단순하고 깔끔한 색상 대시보드는 아주 효과적이고 유익하다. 하지만 동시에 완전히 시간 낭비일 가능성도 존재한다. 차이를 일으키는 요인은 대시보드와 무관하다. 전적으로 대시보드를 사용하는 조직 문화에 달렸다.

강한 팀은 대시보드를 활용해 현재 시점에서 가장 중요한 결정을 내리고 가장 중요한 조치를 취한다. 대시보드는 팀의 주의를 환기한다. 강한 팀이 대시보드를 사용하는 이유는 다음과 같다. 1) 프로젝트가 성공할 가능성을 낮추는 조건은 언제든 존재한다. 2) 때로는 이런 조건을 감지하기 어렵다. 3) 가장 중요한 사안에 일찌감치 조치를 취하면 성공할 가능성이 높아진다. 대시보드를 활용하면 조치가 필요한 조건을 찾기가 쉬워진다.

약한 팀은 남에게 죄를 덮어씌우거나 (좋은 소식을 알려서[1]) 비난을 모면하려고 대시보드를 사용한다. 자신이 속한 팀이 약한 팀인지 궁금하다면 다음 증상을 살핀다.

- 빨간색은 실패를 뜻한다. (대놓고든 속으로든) 팀이 빨간색을 실패로 취급한다면 대시보드를 형틀로 사용한다는 뜻이다. 대시보드로 프로젝트 상태를 공유하는 목적은 프로젝트가 성공할 가능성을 높여줄 조치를 한 눈에 찾아내기 위해서다. 빨간색을 안 좋게 여기는 분위기에서는 팀원들이 반드시 드러내야 마땅한 조건을 오히려 숨기기 십상이다. 비난이 두려워 빨간색을 기피하는 행동은 너무 시끄럽다고 화재경보기 배선을 끊어버리는 행동과 똑같다.
- 노란색도 실제로 빨간색이다. 약한 팀은 진실을 감당하지 못한다. 그들은 모든 상황을 낙관적으로 바라보며 가능하면 경보는 피하고 싶어한다. 대시보드 역시 이런 성향을 반영한다. 노란색은 낙관적인 희망으로 덧칠한 빨간색에 불과하다.
- 녹색은 너무 꼼꼼히 살피지 말라는 뜻이다. 흔히 필요 이상으로 오랫동안 녹색에 머물다가 막판에 빨간색으로 변한다. 어떤 팀은 항목을 노란색이나 빨간색으로 채워 넣는 사람에게 녹색이 아닌 증거를 대라고 요구한다. 노란색이나 빨간색은 '일을 망쳤다'는 의미로 해석하기 때문이다. 이런 팀 문화에서는 당연히 실패가

[1] 패턴 45 「뉴스 세탁」을 참조한다.

코앞에 닥치지 않는 한 모든 항목은 녹색을 유지한다. 손을 쓸 방도가 완전히 없어지는 순간에야 빨간색으로 바꾼다.

위와 같은 증상은 대개 뿌리 깊고 치명적인 원인에서 기인한다. 약한 팀을 움직이는 동력은 성공하겠다는 열의가 아니라 비난을 피하겠다는 두려움이다. 팀이 보이는 이런 태도는 상사에게서 고스란히 물려받는다. 대시보드는 리더십을 개선하지 않는다. 오히려 리더십을 폭로한다.

그렇다면 효과적인 대시보드는 어떤 모습일까? 몇 가지 특징을 소개한다.

1. 엄청난 정보로 사람들을 위압하지 않는다. 프로젝트 관리 체계를 확실히 망가뜨리는 방법 중 하나가 무지막지하게 쏟아내는 정보의 홍수다. 훌륭한 대시보드는 신중하게 선택한 정보, 즉 매우 제한적인 상태 정보만 보여준다.
2. 편집 과정을 거친다. 어떤 면에서 팀 대시보드는 팀 소식을 전하는 주간지다. 1면에 실을 정보를 (그리고 3면에 실을 정보를) 결정하는 과정에서 진짜 중요한 문제에 팀의 주의를 환기한다.
3. 정보를 넘어서 판단을 제공한다. 어떤 대시보드는 기업 연간 보고서와 비슷하다. 매 쪽이 표와 그래프로 가득하다. 아주 사실적이고 객관적이지만 쓸모가 거의 없다. 프로젝트 상태와 관련하여 수많은 정보를 보여주지만 정작 중요한 질문은 던지지 않는다.

83

그래서 괜찮다는 소리인가 아닌가? 효과적인 대시보드는 정보를 보여줄 뿐 아니라 판단도 제시한다.

4. 현재 상태를 반영할 뿐 아니라 미래 상태도 예측한다.[2] 어떤 팀은 대시보드를 점수판으로 사용한다. 지금까지 일어난 일을 보여주는 상황판으로 취급한다. 효과적인 대시보드는 미래에 일어날 혹은 일어나지 않을 일도 예측하려 애쓴다. 예측을 목적으로 사용하는 대시보드 예는 『The Balanced Scorecard : Translating Strategy into Action』[3]을 참조한다.

5. 추세와 경향을 보여준다. 놀랍도록 많은 대시보드가 특정 순간의 프로젝트나 프로세스 상태를 보여주는 선에서 그친다. 하지만 프로젝트가 완전히 끝나서 정지하지 않은 이상, 프로젝트 상태를 제대로 파악하려면, 정적인 정보만으로 부족하다. 팀이 쏟은 노력으로 프로젝트 상태가 변해가는 궤도도 파악해야 한다. 어느 항목이 노란색이라면 직전에는 무슨 색이었는가? 조치를 취해서 나아졌는가? 아니면 더 나빠져서 빨간색으로 향하는가?

6. 팀원들이 내놓는 주관적인 판단을 객관적으로 비교할 프레임워크를 제공한다. 대시보드는 반드시 객관적일 필요가 없다. 대시보드는 팀원들의 주관적인 판단을 반영하며 또 반영해야 마땅하다. 대시보드에 판단을 반영할 때는 그 판단의 의미를 분명히 명

---

[2] 패턴 49 「기자」을 참조한다.
[3] 카플란(Robert S. Kaplan)과 노튼(David P. Norton)의 책이다. 『The Balanced Scorecard : Translating Strategy into Action』(Boston : Harvard Business School Press, 1996).

시해야 한다. 빨간색, 노란색, 녹색 등과 같은 표식에 얼마나 다양한 해석이 존재하는지 안다면 깜짝 놀랄지도 모르겠다. 참고로, 우리는 다음 정의를 선호한다.

- 녹　색 : 정상 궤도를 따른다. 경로를 많이 수정하지 않아도 기대치를 충족할 가능성이 크다.
- 노란색 : 약속한 날짜와 기타 기대치를 맞추려면 즉각적이고도 상당한 경로 수정이 필요하다.
- 빨간색 : 궤도를 벗어났다. 일정을 놓쳤거나, 극적인 조치를 취하지 않으면 곧 놓친다. 최소한 계획 재수립이 필요하다.

여기서는 녹색-노란색-빨간색 모델을 사용했는데, 이 모델은 다양한 상태 보고에 활용이 가능하다. 모양새나 형식이 어떠하든, 효과적인 대시보드는 가장 중요한 특징 하나를 공유한다. 효과적인 대시보드는 즉각적인 조치가 필요한 사안에 팀 주의를 집중시켜 프로젝트가 성공할 가능성을 높여준다.

17 끝없는 장애물

에반 린드퀴스트, 「대학: 교수 회의」 저작권 2002년 에반 린드퀴스트-바가/뉴욕

"끝없이 반대할 권리를 주는 바람에
어느 결정도 최종 결정으로 간주하지 못한다."

많은 프로젝트 팀은 어느 결정도 최종 결정으로 간주하지 않는다. 지금 동의하겠다는 소리는 나중으로 싸움을 미루겠다는 의미에 불과하다. 1월에 내린 결정을 2월, 3월에 계속해서 다시 토론하고 다시 결정한다.

이런 행동으로 인해 프로젝트는 가장 중요한 자원인 시간을 허비한다. 최악의 결과라 하겠다. 프로젝트 개발 주기 동안 프로젝트 관리층은 수많은 결정을 내린다. 한 결정을 반복해서 되짚으면 결과는 뻔하다. 1) 그 결정에 필요 이상으로 시간을 소모한다. 2) 가장 중요한 결정에 충분한 시간을 투자하지 못한다. 게다가 마렉, 젤다, 잭이 결정에 동의하지 않는다고 투덜거리느라 시간을 보낸다면 프로젝트에 쏟아 부을 시간과 노력이 그만큼 줄어드는 셈이다.

어째서 이런 패턴이 생겨날까? 끝없는 장애물 패턴은 너무도 흔해서 언뜻 보면 조직 문화에서 기인하지 않았을까 여겨진다. 하지만 진짜 원인은 팀 리더에게 있다. 결정에 반대하는 팀원은 팀 리더가 허용하는 한, 이의를 제기한다. 어느 시점에 이르러 선을 명확히 긋는 용기와 책임은 팀 리더에게 있다.

어느 직종이든 안정된 전문 분야는 효과적인 의사결정 프로세스를 정립한다는 특징이 있다. 결정을 내리는 규칙은 물론, 결정을 내린 후에 지켜나갈 규칙도 분명히 세운다. 미 해병대가 내놓은 간결한 군사 전략서 Warfighting를 보면 의사결정 규칙을 분명하게 명시한다.[1]

---

[1] 「Warfighting」, United States Marine Corps(Washington, D.C. : 1997), 59쪽.

"지휘관이 결정을 내리고 공표할 때까지 하급자는 (자기 의견이 상급자와 다를지라도) 솔직하고 전문적인 의견을 제시해야 마땅하다. 하지만 지휘관이 일단 결정을 내리면 하급자는 자신의 결정인 양 지지하고 따라야 한다."

하지만 결정에는 반대가 따르기 마련이다. 해병대는 끝없는 장애물 패턴을 어떻게 극복할까? 그들은 일단 결정을 내리면 그대로 준수한다. 준수와 동의가 다르다는 사실을 인정한다. 사람들에게 동의하라고 강요해봤자다. 내 의견은 이런데 누군가 저렇게 결정했다고 내 의견이 바뀔 리는 만무하다. 결정을 준수한다는 소리는 결정에 동의하든 안 하든, 정해진 행동을 따르며 반대하느라 시간과 노력을 낭비하지 않는다는 의미다.

끝없는 장애물 패턴을 피하려면 프로젝트에 맞는 의사결정 프로세스가 필요하다. 예를 들어, 제품 디자인 회사인 IDEO 사는 창의력을 죽이지 않으면서 디자인을 선택하는 절차가 필요하다는 사실을 깨달았다.[2] 프로젝트를 시작할 때마다 가장 먼저 팀을 여러 그룹으로 나눈 후 각 그룹이 문제를 조사하고 프로토타입을 만들었다. 그런 다음, 각 그룹이 자기네 프로토타입을 팀에게 보여주고 모두에게서 의견과 조언을 받았다. 토론이 끝난 후 팀원들은 자신이 선호하는 디자인을 골

---

[2] 톰 켈리(TOM KELLEY), 『The Art of Innovation : Lessons in Creativity from IDEO, America's Leading Design Firm』(New York: Doubleday, 2001).

(옮긴이) 한국어판: 『유쾌한 이노베이션』, 조너던 리트맨, 톰 켈리 지음, 이종인 옮김, 세종서적 2002년 출간.

라서 투표했다. 팀이 합의하지 못하면 프로젝트 관리자가 향방을 결정했다. 이 절차는 IDEO 사에 적합했는데, 이유는 모두가 결정을 내리는 절차와 결정에 사용하는 입력물을 알았기 때문이다. 그래서 팀원들은 일단 결정이 나면 동의하든 안 하든 그 결정에 따랐다. 그리고 프로젝트를 진행해나갔다.

끝없는 장애물 패턴은 사람들이 "동의하지 않는 결정은 안 지켜도 괜찮다."고 하는 믿음에서 기인한다. 팀이 내린 결정을 인정하고 준수하는 윤리를 세울 책임은 관리자에게 있다.

18 영계와 노땅

"(20대) 영계가 많은 조직은 구닥다리 노땅으로 가득한 조직보다 훨씬 더 활기차다."

제목만 보고서 "우리 회사는 영계가 충분해!"라고 생각했을지도 모르겠다. 충분히 이해한다. 그렇지만 소제목에서 20대라는 문구에 "허걱, 그렇게 영계는 아니구……."라고 덧붙였으리라.

회사에 젊은 사람들 수가 어느 수준에 이르면 거의 확실히 '열심이고, 활기차고, 편안하고, (가장 좋은 의미에서) 재미있는 분위기'가 조성된다. 모두가 즐거워 보인다. 젊은 사람들은 흥분감을 퍼뜨린다. 그들은 일한 경험이 짧지만, 기술을 익히는 중이며 어려운 업무에 능숙해지는 자신을 발견한다. 그들은 의욕적으로 일하고 싶어하며, 무엇보다 잘하고 싶어한다.

덕택에 우리 노땅들이 구석에서 졸지도 못하고 발톱을 세운다. 영계들과 보조를 맞춰서 달려야 하니까. 그러면서 우리도 젊어진다. 영계들이 높은 자리를 차지하는 경우는 드물지만 그들은 실질적으로 '조직의 리듬'을 지배한다. 그들은 조직이 진보하는 속력을 결정한다. 좀더 중요하게는, 조직이 새로운 지식을 습득하는 속력을 결정한다. 그들은 젊고 배우려고 애쓴다. 그것이 그들이 할 일이니까.

우리 노땅들이 보유한 지식은 대개가 10여 년 아니 그 전에 습득했던 것이다. 시대에 뒤떨어진 지식이 대부분이다. 몸값을 유지하려면 노땅도 영계와 같은 속력으로 배워야 한다.

진짜 노땅으로 가득한 조직과 비교해보자. 40대, 50대, 그 이상으로 가득한 조직 말이다. 조직이 진짜 노땅 조직으로 변하는 이유는 세 가지다.

- 조직이 성장하지 않는다. 그래서 젊은 직원을 고용할 기회가 거의 없다. 십여 년 전에 (혹은 수십 년 전에) 대형 시스템을 구축한 후 이제는 유지보수만 수행하는 정부기관 등과 같은 조직에서 흔히 보이는 현상이다. 어떤 사람들에게는 안락한 생활이다. 은퇴하면 넉넉한 연금도 나오고 의료보험 혜택도 보장되니까. 이런 조직에서 일하는 관리자는 흔히 젊은 사람 뽑기가 어렵다고 말한다.
- 조직이 경력자만 뽑는다. 이런 정책을 오랫동안 고수하면 젊은 직원들 씨가 마른다. 'XML 경력 15년 필수, JCL[1] 언어에 능숙하면 좋음.' 이런 사람이 어딨는가? 갓 졸업한 영계는 명함도 못 내민다.
- 조직이 철저히 안전만 추구한다. 젊은 사람들만 아는 새로운 기술을 써보려는 의욕이 없다. 새롭고 색다른 기술이 필요한 사업을 추진할 의도도 없다. 이런 조직에서 일하는 노땅 관리자는 자신이 모르는 기술을 들먹이는 영계가 달갑지 않다.

노땅 조직이 (혹은 진짜 노땅 조직이) 되지 않는 방법은 뻔하다. 젊은 사람을 고용하면 된다. 하지만 모든 조직이 그렇게 하기는 쉽지 않다. 일단 자리가 나야 한다. 신입에게 투자하겠다는 의지도 필요하다. 하지만 산학협동으로 대학생을 고용하는 방법도 있다. 여름방학 동안 인턴을

[1] JCL은 진짜 늙은이들을 웃기기 위해 의도적으로 넣은 문구다.
(옮긴이) JCL은 Job Control Language로, IBM 메인프레임에서 천공카드 작업을 지시할 목적으로 사용했다.

고용하는 방법도 있다.
　방과 후에 일하는 고등학생은 어떨까?

19 영화 평론가

"영화 평론가 같은 프로젝트 팀원이나 관계자가 있다.
뭔가 잘못되었거나 잘못되어 간다는 사실을 지적하는 것만으로
스스로 프로젝트에 기여한다고 생각하는 사람이 그들이다.
그들은 잘못이라는 사실만 지적할 뿐 바로 잡으려는 의지가 없다."

새로운 시스템을 출시할 날짜가 몇 주밖에 안 남았다. 한동안 통합 테스트를 진행해왔으며 개발자들은 버그가 들어오는 대로 고친다. 출시 관리자는 출시 전에 수행할 활동 목록을 점검해 간과한 항목이 없는지 확인한다. 그런데 출시 준비 검토 회의에서 누군가 목소리를 높인다. 대개 처음부터 프로젝트에 관여했지만 지금까지 조용했던 사람이다. 이 친구를 허브라 부르자.

허브는 프로젝트 상태가 마음에 안 든다. 출시할 제품에 핵심 기능 몇 가지가 빠졌다고 믿는다. 설계 검토도 충분하지 못하다. 통합 테스트도 허술하기 짝이 없다. 이런저런 정황을 감안하건대 그대로 출시하면 심각한 위험이 생기리라 믿는다. 허브는 멋드러진 파워포인트 문서에다 위험을 열거한 후 모두에게 전자편지로 발송한다.

허브 입장에서 보면 일리 있는 지적도 있다. 하지만 본능적으로 이런 반응이 튀어나온다. "아니, 왜 이제서야 말합니까? 그 동안 어디서 뭐하셨습니까?" 허브는 듣는 둥 마는 둥이다. 자신이 지적한 결함을 어떻게 고치자는 건설적인 아이디어를 내놓기는 커녕 잘못되었다는 사실만 거듭 언급한다.

허브는 영화 평론가다.

어떤 영화 평론가는 프로젝트에서 따로 맡은 업무가 있는 팀원이다. 평론은 취미로 한다. 어떤 영화 평론가는 평론의 가치를 높이 사는 관리자가 평론가로 지목한 사람이다. 어느 쪽이든 영화 평론가는 한 가지 특징을 공유한다. 자신이 속한 프로젝트가 실패할지라도 자신은 성공할 가능성이 있다고 믿는다. 그들은 사실상 프로젝트에서 자신을 분리한다.

프로젝트 비평가가 모두 영화 평론가는 아니다. 주요한 차이는 (평론을 내놓는) 시기다. 프로젝트 성공에 책임감을 느끼는 사람은 뭔가 잘못되어가거나 더 나은 길이 있다고 느끼면 곧바로 지적한다. 담당자나 책임자에게 자신의 생각을 솔직하게 밝힌다. 지체하지 않는다. 프로젝트는 언제나 시간이 부족하며 조치는 빠를수록 낫다는 사실을 이해하기 때문이다. 이들은 영화 평론가가 아니라 동료 영화 제작자다. 프로젝트 실패가 자신의 실패라는 사실을 안다. 그래서 다 함께 성공할 가능성을 높이려고 두 발 벗고 나선다. 그들의 비평이 타당할 때도 있고 타당하지 않을 때도 있지만 어쨌든 그들이 제작 팀에 속한다는 사실은 분명히 느껴진다.

계속해서 프로젝트를 영화에 비유하자면, 영화 평론가는 제작이 거의 끝났거나 끝난 후에 평론을 내놓는다. 즉, 시간이 부족해서 아무런 조치도 취하지 못하는 시점에야 비판을 가한다. 프로젝트가 실패하길 바라서가 아니다. 단지, 자신의 성공과 프로젝트의 성공이 별개라고 믿어서다. 남들에게 당연한 사실을 예리하게 집어내는 관찰자, 불가피한 상황을 정확하게 내다보는 예측자로 보이면 성공이라 믿는다. 스스로 의식하지 못할지도 모르지만, 자신만이 옳게 보인다면 프로젝트가 성공하든 실패하든 개의치 않는다.

어떤 프로젝트는 영화 평론가가 넘쳐나는 반면, 어떤 프로젝트는 영화 평론가가 거의 없다. 어째서일까? 이유는 하나다. 어떤 관리 문화는 올바로 일하기를 중시하는 반면, 어떤 관리 문화는 잘못하지 않기를 중시하기 때문이다. 관리자가 실수를 저지르지 않으려고 애쓰거나 실수를 들키지 않으려고 애쓴다면, 명시적으로든 암묵적으로든, 팀이 받는 신호는 분명하다. 조직이 올바로 일하기만큼이나 실수 잡아내기도 중요하게 여긴다는……. 이와 같은 신호에 영화 평론가 기질을 지닌 사람들이 반응한다. 그들은 현재 자신이 속한 프로젝트를 프리랜서 평론가처럼 비판하며 조직의 반응을 살핀다. 조직이 평론을 용인하거나 심지어 포상하면 영화 평론가는 늘어나고 책임감은 사라진다. 영화 제작자보다 영화 평론가가 되는 편이 훨씬 더 쉬우니까. 책임감 있는 리더나 팀원이 되기가 더 어려우니까. 조직이 영화 평론가를 중요하게 여긴다고 내색하면 자연히 조직은 영화 평론가로 넘친다.

 영화 평론가는 조직 내 모든 계층에서 존재한다. 심지어 다양한 방식으로 제도화도 가능하다. 가장 일반적인 형태가 비공식적인 영화 평론가다. 이들은 프로젝트에서 이미 맡은 역할이 있다. 대개가 주변 역할이다. 많은 영화 평론가가 지원 팀에 속한다. 거기서 그들은 여러 프로젝트를 비평한다. 심하게 병든 조직 문화에서는 고위 관리자가 조직 전체를 영화 평론가로 만들어서 시스템 구축 팀을 감시하기도 한다.

 프로젝트 팀에서의 영화 평론가 패턴은 보통 우리가 '목표 분리'라고 부르는 파괴적인 패턴 중 하나다. 영화 평론가 패턴이 생겨나는 이유는 프로젝트가 성공하는 길이 여러 개라는 믿음 탓이다. 하나는 물론 프로젝트 자체가 성공하는 길이다. 하지만 영화 평론가는 (혹은 평론가를 지명한 관리자는) 원래 프로젝트 목표를 어느 정도 연관은 있으나 독자적인 목표로 바꿔버린다. 프로젝트에서 잘못을 정확히 지적하기를 새로운 목표로 삼아 버린다. 그것이 나쁘다는 소리가 아니다. 무조건 나쁘지도 않다. 하지만 목표 분리 패턴이 파괴적인 이유는 분리된 목표를 추구하는 사람들이 프로젝트 성공을 향해 나아갈 가능성이 희박하기 때문이다. 그들이 투자하는 노력은 프로젝트 성공에 별다른 영향을 미치지 못하거나 오히려 성공을 저해하기 십상이다.

20 한 놈만 팬다

"프로젝트 업무마다 책임자가 한 명씩
명확히 존재한다. 모두 자신이 맡은 책임과
동료가 맡은 책임을 정확히 안다."

운영이 매끄러운 식당에서는 팀원들 사이에 업무가 명확히 나눠진다. 소스 담당은 소스를 만든다. 파티쉐는 빵과 디저트를 만든다. 급사장은 손님을 맞이하고 자리를 배정한다. 포도주 담당자는 포도주만 신경 쓴다. 식기실 담당은 접시를 닦는다. 가만히 살펴보면 각자 자신이 맡은 일에 집중한다. 웨이터는 주문을 받아서 주방으로 넘긴 후 손님에게 빵 접시를 내간다. 수석 주방장은 주문을 훑어본 후 각 요리사에게 요리 이름을 외친다. 생선 담당 요리사는 넙치를 요리한다. 소스 담당은 소스를 만든다. 야채 담당은 물냉이 이파리를 준비한다. 장식 담당은 생선과 소스와 물냉이 이파리를 접시에 예쁘게 담는다. 요리가 완성되면 웨이터를 호출한다. 웨이터는 요리를 손님에게 내간다. 모두가 자신이 언제 무엇을 해야 할지 안다. 좀 더 중요하게는 동료가 언제 무엇을 하는지도 안다. 분위기는 활기차고, 바쁘고, 단호하다. 이런 패턴을 보이는 프로젝트 역시 비슷한 흥분과 성취감이 넘친다.

어째서냐고? 자신에게 책임이 주어지면, 그것도 아주 명확한 책임이 주어지면 사람들은 의욕이 높아진다. 비즈니스 분석가는 자신이 할 일을 안다. 테스터는 자신이 제품에 미치는 영향을 안다. 비즈니스 사용자는 자신이 수행할 역할을 안다. 개발자는 업무를 어디서 시작하여 어디서 끝낼지 안다. 프로젝트 관리자는 방향을 정하고 업무를 할당하는 책임이 자기에게 있다는 사실을 안다. 팀원들이 모두 자신이 할 일과 그 일이 끝났다고 판단하는 기준을 명확히 안다.

(컴포넌트, 과제, 목표, 조치 등 어떤 업무든) 업무 하나에 책임자 한 명을 할당

하는 분위기에서는 개개인이 자기에게 주어진 책임을 인정하고 따른다. 업무를 수행해 얻어낼 결과가 분명히 정의되었기 때문이다. 각자가 이렇게 생각한다. "이것은 나한테 달렸어. 이것만은 모두가 내게 의존하고 있어. 내 업무에 책임질 사람은 나야." 또한 마찬가지로 모든 팀원은 각각의 동료가 맡은 업무도 잘 안다. "저것은 그 친구를 믿으면 돼."

이 패턴을 보이는 조직은 돌발적인 업무가 생겨나 당장에 책임자가 없어도 유연히 대처한다. 사람들이 책임에 익숙하므로 돌발적인 업무도 기꺼이 맡겠다고 나선다.

업무를 전적으로 책임진다고 하여 동료나 관련자에게 도움이나 비평을 구하지 말라는 소리가 아니다. 컴포넌트를 구현해 놓기로 합의한 책임자에게 여전히 그 책임이 있다는 소리다. 그 사람은 "이 컴포넌트는 순전히 내 책임이야……." 하고 사실을 인정하고 동의하고 있다.

이 패턴은 누군가에게 어떤 직책을 주면서 모든 사람들이 그 직책의 책임이 무엇인지 다 똑같이 해석하리라고 가정하는 패턴과는 다르다. 직책만 덜렁 부여하면 누구도 서로의 책임이 무엇인지 정확히 모른다. 결과는 불안, 공포, 자신감 저하, 노력 낭비, 상당한 시간 낭비다.

어떤 프로젝트는 모두가 모든 업무를 공동으로 책임진다는 믿음으로 진행한다. 표면적으로는 대단히 감탄할 만한 사고 방식이다. "우리는 한 팀이다. 함께 협력해서 일한다. 업무를 완수할 책임은 우리 모두에게 있다." 충분히 짐작하겠지만, 이 방식은 거의 통하지 않는다. 이런 팀으로 식당을 운영한다고 상상해보라. 요리사가 스플레를 요리하는 중간 중간에 예약을 챙긴다. 웨이터가 스프 간을 맞춘다. 급사장이 식기를 세척하면서 22번 탁자에 음식이 나갔는지 확인한다. 모두가 모든 일을 걱정하느라 (혹은 방해하느라) 어느 일 하나도 제대로 처리하지 못한다.

자신에게 맡겨진 책임을 분명히 이해하는 사람은 자신감이 넘친다. 팰 인간을 한 놈만 찍어주는 패턴이 효과적인 이유가 여기에 있다. 프로젝트에서 이 패턴을 장려하는 비결도 여기서 드러난다. 업무를 맡길 때는 정의가 분명하고 완료를 판단하는 객관적인 기준이 있도록 업무를 나눈다. 특정 모듈 전달이나 개발자가 내놓은 설계를 검토하는 책임, 새 제품을 가르치는 사용자 교육 프로그램 개발 등이 좋은 예다. 즉, 업무가 무엇인지 모두가 똑같이 이해하도록 업무를 정의하라는 소리다. 그런 다음, 한 업무를 한 사람에게 전적으로 맡기면 모두 자신감 향상과 업무 능률 향상이라는 이익을 얻으리라.

중간휴식 프로젝트 용어 정리

알렉세이 가레브 「설명 자막」

"무해하게 들리는 단어나 문구로 불길한 생각을 위장한다."

이렇게 말하면	속뜻은 이렇다.
일정이 굉장히 의욕적입니다.	우린 망했습니다.
다음 몇 차례 반복에서 지연을 만회해야 합니다.	우린 완전히 망했습니다.
그 친구는 수색대 선봉입니다.	그 친구는 망했습니다.
경영진에게 제출할 요약서	만화 버전
고차원	가짜
신속한 팀 구성	귀신 씻나락 까먹는 소리
특수 프로젝트 관리자	자기 책상을 관리하는 사람
본사에서 파견했습니다. 도우러 왔습니다.	(해석할 필요 없음)
계속 일합니다.	똥인지 된장인지 모릅니다.
시간이 판단할 겁니다.	똥인지 된장인지는 모르지만 그 사실은 인정합니다.
좋은 경험이었습니다.	완전히 망쳤습니다.
지금까지 드린 말씀에 이어서…….	지금까지 한 말은 모두 개소리입니다.
코드 완료	테스트 안 함
권한이 당신에게 있습니다.	잘못되면 책임지십시오.
낮은 가지에 열린 과일	심지어 아무나 할 수 있는 일
과거는 모두 잊고 앞으로 나갑시다.	(정치가들이 말할 때와 같은 의미)
이제 제 충고를 들으세요.	내가 상사니까 내 말대로 해!
이 코드는 유지보수가 불가능합니다.	나라면 다르게 설계했을 겁니다.
아직도 우리는 3만 피트 상공에 있습니다.	내 책상에 있습니다. 아직 건드리지 않았습니다.
여기 브레들리는 우리 팀의 조커입니다.	여기 브레들리는 우리 프로젝트의 멍청이입니다.
이해하도록 설명해드리겠습니다.	내 방식대로 합시다.

이렇게 말하면	속뜻은 이렇다.
우수 개발 기법	여기서 일하지 않는 사람이 만들었으므로 우리가 하는 방식보다 대단히 우수하다.
우리의 강점을 활용합시다.	사서 고생하지 맙시다.
나중에 따로 고려합시다.	무시합시다.
고상한 접근 방법이네요.	멍청하시군요.
테스트가 주요 병목으로 밝혀졌습니다.	테스트 팀이 버그를 자꾸 찾아냅니다.
제한적 출시	기능 없는 출시
필요한 내용을 구체적으로 설명하겠습니다.	새로운 요구사항이 들어옵니다!
우리 옵션을 고려하는 중입니다.	하나뿐인 옵션을 모두 고려하는 중입니다.

21 너무 적막한 사무실

"적막한 사무실은 팀이 마법을 잃었다는 징후다."

복도만 거닐어봐도 개발팀 상태가 꽤나 정확하게 가슴에 와 닿는다. 어떤 사무실은 활력이 넘친다. 팀원들이 당당한 태도와 즐거운 얼굴로 사무실을 오간다. 정반대로 어떤 사무실은 잊혀진 개발팀을 보관하는 창고처럼 느껴진다. 활력은 찾아보기 어렵다. 팀원들은 집에 갈 시간만 기다린다. 뭔가 흥미로운 소일거리를 찾아서 두리번거리며 어슬렁거리기나 하고, 다음 월급날이나 은퇴 날짜만 기다린다.

22 소비에트 스타일

"고객이 요구하는 기능을 모두 넣어 출시했지만 고객이 싫어하는 바람에 제품이 곧바로 사장된다."

요즘은 웹으로 여행을 예약하는 사람들이 많아졌다. 여행 사이트에서 출발지, 목적지, 날짜, 여행자 수 등을 입력한 후 항공편을 검색한다. 그런 다음, 검색 결과에서 원하는 항공편을 선택한다. 그런데 비즈니스 클래스로 바꾸면 항공편이 어떻게 달라질지 궁금하다. 어떤 사이트는 지금까지 입력한 정보를 다시 입력하라고 요구한다. 참을성이 많다면 맘에 드는 항공편을 발견할지 모른다. 하지만 십중팔구는 짜증을 내면서 다른 사이트로 가버린다. 이렇듯 사용성이 떨어지는 회사는 대개 금방 망한다. 그럼에도 불구하고 같은 실수를 저지르는 회사가 꾸준히 생겨난다.

누구나 이런 소비에트 스타일 제품을 사용한 경험이 있으리라. 원래 목적한 기능은 어떻게든 수행하지만 그 방식이 조잡하거나 짜증스럽다. 사용성이 떨어진다. 모양과 느낌이 따분하다. 기본적인 보안이 부실하다. 다른 문화 사람들에게 당혹스런 표현이나 모욕적인 단어를 사용한다. 한 마디로, 비기능적인 요구사항을 만족하지 못한다. 그래서 사용자가 싫어한다. 사용자가 제품을 받아들이려면 기능적인 요구사항 못지 않게 비기능적인 요구사항도 중요하다.

아이팟이 좋은 예다. 아이팟은 소비에트 스타일과 정반대인 제품이다. 이 글을 쓰는 현재 전 세계에서 가장 인기 있는 휴대형 MP3 재생기다. 시장 점유율이 거의 80%에 육박한다. 비결이 무엇일까? 최초의 MP3 재생기도 아니다. 가장 싼 MP3 재생기도 아니다. 기능은 여느 MP3 재생기와 비슷하다. 그럼에도 불구하고 아이팟이 성공한 비결은 바로 비기능적인 품질 때문이다. 매력적인 모양새, 사용하기 쉬운 디자인, 용량, 배터리 수명, 작은 크기……. 한 마디로 멋지다! 프로젝트 팀이 흔히 간과하는 비기능적인 요구사항을 제대로 갖추었다.

프로젝트 팀이 비기능적인 요구사항을 쉽사리 간과하는 이유에는 역사도 한 몫을 한다. 지금까지 시스템 분석 기법은 기능적인 요구사항에만 집중했다. 기능적인 요구사항을 함수와 자료로 표현하려 애썼을 뿐이다. 서비스 품질 요구사항은 다른 누군가 다루리라 가정했다. 비기능적인 요구사항을 잡아내는 방법이 그저 모호한 정도가 아니다. 시스템 분석가는 유스 케이스를 명세하는 방법, 엔티티 모델을 그리는 방법, 활동 다이어그램을 만드는 방법 등을 정확히 알지만 그 어느 방법도 (문화적인 적합성이나 외양과 느낌 등) 비기능적인 요구사항을 잡아내지 못한다.

> 서른다섯 살 즈음으로 기억한다. 톰 드마르코가 왼손잡이용 가위를 내게 선물했다. 신세계를 발견한 느낌이었다. 왼손으로 가위질이 가능해졌다! 게다가 잘리는 부분도 살펴볼 수 있었다!
>
> - 팀 리스터

시스템에서 비기능적인 요구사항을 잡아내기란 어렵지 않다. 주요 서비스 품질을 하나씩 짚어주는 템플릿이 이미 존재한다. 성공적인 팀은 (사용성 모델을 만들거나 전문가를 투입하는 등) 비기능적인 요구사항을 체계적으로 찾아내는 프로세스를 별도로 추진한다.

소비에트 스타일 제품인지 어떻게 아느냐고? 고객이 불평한다. 재작업과 변경이 이례적으로 많다. 아니면 피드백이 거의 없다. 버그 수나 개선 요청이 예상보다 작다. 즉, 고객이 제품을 사용하지 않는다는 소리다. 어쨌든 버스는 이미 떠났다. 개발비를 써버렸으니까.

    소비에트 스타일 제품을 어떻게 피하느냐고? 프로젝트 계획에 비기능적인 요구사항을 확실히 고려하라. 그게 뭐가 어렵느냐고? 대다수 소비에트 스타일 시스템은 비기능적인 요구사항을 무시한 결과라는 사실을 명심하라. 지속적으로 관심을 기울일 뿐만 아니라 프로젝트 초반부터 프로토타입을 활용하여 피드백을 얻으라. 비기능적인 품질을 높여 사용자가 좋아할만한 제품을 만들어라.

23 자연적인 권위

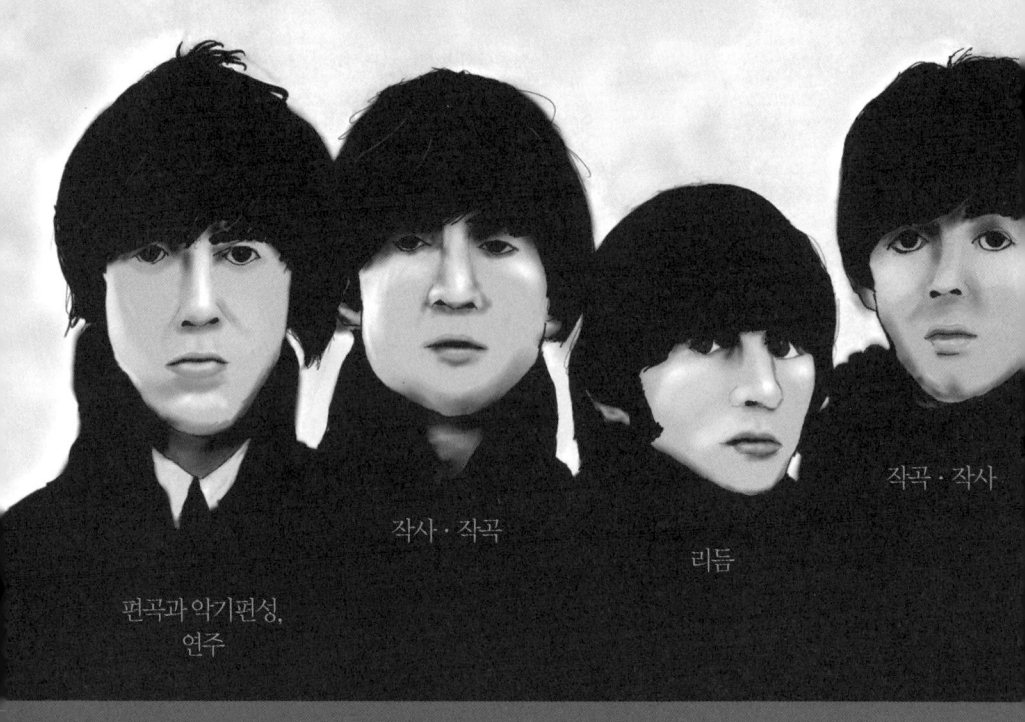

편곡과 악기편성, 연주

작사 · 작곡

리듬

작곡 · 작사

"역량에는 권위가 따른다."

일반적으로 권위는 역량을 따른다.

다시 말해, 역량 있는 사람에게 권위가 주어진다. 오늘날의 프로젝트 팀은 다양한 기능을 수행한다. 그래서 팀원마다 분야별로 역량이 다르다. 그러므로 팀에서 결정을 내리는 권위는 역량을 따라야 마땅하다.

지식 노동은 육체 노동과 판이하게 다르다. 공장에서 노동자는 단순한 목표 하나를 공유한다. (예를 들어, 다음 여덟 시간 동안 시리얼을 가장 많이 만들겠다!) 작업에 필요한 기술도 동일하다. 일반적으로 상사는 그 기술을 통달한 전문가이자 생산 라인과 작업 방식을 가장 잘 이해하는 사람이다. 그래서 모든 결정은 상사가 내린다.

반면, 지식 노동은 다양한 기술이 필요하다. 문제를 다양한 측면에서 파악하기 때문이다. 특정 분야에 관련한 결정이라면 그 분야를 잘 아는 팀원이 내려야 마땅하다. 팀 외부와 관련한 결정이라면 그 분야를 잘 아는 팀원이 결정을 내리는 과정에 참여해야 마땅하다.

권위자라는 단어는 의미가 다양하다. 어떤 분야에 권위 있는 전문가를 우리는 권위자라 부른다. 어떤 업무에 권한 있는 책임자도 우리는 권위자라 부른다. 권위는 있으나 권한이 없는 사람도 있고, 권한은 있으나 권위가 없는 사람도 있다. 패턴으로 보자면 (권한이 있든 없든) 권위 있는 사람이 결정을 내려야 바람직하다. (하지만 결정을 누가 내리든 결정사항의 구현을 책임지는 사람은 결정한 사람이 아니라 권한이 있는 사람일 가능성이 아직 있는 것 같다.)

반대 패턴은 무엇이냐고? 뻔하다. 지식과 전문성이 아니라 조직 서열로 결정을 내린다. 대다수 결정을 윗선에서 해치운다. 때로는 전문가에게 자문도 구하지 않는다. 예를 들어, 여당 정치가들이 군부에 자문하지 않은 채 전쟁 전략을 결정한다. 또는 조직이 비용만 따져 기술적인 결정을 내린다. 금액이 클수록 결정은 (역량에서 멀어져) 상부로 올라간다.

역량에 따르는 자연적인 권위를 무시하는 분위기가 전적으로 관리자 탓이라 여길지도 모르겠다. 대개는 관리자가 지위를 남용한 탓이라 생각한다. 하지만 어떤 때는 전문가도 비난 받아 마땅하다. (별로 좋아하지 않는) 관리자가 자멸하는 상황을 방관하는 음흉함 때문이다. 중요한 지식을 보유하면서도 샐쭉해서 요청 받은 정보만 달랑 제공한다. 위에서 결정을 잘못 내려도 모른 채 침묵한다. 명백한 책임 방기다. 침묵은 동의를 의미하므로. 침묵하는 전문가는 권위 없는 관리자 못지 않게 잘못된 결정에 책임을 져야 한다.

하지만 병이 깊으면 누구도 돌아가는 상황에 개의치 않는다.

24 흰 선

"테니스 경기장에 긋는 흰 선처럼
논란의 여지가 없도록 프로젝트
범위를 명확히 정의하라."

테니스 경기를 보면 코트 경계를 표시하는 흰 선이 눈에 띈다. 공이 선 위나 안쪽에 떨어지면 인$_{in}$이다. 나머지는 아웃$_{out}$이다. 모든 구기 종목은 경기 영역을 표시하는 흰 선과 인/아웃을 판단하는 심판이 있다. 간혹 불리한 판정에 이의를 제기하는 경우만 제외하면 선수들은 흰 선을 존중한다. 판정은 명확하다. 공이 흰 선을 넘었거나 안 넘었거나 둘 중 하나다.

하지만 대다수 프로젝트는 흰 선이 없다. 흔히 기능 목록이나 목표 기술문으로 인/아웃을 판단하려 애쓴다. 그렇지만 기능 목록이나 목표 기술문은 흰 선으로 쓰기에 너무도 모호하다.

기능 목록에 속하는 기능은 어디선가 구현해야 하지만 반드시 직접 구현할 필요는 없다. 책임 일부나 전부를 이웃 시스템으로 넘겨도 무관하다. 화면 스케치만 보아서는 어느 시스템이 어느 정보를 출력하는지 판단하기 어렵듯이, 기능 목록만 보아서는 프로젝트 범위를 정확히 판단하기 어렵다.

유사하게, 프로젝트 목표는 프로젝트가 구현하려는 시스템 안팎에 걸치는 활동으로 달성한다. (새 시스템에서 자료 처리 속도를 높이자는 목표를 세웠다면 그 목표는 사용자가 자료를 입력하는 속도에도 영향을 받는다.) 프로젝트 목표는 당연히 세워야 하지만, 목표 기술문만 보아서는 새 시스템 경계를 명확히 판단하기 어렵다.

그렇다면 시스템 범위를 명확히 정의하는 방법은 무엇일까? 먼저 우리가 구현하려는 시스템 본질부터 이해하자. 시스템은 자료를 변환하는 일련의 프로세스로 이루어진다. 이는 모든 시스템에 적용되는 보편적인 원리다. 특정 프로세스는 자료 상태를 (구체적으로는 자료 속성을) 변경한 후 다음 프로세스로 넘긴다. 그림 24.1은 프로세스 사이로 자료가 흐르는 모습을 보여준다.

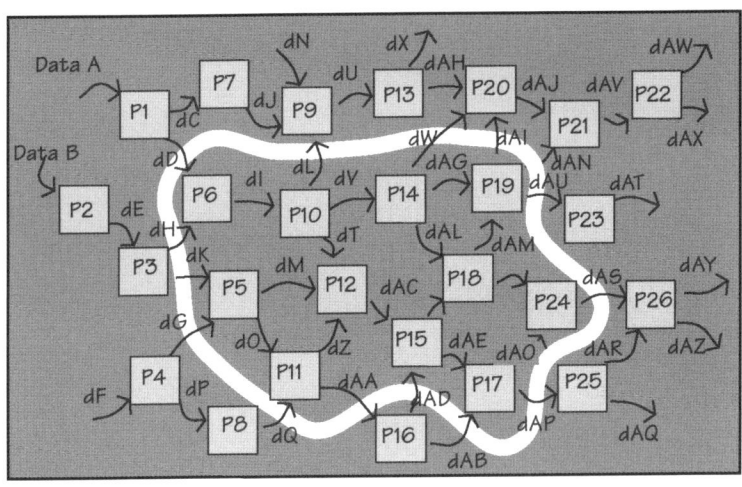

그림 24.1 시스템 안팎에 위치한 프로세스는 자료를 변환한 후 다음 프로세스로 넘긴다. 그림에서는 자료 흐름마다 고유한 이름을 붙여 속성 집합이 유일무이함을 표현했다. 자료 흐름을 가르는 흰 선은 시스템에 속하는 기능과 외부 세상이 수행하는 기능을 명확히 구분한다.

각 프로세스로 넘어오는 자료는 고유하다. 상태와 속성이 똑같은 자료 흐름은 어디에도 없다. 시스템 경계 바로 밖에는 다른 프로세스가 있다. 즉, 시스템과 외부 세상을 연결하는 인터페이스는 프로세스와 프로세스 사이를 이동하는 자료 흐름이다. 여느 자료 흐름과 마찬가지로 시스템 경계를 넘나드는 자료 흐름도 고유하다.

시스템 경계를 넘나드는 자료 흐름을 빠짐없이 선언하면 (더 바람직하게는 모델링하면) "이 자료를 생성하는 기능은 경계 안에 있으며, 이 자료를 소비하는 기능은 경계 밖에 있습니다."라고 말할 수 있다. 다시 말해, 시스템과 시스템에 인접한 외부 세상 사이 인터페이스를 하나하나 선언하는 방법으로 프로젝트 범위를 정의할 수 있다. 인터페이스를 빠짐없이 정의하면 프로젝트 범위가 명확히 드러난다. 모호함은 더 이상 존재하지 않는다. 시스템 둘레에 흰 선을 그었으니까.

25 침묵은 암묵적인 동의다

"이해관계자가 체념스런 침묵과 동의를 구분하지 못한다."

모든 프로젝트는 일련의 약속commitment으로 이루어진다. 개발팀은 어느 날짜까지 어떤 품질로 제품을 출시하겠다고 약속한다. 회사는 월급을 지불하고, 복리후생을 제공하며, (기반 구조, 기술 지원, 하드웨어, 접근 권한 등) 프로젝트 비용을 대겠다고 약속한다.

어떤 약속은 아주 명시적인 반면, 어떤 약속은 다소 암묵적이다. 예를 들어, 프로젝트를 기한까지 마치려면 특정한 인물들에게서 도움이 필요하다고 가정하자. 그 바쁜 사람들이 시간을 내주리라고 회사가 명시적으로 약속했는가? 아니면 암묵적으로 가정했는가?

약속이 존재하는가 그리고/또는 정확히 무엇을 약속했는가. 쌍방이 둘 중 하나라도 다르게 해석하면 약속은 깨진다. 흔히 조직 내에 팽배한 불만은 암묵적인 약속에서 기인한다. 쌍방이 약속을 다르게 해석하는 탓이다. 암묵적인 약속은 빛이 일으키는 착시와 비슷하다. 방향과 각도에 따라서 다르게 보인다. 관리자는 이렇게 불평한다. "1월 1일까지 끝낸다고 약속해놓고 어겼습니다. 두 번째 날짜를 약속하더니 못 맞췄습니다. 세 번째 날짜도 가망 없어 보입니다." 개발자는 전혀 다르게 생각한다. "날짜를 약속한 적 없습니다. 특히 그 날짜는 절대로 동의한 적 없습니다."

흔히 약속에서 오해가 싹트는 시나리오는 다음과 같다. 한쪽에서 이런저런 기능이 언제까지 필요하다고 말한다. 듣는 쪽이 이해한다며 고개를 끄덕인다. 말한 쪽은 약속이 이루어졌다고 믿는다. "12월 31까지 반드시 필요하다고 말했습니다." 듣는 쪽은 자다가 봉창 두들기는 소리라 여긴다. "그쪽이야 연말까지 필요하다지만 우리로서는 어림도 없습니다." 십중팔구 요구하는 쪽은 윗사람이다. 그들은 "침묵은 동의다."라는 오래된 법칙을 적용한다. 그들에게 '아니오'라고 확실하게 표현하지 않으면 '예'라고 동의하는 셈이다.

침묵을 동의로 여겨서 이뤄진 약속은 모두에게 나쁘다. 각자가 우선순위를 나름대로 매기는 탓이다. 반드시 누군가는 눈물을 뺀다. 개념적으로는 풀기 쉬운 문제다. '아니오'라고 확실히 말하면 그만이다. 하지만 현실적으로는 쉽지가 않다. 온갖 골치 아픈 상황이 존재하기 때문이다. 프로젝트에서 이미 약속을 남발했고, 새로운 요구가 감당 못하게 쏟아지고, 암묵적인 약속이 토끼처럼 새끼를 친다. 낯설지 않은 상황이리라. 이 와중에 상사가 12월 31일까지 뭔가를 또 해내라고 말한다면? 그저 어깨를 으쓱했다고 그 개발자를 비난할 수 있겠는가?

암묵적인 약속을 드러내서 관리하려면 중요한 약속 몇 개를 공개적으로 선언하는 방법이 효과적이다. 약속을 기록한 후 이해관계자 모두가 공유한다. 단, 약속 당사자가 문구에 동의한 후에만 모두에게 공개한다. 명시할 약속 수가 작고 각 약속이 정말로 중요한 경우에만 효과가 있는 방법이다.

약속을 장황하게 늘어놓을 필요는 없다. 간단한 목록이면 충분하다. '누가 언제까지 무엇을 약속했다' 정도로만 기록한다. 그런 다음 목록을 모두에게 공개하면 약속한 사람은 개인적인 요청보다 공개적인 약속을 우선으로 여기기 마련이다. 그러므로 '침묵은 동의'라는 규칙이 사라지고 '동의만 동의'라는 규칙이 세워진다.

26 밀짚 인형

"프로젝트 초반에 밀짚 인형 해법을 제시해 일찌감치 피드백과 의견을 구한다."

밀짚 인형은 추상적인 모델이 아니다. 밀짚 인형은 해법 그 자체다. 흔히 불완전하거나 부정확한 해법으로, 고객에게서 비판을 끌어낼 의도로 만든다. 세상에서 가장 오래된 농담을 극복할 목적으로 사용하는 해법이다.

> 고객은 직접 보기 전까지 자신이 원하는 바를 알지 못한다……. 보고 나서야 아니라고 말한다.

진짜 재미난 농담은 언제나 뼈가 있다. 위 농담도 예외는 아니다. 고객은 무엇이 가능한지 모른다. 그래서 무엇을 요구하면 좋을지도 모른다. 우수한 분석가는 처음부터 해법에 돌입하지 않는다. 최소한의 노력으로 간단한 해법을 (혹은 해법 일부를) 재빨리 구현하여 고객에게 보여준 후 반응을 살핀다.

밀짚 인형 모델은 일종의 요구사항 미끼Requirement Bait다. 스티브 맥메나민이 사용한 표현인데, 고객에게 제시하여 (좋다 싫다 등) 감정적인 반응을 끌어내는 미끼라는 의미다. 밀짚 인형 모델은 만들기 쉽다. 완벽할 필요가 없으므로 제작비도 저렴하다. (예를 들면, '선택한 지역에 나온 매물' 화면을) 모형mock-up, 프로토타입, 스토리보드 등 어떤 형태로 만들어도 괜찮다. 나중에 세상에 보여질 모습을 적당히 흉내내면 충분하다. 그걸 보고 클라이언트가 진짜 요구사항을 내놓는다.

우수한 분석가는 "무엇을 원하십니까?"라고 묻지 않는다. 고객이 불편함을 느끼기 때문이다. 사람들은 100% 주관식 질문을 싫어한다.

하지만 이미 존재하는 답은 쉽사리 비판한다. 다음 문제를 풀어보라. 여러분이라면 어느 업무를 선호하겠는가?

1. 새로운 데이터 센터 건설에 따른 장단점을 논하는 보고서를 작성해서 상부에 올린다.
2. 상부에 올리기 전에 새로운 데이터 센터 건설에 따른 장단점을 논하는 보고서를 검토한다.

대다수는 2번 업무를 더 편하게 여긴다. 인간은 천성적으로 개선에 탁월하다. 소수만이 무에서 유를 창조하는 재능을 타고난다.

> 새 프로젝트를 시작하면서 회의를 했는데 한 임원이 이렇게 말했다. "저는 질문에 대답하지 않겠습니다." 당시는 충격을 받았지만, 전후 맥락을 따져보면, 그가 뜻하는 바는 이러했다. "생각할 기회도 주지 않고 주관식 질문을 던지지 마십시오. 즉석에서 결정하라고 요구하지 마십시오." 그 말이 절대적으로 맞다. 그에게는 '예/아니오'라는 판단에 도움을 줄 밀짚 인형이 필요했다.
>
> — 팀 리스터

아주 우수한 밀짚 인형 모델은 심지어 의도적인 오류도 포함한다. 분석가가 모델에 일부러 흠을 낸다. 왜? 고객이 정신을 바짝 차리라고. 모델을 맘대로 비판해도 좋다는 이미지를 주려고. 그러려면 얼굴이 두

꺼운 분석가가 적격이다. '바보 행세'가 단시간에 해법을 찾아내는 고급 기법이라 믿어야 가능하다. 고도로 발전한 밀짚 인형 기술 중 하나다.

밀짚 인형 모델은 반복적으로 답을 찾아가는 프로젝트에 유용하다. 밀짚 인형 요구사항 분석은 물론 밀짚 인형 소프트웨어 설계도 효과적이다. 머리 속에 가장 먼저 떠오르는 설계안을 설계 팀에게 제시하면 세 가지 결과 중 하나가 나온다. 어느 결과든 긍정적이다.

- 설계안을 검토한 후 설계안에 깔린 전략을 완전히 거부한다. 그런 다음, 다른 전략을 기반으로 다른 밀짚 인형 설계안을 만든다.
- 설계안을 검토하면서 조금씩 고쳐나간다. 최종적으로 모두가 동의하는 설계안을 얻는다.
- 기적적으로 설계 팀이 밀짚 인형 설계안을 채택한다. (아직까지 한 번도 못 보았지만 언제 어디서든 일어날 가능성은 존재한다. 단, 기적만 바라지는 말지어다.)

밀짚 인형 기법은 처음에 자주 틀린 답을 내어서 가능한 빨리 옳은 답을 찾아내자는 철학에 기반한다. 오늘날 우리가 직면하는 문제와 우리가 고민하는 해법은 너무나도 복잡하다. 어느 한 개인이 완벽한 해법을 단번에 떠올리기란 거의 불가능하다. (자신의 생각이 완전히 틀렸더라도) 얼굴에 철판을 깔고 고객에게 물어보라. "이건 어떻습니까?"

자신은 이미 밀짚 인형 전략을 구사한다고 생각하는 사람이 많으리

라. 그렇지만 누군가 여러분의 모형을 가리키며 웃음을 터뜨린 사례가 있는가? 바로 그것이 진짜 밀짚 인형이다.

27 가짜로 긴급한 일정

"비용을 줄이려고 일정을 재촉한다."

위험을 꺼리는 태도는 바람직하지 못하다. 맞는가? 새로운 세기에 접어들면서 위험한 물에서만 큰 고기가 낚인다는 믿음이 널리 퍼졌다. 너무도 만연해서 많은 기업이 위험을 꺼리는 태도를 꺼리게 되었다. 그런데도 어째선지 상황은 별로 나아지지 않았다.

진짜 위험을 감수할 의사가 없으면서도 커다란 위험을 감수하는 양 떠드는 기업도 있다. 대개 그들은 구체적인 목표에, 엄밀하게 말해서 의미 없는 목표에, 위험을 감수하겠다고 나선다. 모두가 한번쯤은 겪었으리라. 불가능한 일정에 자원을 쏟아 붓는 죽음의 행진을……. 겉보기에 죽음의 행진은 저돌적인 위험 감수자들이 '하면 된다'는 태도로 추진하는 광기의 프로젝트처럼 보인다. 하지만 실상은 전혀 다르다. 사실 이렇게 신중하게 빈틈없이 예측한 일정 내에 끝내려면 프로젝트 비용이 너무 많이 든다. 모두가 2년이 걸린다는 프로젝트를 광기 어린 관리층이 1년 안에 끝내자고 나선다. 물론 '아주 긴급한' 혹은 '전대미문의 관리 기회'라는 문구가 따른다.

긴급한 일정이 진짜인지 가짜인지 파악하려면 프로젝트가 주는 이익을 면밀히 관찰한다. 프로젝트가 진짜로 커다란 이익을 제공한다면 1년이라는 일정은 확실히 위험하고, 필경 너무 저돌적이다. 그토록 중대한 이익을 제공한다면 시간을 들여서 제대로 하는 편이 낫지 않은가?

대다수 프로젝트가 주는 이익은 미미하다. 일정이 긴급한 진짜 이유가 여기에 있다. 뻔하게 저돌적인 일정은 사실상 프로젝트 비용을 줄이려는 방법 중 하나일 뿐이다.

가짜로 긴급한 일정은 가짜 위험을 낳는다. 프로젝트는 당연히 실패하지만 그것이 최악은 아니다. 최악은 진짜 이익을 제공하는 프로젝트, 즉 위험을 감수할 가치가 있는 프로젝트에 그만큼 시간과 노력을 투자하지 못한다는 사실이다.

28 시간이 선택의 여지를 앗아간다

"시간은 무능한 프로젝트 관리자다."

생명 주기 초반에 관리자가 내리는 결정은 어떤 결정보다도 프로젝트에 커다란 영향을 미친다. 예를 들어, 인력 충원 결정은 가능한 빨리 내리는 편이 좋다. 프로젝트 착수 시점까지는 아니라도 일찌감치 내릴수록 위험이 줄어든다. 10개월짜리 프로젝트에서 8개월 정도 남은 시점에 개발자와 테스터를 추가하겠다는 결정은 올바른 제품을 정시에 출시할 가능성을 높여주리라. 반면, 2개월 정도 남은 시점에 개발자와 테스터를 추가하겠다는 결정은 올바른 제품을 정시에 출시할 가능성에 별다른 영향을 미치지 못한다. 오히려 가능성을 낮출지도 모른다. 8개월이 2개월로 줄어드는 동안에 시간은 인력 충원이 주는 가치를 앗아가 버린다.

시간은 다음 버전에 들어갈 기능도 잘라먹는다. 개발자라면 다음 상황에 익숙하리라. 회사가 11월 말까지 모든 기능을 넣어서 다음 버전을 출시하겠다고 고객에게 천명했다. 하지만 팀은 그때까지 모든 기능을 구현하고, 테스트하고, 통합할 자신이 없다. 관리자도 확신하지 못한다. 그래서 그는 위에다 우려를 표명했다. 돌아오는 대답은 이렇다. "이제 겨우 5월입니다. 한번 최선을 기울여보십시오. 그 이상은 바라지 않습니다."

시간이 흐르지만 그림은 나아지지 않는다. 그럼에도 불구하고 출시 계획은 그대로다. 10월 중순 즈음에 대빵 엔지니어가 모두에게 선포한다. "11월까지 못 끝냅니다." 팀은 새로운⑵ 소식에 야유 섞인 환호를 보낸다. 그때 프로젝트 책임자가 말한다. "걱정하지 마십시오. 우리는 모두 성인입니다. 체면을 지키려면 11월 약속한 날짜에 무엇이든 출시해야 하니까 내일 아침 일찍 회의실에 모여서 의논합시다."

다음 날 아침 프로젝트 책임자는 화이트보드에 '11월 30일 : 핵심 버전 출시'라고 쓰며 회의를 시작한다. 그는 참석자들을 돌아보며 질문을 던진다. "자, 핵심 버전에 어떤 기능을 넣을까요?"

그 순간 터져 나오는 웃음을 억지로 삼킨다. 시간은 이미 프로젝트에서 모든 자유를 박탈했건만 회의실을 가득 채운 성인들은 마치 자신들이 상황을 통제하는 양 행동하기 때문이다.

"핵심 버전에 어떤 기능을 넣을까요?" 답은 간단하다. "지금까지 완료한 기능은 모두 다 넣어야죠. 벌써 10월이라구요!"

결국 '완료 = 핵심'이라는 공식이 나온다. 즉, 완료한 기능은 모두가 핵심으로, 출시 버전에 무조건 들어간다. 이 공식은 증명도 가능하다. 다음은 '출시 날짜 맞추기' 회의에서 절대로 못 듣는 대화다.

> 관리자 : 핵심 버전에 어떤 기능을 넣을까요?
>
> 개발자 : 글쎄요. 마틸다가 난수 생성기를 사용해서 배경색을 바꾸는 간단한 장식용 기능을 끝냈습니다. 구현도 끝냈고 테스트도 마쳤습니다. 출시해도 됩니다.
>
> 관리자 : 안 됩니다. 그건 핵심 기능이 아닙니다.

완료했다는 이유 하나만으로 출시 버전에 무조건 들어간다. 웃어야 좋을지 울어야 좋을지 고민스런 상황이다. 시간은 프로젝트를 막다른 골목으로 몰아갔다. 약속한 기능을 11월 말까지 내놓기가 어렵다는 사실을 모두가 깨달을 때까지 시간은 잠자코 기다렸다. 시간은 두 가지 측면에서 프로젝트를 벼랑 끝으로 몰았다.

첫째, 프로젝트 과정에서 더 나은 제품을 출시할 수 있었다. 지난 5월에 관리자와 팀이 '11월까지 모든 기능 출시'라는 계획을 버렸더라면, 기능 집합을 선별하고 우선순위를 매긴 후 그 순위에 따라서 기능을 구현하고 완료했으리라. 그랬다면 100% 완료한 기능이 더 많아졌으리라. 우선순위가 낮은 기능은 아예 시작도 안 했으리라. 하지만 시간이 휘두른 전략에 휘말려서 거의 완료한 기능만 잔뜩 내놓게 되었다. 하지만 '거의 완료 ≒ 완료'이다. 엄청난 낭비다.

둘째, 핵심 버전에 진짜 핵심 기능이 들어가지 않는다. 11월 버전에 가장 중요한 기능이 들어가지 못한다. 대신 확실히 중요하지 않은 마틸다의 코드나 기타 사소한 잡동사니가 들어간다.

훌륭한 프로젝트 관리자라면 언제 어떤 패를 내서 시간을 제압할지 잘 안다.

29 루이스와 클라크

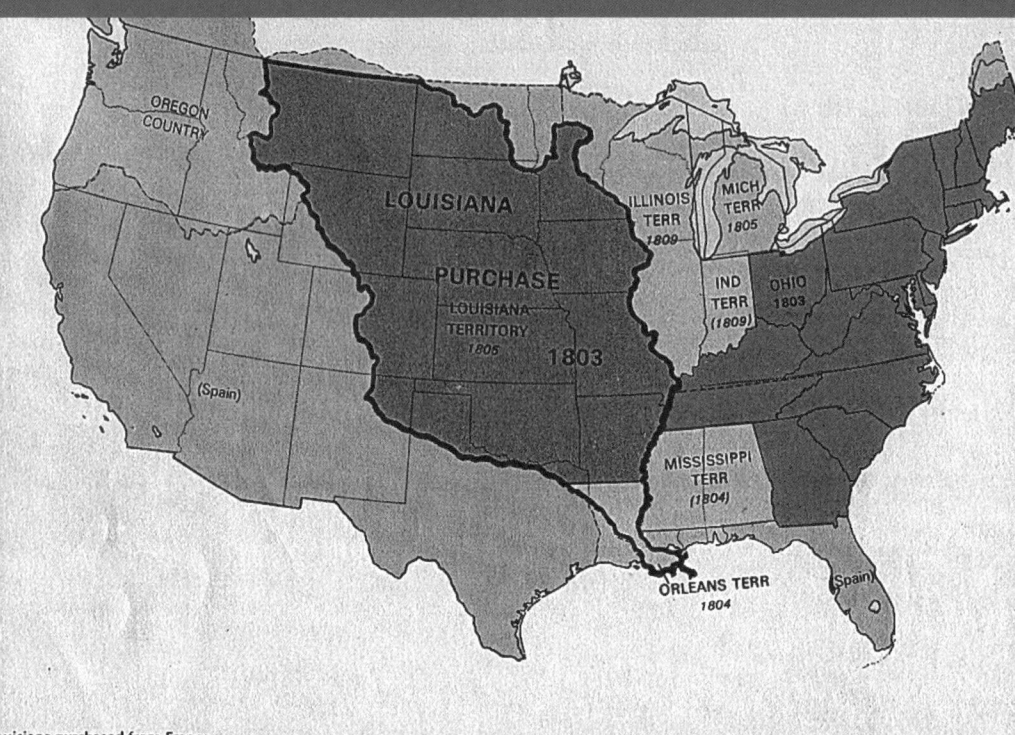

"프로젝트 초반에 원정대를 꾸려서
분야를 탐험하고 가능성을 조사한다."

1803년 미국은 5대호와 대서양 사이에 놓인 몇 개의 주에 불과했다. 토마스 제퍼슨 대통령은 프랑스에서 땅을 사들여 영토를 확장했는데, 훗날 루이지애나 매입Louisiana Purchase이라 불리는 거래다. 당시에는 '미주리 강 유역'이라고만 알려진 땅이었다. 그 말이 무슨 뜻인지는 제퍼슨 대통령을 포함하여 아무도 몰랐다. 모두에게 미지의 땅이었다. 당시는 원주민 종족과 프랑스인 사냥꾼만 사는 곳이었다. 자신이 미국을 대표하여 사들인 물건의 정체를 파악하고자 제퍼슨 대통령은 메리웨더 루이스와 윌리엄 클라크에게 지시해 원정대를 꾸리게 했다. 새로 취득한 영토를 탐험하고 무역과 정착 가능성을 타진하려는 목적에서였다. 그리하여 1804년 5월, 33명으로 구성된 원정대가 일리노이를 출발했다. 그리고 1806년 9월, 원정대는 자신들이 탐험한 지역의 지도와 정보를 가지고 돌아왔다. 그들은 원정에서 발견한 사실을 일지로 남겼는데, 오늘날 대다수 서점에서 여러 버전을 판매한다.[1] 원정대의 귀환으로 제퍼슨은 미지의 영토를 백분 활용할 정보를 얻었으며, 그 결과 미국은 서부 개척 시대를 열었다.

  어떤 프로젝트는 루이스와 클라크 원정과 비슷하다. 무엇이 가능한지, 아니 가능성 자체가 있는지 판단하고자 예산을 할당해서 문제 영역을 탐험한다.

  이와 같은 탐험은 역사적인 1804년 원정과 마찬가지로, 어디까지나 순수한 원정이다. 제퍼슨 대통령이 루이스와 클라크에게 무엇을 찾아

---

[1] 루이스와 클라크 탐험기를 읽고 싶다면 스티븐 앰브로제가 쓴 『Undaunted Courage』(New York : Simon and Schuster, 1996)를 추천한다.

내라 지시하지 못했듯이, 프로젝트에서도 무엇을 찾아내라 지정하지 못한다. 원정에서 유용한 정보를 발견할 가능성은 탐험대 역량에 좌우된다. 단순한 요행이 아니다. 만약 유용한 정보를 발견했다면, 루이스와 클라크가 발견한 정보처럼, 그 정보는 아주 유용할 확률이 높다. (서부 개척 시절에 쫓겨난 원주민 입장이라면 마지막 문장을 다르게 볼지도 모르겠다.)

프로젝트 원정대는 추상적인 관점에서 문제 영역을 탐험한다. 누가 어떤 업무를 맡는지, 어떤 사람을 투입하는지, 어떤 장비를 쓰는지 등은 신경 쓰지 않는다. 대신 어떤 아이디어가 혁신적인지, 어떤 기회가 있는지, 어떤 미래가 예상되는지 등을 고민한다. 현실화할 경우 조직에 가장 큰 이익을 안겨줄 기회와 아이디어를 찾는다.

내 클라이언트 한 명은 백여 군데가 넘는 곳에서 프로젝트 요청이 들어왔다. 각 요청은 형식도 달랐고 내용도 달랐지만, 어느 요청도 요청자가 목표를 조리 있게 표현하지 못했다. 모든 프로젝트 요청에는 미지의 영역이 있어서 내 클라이언트가 적절한 행동을 결정하려면 먼저 탐험이 필요했다. 하지만 요청자는 항상 비용과 일정을 정확히 제시하라고 요구했다.

내 클라이언트는 프로젝트 요청마다 간단한 탐험을 수행하기로 결정했다. 탐험 질문 목록을 활용하여 그는 요청을 분석하고, 요청에 모든 정보가 담겼는지 확인하고, (비용과 일정을 제시하려면) 더욱 자세한 탐험이 필요한지 판단했다. 때로는 비용 대 이익을 따진 결과 프로젝트 요청을 거절하기도 했다.

이제 내 클라이언트는 모든 프로젝트 요청에 간단한 탐험을 필수적으로 수행해 탐험 질문 목록을 통과한 프로젝트 요청만 수행할 프로젝트 목록에 추가한다.

- 수잔 로버트슨

루이스와 클라크 프로젝트는 프로젝트 잠재력을 진단할 목적으로 프로젝트 초반에 계획적으로 자원을 할당해 비즈니스 영역을 탐험한다. 가끔 어떤 조치로도 상황이 나아지지 않으리라는 사실이 밝혀진다. 이런 발견은 보너스다. 불필요한 프로젝트에 귀중한 자원을 낭비하는 사태를 미연에 방지하기 때문이다. 때로는 기회가 있다는 사실이 드러나서 프로젝트에 착수한다. 이런 기회는 과거에 가끔씩 성과가 없었던 탐험에 들인 비용을 보상받기에 충분하다.

30 몽당연필

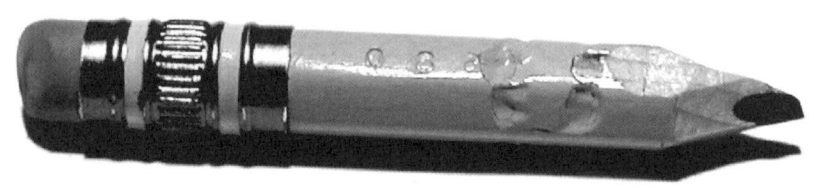

"비용 절감을 지나치게 채근하면
조직의 업무 수행 능력이 떨어진다."

당연히 비용 절감은 중요하다. 아니 필수적이다. 경쟁사만큼 비용을 줄여야 회사가 살아 남는다. 그렇다손 치더라도 팀원들 입에서 다음과 같은 소리가 나오기 시작하면 뭔가 크게 잘못 돌아간다는 증거다.

"몽땅연필 한 자루를 반납해야 새 연필 한 자루를 내주는 회사에서 정말 일하고 싶지 않아."

비용 절감을 열렬히 옹호하는 사람도 너무 지나치게 밀어붙이면 오히려 역효과가 난다는 사실을 인정하리라. 지나친 비용 절감은 회사 경쟁력을 떨어뜨리고 결국 비용 상승마저 초래한다. 너무 뻔한 이야기지만, 잠시 틈을 내서 과도한 비용 절감 사례와 후폭풍을 살펴보자.

- 직원들을 해고하고 남은 동료들에게 모든 업무를 떠넘긴다. 그래서 남은 동료들마저 회사를 떠난다. 결국 업무를 전혀 모르는 값비싼 새 인력을 고용할 처지에 놓인다.
- 업무가 과중해서 사람들이 나가 떨어지거나 병가를 내거나 대충 일하거나 불만을 품는다.
- 업무 효율을 높이겠다고 사무직을 자른다. 그래서 연봉을 많이 받는 전문가가 연봉을 적게 받는 사무직이 하던 자투리 업무에 시간을 빼앗긴다.
- 관리자를 자른다. 그래서 그 밑에서 일하던 직원들이 방향을 잃는다.
- 동료가 해고당한 사실에 분개한 나머지 직원들이 회사를 떠난다. (미리 사직을 통보하지도 않는다.)

- 충성, 열정, 혁신, 사기, 헌신이 사라지고 상습 결근, 일정 지연, 대충주의가 늘어난다.

한 마디로 공포의 전당이다. 그런데 한 작품 한 작품이 실제로 기업에서 벌어지는 현실이다. 위와 같은 증상이 드러날 즈음이면 분기 실적은 오히려 환상적이다. 비용을 확실히 줄였으니까. 수입은 달라지지 않았지만 비용을 대폭 줄였으므로 순이익이 그만큼 증가한다. 그렇지만 회사는 제 살을 깎아 맛있게 먹었다.

한 번 정도는 타당하다. 하지만 두세 번 넘게 비용 절감 물결이 몰아친다면 회사 비용을 절감할 궁리보다 자기 앞가림부터 먼저 하라고 권한다. 역효과가 서서히 나타나고 수입이 줄어들면 회사는 이익을 지키고자 허리띠를 더더욱 졸라맬 테니까. 회사가 기우는 동안에도 자리는 보전할지 모르지만 확실히 일하는 재미는 없어지리라.

"우리는 비용 절감과 폭식 후 나타나는 조직적인 거식증을 구분할 필요가 있다."

— 켄 오르 Ken Orr

31 리듬

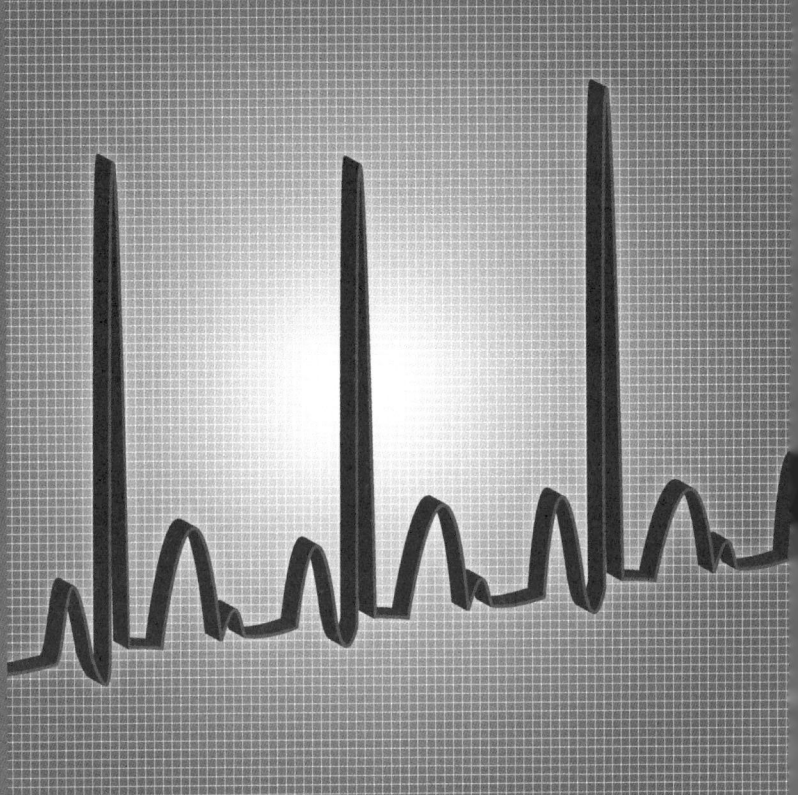

"팀이 리듬을 타서 주기적으로 결과물을 출시한다."

샤모니에서 체르마트까지 걸어가던 사흘째였다. 나는 가파르고 끝도 없어, 불가능해 보이는 눈 덮인 비탈을 올려다 보았다. 여행 안내자는 여전히 팔팔했다. 그는 이렇게 조언했다. "한 걸음 내디딜 때마다 정상에 가까워집니다. 꼭대기를 바라보지 마시고 한 걸음 한 걸음에 집중하세요. 리듬을 타고 그대로 유지하십시오. 어느 순간 정상에 다다를 겁니다."

— 수잔 로버트슨

일이 많고 복잡하다고 기죽는 대신, 프로젝트 팀이 작지만 일정한 보폭을 유지하며 프로젝트 목표에 차근차근 다가간다. 그들은 일정한 박자에 맞춰 프로젝트를 진행한다. 팀이 일하는 방식은 이렇다. 첫째, 정상을 바라보고 프로젝트 목표를 설정한다. 둘째, 적정한 기간 내에 출시할 결과물을 계획한다. 일반적으로 한 달을 잡는다. 다음 한 달 동안 팀은 매일 모여서 진도를 살피고, 아이디어를 공유하고, 질문을 던지고, 다음 날 계획을 세운다. 프로젝트 목표, 그 달에 출시할 결과물, 매일 여는 회의로 프로젝트에 리듬이 생긴다.

팀이 주기를 리듬으로만 인식한다면 그 길이는 중요하지 않다. (일일 빌드처럼) 매일도 괜찮고, (스크럼처럼) 매주나 매달도 괜찮다. 6개월이 넘으면 대다수 사람들이 위기감을 느끼기 어렵다(패턴 7 「내일」을 참조한다). 박자가 느릴수록 맞추기가 어려워진다. 사람들이 주기적이라 인식할 정도의 기간이 적당하다.

리듬이 없는 팀에 비해 리듬이 있는 팀은 좀더 유용한 결과물을 더 자주 내놓는다. 리듬이 있는 팀은 모두가 합의한 주기마다 유용한 결과물을 내놓는 방식에 익숙해진다. 일부 중간 결과물이 완벽하지 않더라도, 프로젝트 리듬만으로도 팀에 활기와 의욕이 넘친다. 완벽함이 아니라 결과물에 집중한다. 결과물이 없는 프로젝트는 상상조차 못한다.

이 패턴이 작동하는 이유는 각 팀원이 다른 팀원과 맺은 약속을 지키려고 하기 때문이다. 리듬에 맞춰야 하니까 늘어지지 못한다. 리듬에 맞추려고 뭔가를 내놓는다. 그러면 그럴수록 리듬에 맞추기가 점점 더 쉬워진다. 서로 간에 리듬을 맞춰야 한다는 부담이 건전한 자극으로 작용한다.

관리자는 리듬을 맘대로 정하고픈 유혹에 빠지면 안 된다. 생산성을 높이려고 박자를 조정해서도 안 된다. 팀이 스스로 리듬을 찾아서 꾸준히 결과물을 내도록 유도해야 한다. 어려운 업무나 따분한 업무도 일정한 리듬으로 일하면 쉬워지기 마련이다. 등산을 떠올리며 한 걸음 한 걸음씩 리듬을 따르자.

32 야근 예보

"프로젝트 초반에 보이는 야근을
프로젝트가 건강하다는 증거로 여긴다."

동료인 제리 와인버그에게서 들은 이야기다. 제리가 조언하던 고객은 프로젝트 관리를 처음 맡은 사람이었다. 두 사람이 주고받은 대화는 이렇다.

제　리 : 통합 팀 리더인 레스터는 어떻게 생각하십니까?

관리자 : 레스터는 우리가 일정을 맞추리라 확신하는 듯 보입니다.

제　리 : 그렇게 보인다구요?

관리자 : 그렇습니다. 제가 보기에 레스터는 정말로 열심히 일합니다. 야근도 많이 합니다. 그래서 저는 레스터가 일정에 확신이 있다고 생각합니다. 아니라면 그렇게 노력할 이유가 없겠죠.

제　리 : 레스터가 일정에 확신이 없어서 야근할지 모른다는 생각은 안 해보셨습니까?

관리자 : 예?

제　리 : 만약 프로젝트 일정을 놓치리라 생각한다면 그가 야근해서 얻는 이익이 무엇일까요?

관리자 : 음, 그가 야근했다는 사실을 모두가 알므로 프로젝트가 늦어져도 자신을 비난할 사람이 없으리라 여길지도 모르겠습니다.

제　리 : 흠…….

관리자 : ……?

관리자들, 특히 젊은 관리자들은 자기 팀이 야근하는 모습에 흐뭇함을 느낀다. 자신이 영감과 동기를 불어넣은 결과라고, 모두가 프로젝트를 성공시키겠다는 결의에 차 있는 증거라고 믿는다. 하지만 실상은 딴판으로 암울할지 모른다. 프로젝트 초반에 보이는 꾸준한 야근은 팀원들이 공포에 빠졌다는 증거일지 모른다.

조직문화에 공포가 만연하다면 가능한 원인은 다양하다. 다음은 가장 흔한 원인 몇 가지다.

- 조직이 공포에 기반하여 관리한다. 어떤 조직은 위에서 아래까지 공포로 운영한다. 이런 조직에 속한다면 백약이 무효다. 미련없이 떠나라. 인생은 너무 짧다.
- 비용 절감 차원의 구조 조정이 두렵다. 회사가 비용을 절감하려고 직원들을 해고하거나 해고하리라는 소문이 돌아서 직원들이 떨어지는 칼날을 피하려고 늦게까지 일한다.
- 개인적인 실패가 두렵다. 업무에 자신 없는 팀원이 교육을 청하거나 조언을 구하는 대신에 늦게까지 일한다. 교육이나 조언이 훨씬 더 유용함에도 불구하고 말이다.
- 프로젝트 실패가 두렵다. 팀원들이 일정을 맞추리라 확신하지 못하여 초반부터 전력질주로 돌입한다. 프로젝트 기간 내내 전력으로 달리기는 어렵다. 초반 전력질주는 오히려 프로젝트에 해가 된다. 정말로 전력질주가 필요할 때 팀원들이 지쳐 쓰러진다.
- 프로젝트 실패가 확실시되어 개인적인 비난이 두렵다. 일정은 순

전히 어거지고 애초부터 실패할 운명이라면 어떤 팀원들은 늦게까지 일하는 모습을 보여서라도 필연적인 실패로 쏟아질 비난을 피하려고 애쓴다.

팀원들이 늦게까지 일한다고 모든 프로젝트가 파국으로 치닫지는 않는다. 프로젝트 막판에 출시 기준을 맞추고 최종 제품을 다듬느라 일시적으로 근무시간이 늘어나는 프로젝트도 많다. 이를 반드시 문제라 보기는 어렵다. 하지만 프로젝트 초반부터 야근이 많다고 이를 프로젝트가 건강하다는 증거로 취급하는 어리석음을 범하지 않도록 주의한다.

늦게까지 일하는 사람들은 언제나 열의와 직업정신을 그 이유로 내건다. 하지만 진짜 이유는 공포일 가능성이 농후하다. 프로젝트 초반부터 야근하는 모습이 꾸준히 보인다면 프로젝트 결과가 바람직하지 않으리라는 예보다. 쇠진, 퇴사, 일정 지연, 제품 품질 저하 등이 예상된다.

33 포커 게임

"부서가 다른 직원들이 모여서
 업무와 무관한 활동을 함께 한다."

요즘 미국에서는 포커가 대유행이다. 예닐곱 명 정도가 한 달에 한두 번씩 한 사람 집에 모여 포커를 친다. 맥주는 시원하고, 포커 테이블이 펼쳐지고, 칩이 쌓이고, 카드는 돌아간다. 가장 많이 하는 게임은 판돈을 제한한 '텍사스 홀덤'이다. 일반적으로 회사 동료들과 함께 친다. 때로는 손님도 초대한다.

자, 판을 둘러보자. (집 주인이자 최근에 제품 관리자로 승진한) 나, 프로젝트 관리자 둘, 사업부 부사장, 부사장 친구인 인사팀 직원, 리드 개발자, 개발자가 데려온 엔지니어링 팀 친구가 둘러앉았다. 프로젝트 관리자 중 한 명이 데려온 컨설턴트도 있다. 캘리포니아에서 왔단다.

오늘 게임은 텍사스 홀덤이다. 하지만 오늘밤 확실한 승리자는 회사다. 사람들이 계급장을 떼고 친선을 도모할 때마다 조직은 좀더 건강해진다.

반드시 포커일 필요는 없다. 사교, 자선 활동, 공동체 활동 등 그룹 활동이면 어느 것이든 괜찮다. 직원이라면 누구나 참여하는 체스 경기나 소프트볼 경기도 괜찮다. 사랑의 집짓기나 헌혈 등 자발적인 자선 그룹도 괜찮다. 향토 마라톤 대회에서 회사가 후원하는 음료수 제공 부스를 책임지는 지원자 그룹도 괜찮다. 직책이나 직무와 무관한 활동을 그룹으로 한다는 사실이 중요하다. 마라톤 주자는 물컵을 건네주는 사람이 사장이든 사무원이든 상관하지 않는다. 둘 다 물컵을 건네주는 능력은 똑같다.

이와 같은 활동에서 사람들은 역할이 아니라 남자와 여자로서 서로를 만난다. 서로를 지지하므로 재미있고 만족스럽다. 실패는 거의 없다. 포커에서 몇 푼을 잃을지도 모르지만 시간을 버렸다고 느끼지는 않는다. 편안하게 대화할 기회가 많아진다. 상대를 알게 될 기회도 생긴다.

포커를 치면서 집 주인인 나는 인사팀 친구 이름이 몰리라는 사실을 알아냈다. 몰리는 지역 라디오 방송국에서 일하는 수석 기술자와 결혼했으며 11살짜리 쌍둥이가 있다. 몰리가 포커를 좋아하기 때문에 쌍둥이는 몰리 남편이 봐준단다. 퍼듀에서 공부할 때 포커를 배운 후로 언제나 즐겼다고 말한다. 맥주는 좋아하지 않는데, 맥주를 안 마시는 동료를 위해 진짜 좋은 쉬라즈 포도주 한 병을 들고 왔다.

다음날부터 주차장에서 몰리를 볼 때마다 서로 인사를 나눈다. 이따금 대화도 나누는데, 몰리는 지난 번 잃은 30불을 따겠다며 남편에게 쌍둥이를 봐달라고 설득하는 중이란다.

그러던 어느 날, 아주 훌륭한 지원자를 곧바로 채용하고 싶은데 인사팀 담당자가 온갖 절차를 따르라고 요구한다. 자칫하면 지원자를 놓칠까 걱정이다. 몰리에게 전화해서 도움을 청하기로 결심했다. 정황을 설명했더니 몰리는 알아보겠다고 말했다. 나중에 전화가 오더니 자기 상사와 연결시켜 주었다. 상사와 이야기를 나눈 후 그날 오후 바로 지원자에게 채용하겠다고 통보했다.

친밀감은 신뢰라는 기회와 인내라는 기회를 제공한다. 다른 직원이었다면 인내심이 쉽사리 바닥났으리라. 하지만 몰리는 인내심을 보이며 나를 대했다. 나 역시 기회가 생긴다면 몰리에게 신뢰로 보답하리라.

조직 계층은 통제와 의사결정을 위해서 존재한다. 일반적으로 조직

계층은 업무 효율을 높이려고 존재하지 않는다. 흔히 조직 계층은 업무 진행 방식과 무관하다. 조직도에서 멀리 떨어진 사람과 개인적인 친분을 쌓으면 중요한 업무를 매끄럽게 진행하기 쉬워진다.

많은 조직이 다채로운 그룹 활동을 활용해 인위적으로 구성원 사이에 친밀감을 높이려고 애쓴다. 때로는 효과가 있지만 대개는 자발적인 활동보다 효과가 떨어진다. 참여자가 자원했다는 느낌이 빠져 있기 때문이다. 회사 분위기를 띄우고자 수요일과 목요일에 단체 활동이 잡혔다고 통보받는 느낌은 헌혈차를 돕겠다고 자원하여 첫 회의에서 다른 자원자들과 만나는 느낌과 판이하게 다르다. 신뢰를 쌓겠다며 회사가 시도하는 활동은 대다수가 어설프다.

억지로 포커 게임을 열 필요는 없다. 서로 만나서 재미나고 친해지는 자리면 충분하다. 모여서 무엇을 하든, 어떻게 생긴 자리든, 사람들과 활동을 어떻게 생각하든, 절대로 초를 치면 안 된다.

> "우리가 가득 찬 생명력으로 자신과 하나되어 무아지경에 빠지는 경우는 놀이를 즐길 때가 유일하다."
>
> – 찰스 E. 셰퍼 편집 『Play therapy with adults』[1]

---

[1] Charles E. Schaefer, John Wiley & Sons, 2002년 발간

34 그릇된 품질 관문

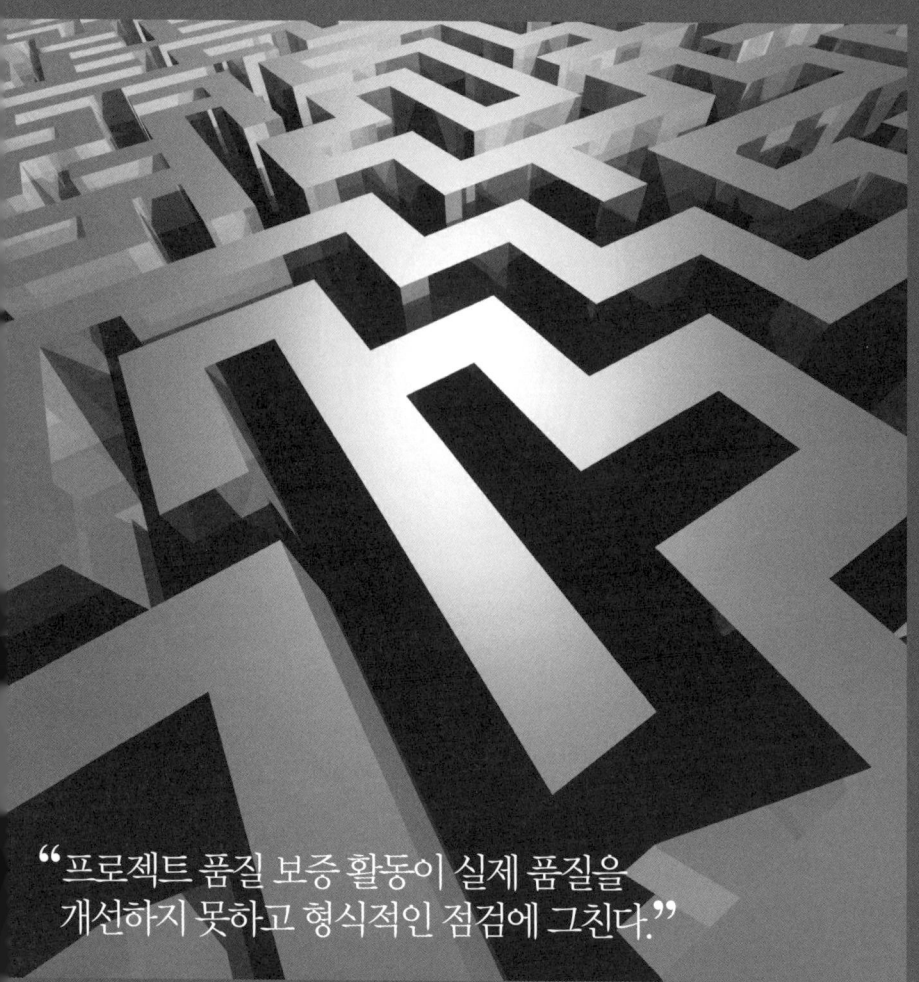

"프로젝트 품질 보증 활동이 실제 품질을
개선하지 못하고 형식적인 점검에 그친다."

중간목표에 도달하거나 반복을 한 번 마치면 대다수 조직은 미리 정해놓은 절차로 결과물의 품질을 점검한다. 대개 품질 점검은 두 단계로 나누는데 하나는 결과물의 존재와 형식을 확인하는 단계고, 다른 하나는 결과물의 내용을 확인하는 단계다. 첫 번째 단계는 계획한 결과물을 계획한 형식으로 만들었는지 확인한다. 두 번째 단계는 각 결과물 내용이 프로젝트 목적에 비추어 유효하고, 정확하고, 충분한지 확인한다. 첫 번째 단계가 문법을 점검한다면, 두 번째 단계는 의미를 점검한다.

하지만 의미가 부실하다면 문법을 점검해봤자 소용이 없다.

국어, 불어, 영어, 아랍어 등 인간이 사용하는 언어는 모두가 나름대로 문법이 존재한다. 우리는 문법을 사용하여 의미를 전달하고 파악한다. 예를 들어, 영어는 '모든 문장에 동사가 필요하다'는 문법이 있다. "We eat breakfast in the evening(우리는 저녁에 아침을 먹습니다)."라는 문장은 문법적으로 올바르다. 하지만 말이 되는가? 말이 되는지 아닌지 판단하려면 의미적인 분석이 필요하다. 즉, 앞뒤 문맥을 살펴 의도적인 표현인지 아닌지를 가려야 한다.

유사하게, 시스템 개발에 사용하는 언어 역시 독자적인 문법이 존재한다. 가장 흔한 예가 UML 유스케이스 모델이다. UML 유스케이스 모델은 1) 이벤트를 시작하는 행위자가 필요하며 2) 유스케이스 이름, 인터페이스 정의를 포함하는 설계 모델, 값 범위를 포함하는 자료 필드 사전 항목이 필요하다. 하지만 아무리 문법을 꼼꼼히 점검해도 이벤트를 시작하는 행위자가 틀렸다거나, 설계 인터페이스 정의가 올바르지 않다거나, 자료 필드 범위가 정확하지 않다는 사실은 찾아내지 못한다. 의미를 점검해야 이벤트가 정말로 필요하고 올바른지, 같은 프로세스에 다른 이벤트가 있는지 판단할 수 있다.

문법 점검에 통과했다고 문서가 목적에 부합한다는 뜻은 아니다. 사전에다 자료 필드를 정의했다고 자료 내용을 이해한다는 뜻도 아니다. '입력을 받아 처리해, 결과를 출력한다'라는 식의 설명은 종이 낭비에 불과하다.

> 우리가 검토한 어느 기능 명세서는 목차에 '용어 정리'라는 절이 있었다. 그 기능 명세서는 개발업체가 입찰에 참여할 때 사용할 기능 요구사항을 명시하는 문서였다. 실제로 문서를 읽어보았더니 '용어 정리' 절은 용어 10개를 정의했는데, 정의마다 애매한 정도가 제각각이어서 실제로 문서에서 사용한 용어와 일치하지 않았다. 하지만 이 문서는 '용어 정리'라는 절을 포함한다는 이유 하나로 품질 점검을 통과했다.
>
> - 수잔 로버트슨

그릇된 품질 관문을 세워놓은 조직은 결과물의 문법과 형식만 확인할 뿐 내용은 무시한다. 조직이 이런 패턴을 보이는 이유는 대개 세 가지다.

- QA 업무를 맡은 사람이 프로젝트 팀에 속하지 않는다. 그래서

결과물을 자세히 읽고 분석할 의지가 전혀 없다. 따라서 손쉽게 형식만 점검해서 결과를 넘긴다. 어떤 다국적 프로젝트에서 다음 주요 버전의 요구사항을 확정하려고 모든 파트너 사에게 명세서를 배포했는데, 파트너 사 한 곳에서 이런 피드백을 보내왔다. "100쪽짜리 문서에 이중 공백이 너무 많아서 읽기가 어렵습니다. 고쳐서 다시 보내주십시오."

- QA 업무를 맡은 사람이 문서를 생성하는 방법이나 품질을 판단하는 방법을 배우지 못했거나 해당 분야 지식이 부족하다. 그래서 머리글이나 번호 체계를 따지거나 템플릿에 명시된 제목을 모두 채워야 한다며 고의로 비워놓아야 하는 단락을 지적한다.
- 회사가 선택한 프로세스 모델이나 조직 구조가 품질 보증 인력을 프로젝트 실제 업무에서 분리시킴으로써 이런 패턴이 나타난다.

"나는 여러 조직, 특히 큰 조직에서 문서로 작성된 업무 지침을 QA 부서로 보내는 사례를 목격하였다. 그것은 문서의 완전성, 일관성, 정형적인 정확성을 점검하라는 지침이었다. 하지만 그 업무 지침을 받은 QA 팀원들은 요구사항, 설계, 프로그래밍, 테스트, 기타 시스템 개발, 어느 분야라도 전문적으로 전공한 사람들이 아니었다. 그들은 단지 'QA 사람들'이었다. 그저 (수많은) 문서 유형마다 미리 정해진 (수많은) 점검 목록을 따라 의미는 무시하고 형식만을 점검하는 사람들이었다. 흔히 이런 회사가 따르는 프로세스 모델은 내용에 대한 품질을 점검할 책임이 원저자에게 있다고 명시한다. 문서를 작성한 원저자가 그 분야의 전문가이기 때문이다.

— 피터 흐루스카

품질 점검에서 나오는 피드백 대다수가 (내용의 의미가 아니라) 문서의 형식을 지적한다면 그릇된 품질 관문關門을 세웠다는 증거다. 이런 패턴을 보이는 조직은 비생산적인 절차로 시간을 소모할 뿐 아니라 (더욱 중요하게는) 최종 제품으로 결함이 숨어들어가는 대가를 치른다.

35 테스트 전에 하는 테스트

"테스트는 테스트 이상이다.
(그리고 테스트 전에 테스트를 시작해야 한다.)"
– 도로시 그레이엄

전통적으로 테스트는 소프트웨어를 어느 정도 만든 후에 진행한다. 즉, 테스터는 배포된 코드를 받아서 동작이 올바른지 확인한다. 드물지만 어떤 조직은 생명 주기 전반에 걸쳐 테스트를 수행한다. 특히 (소프트웨어가 나오기 전, 그러니까 유형의 결과물이 나오기 훨씬 전부터) 제품 개발 초창기와 각 반복 초기에 테스트를 수행한다. 이런 초기 테스트, 즉 테스트 전에 하는 테스트로 프로젝트가 내놓을 결과물의 정확성을 테스트할 수 있다는 사실을 확인한다.

테스트 전에 하는 테스트는 1) 나중에 진행할 테스트의 효과를 크게 높여주며 2) 그래서 충분히 피할 수 있는 오류를 고치느라 낭비하는 시간을 크게 줄여준다는 측면에서 합리적이다. 초기 테스트를 수행하는 조직은 후반 테스트에서 '제품이 원하는 방식으로 동작하는지' 여부만 확인해도 괜찮다는 사실을 깨닫는다. 대다수 조직은 이렇게 하기가 어렵다. "원하는 대로 동작한다."는 정의 자체가 올바른지 확신하지 못하기 때문이다. 요구사항 자체를 테스트하지 않았다면 테스터도 요구사항을 신뢰하지 못한다. 초기 테스트는 후반 테스트에서 최종 제품을 가져와 맞춰볼 정확한 잣대를 제공한다.

하지만 초기 테스트는 요구사항에만 국한하지 않는다. 어떤 프로젝트 결과물도 초기 테스트가 가능하다. 예를 들어, (제품 설계를 유형의 형식으로 기록한다면) 제품 설계도 초기 테스트가 가능하다. 프로젝트 계획서, 범위 문서 등과 같은 프로젝트 결과물도 마찬가지다. 테스트 가능한 형식으로 표현만 한다면 모두가 초기 테스트로 이익을 얻는다. 게다가 초기 테스트를 거치리라 예상하면 결과물을 만드는 사람이 더욱 주의를 기울인다. 그래서 좀더 이해하기 쉬운 중간 결과물이 나온다.

(제품을 다 만든 후에야 시작하는) 뒤늦은 테스트는 프로젝트 성공에 도움을 못 준다. 그 즈음에 이르면 오류를 찾아내도 고치기 어렵다. 너무 늦었으니까. (초기 테스트를 안 했다면 오류는 거의 100% 존재한다.)

테스트 전에 하는 테스트는 프로젝트 초반에 벌어지는 토론 단계부터 품질을 제어하겠다는 의미다. 초반부터 품질을 제어하려는 프로젝트는 최초의 결과물을 점검하여 "계속 진행해도 괜찮은가?"를 결정한다. 오해, 의견 차이, 갈등, 비현실적인 기대 등을 (깊이 숨어들어 제거하기 어려워지기 전에) 가능한 초기에 가능한 많이 찾아내려는 목적이다. 테스트 전에 하는 테스트는 파급 효과가 가장 큰 결과물을 테스트하여 테스트 노력 대비 효과를 최고로 높이겠다는 의미다.

36 사이다 하우스 규칙

사이다 하우스 규칙

1. 술을 마셨다면 분쇄기나 압착기는 운전하지 마십시오.
2. 침대에서 담배를 피우거나 양초를 사용하지 마십시오.
3. 술을 마셨다면 지붕에 올라가지 마십시오.
   특히 밤에 조심하십시오.
4. 지붕에 올라갈 때 술병을 가져가지 마십시오.

"프로젝트와 무관한 사람들이 만든 규칙을
프로젝트 팀원들이 무시하거나 우회한다."

존 어빙의 소설, 『사이다 하우스The Cider House Rules』에서는 사이다를 만들 사과를 따려고 시즌마다 과수원에 모여드는 사과따기 일꾼들의 이야기를 들려준다. 사과를 따는 몇 주 동안 일꾼들은 낡은 사이다 건물에서 생활한다. 주인인 올리브는 '사이다 하우스 규칙'을 종이에 타자기로 쳐서 집 안에 붙여놓는다. 신참 일꾼 중 하나가 일꾼들이 규칙을 공공연히 무시한다는 사실을 깨닫고 베테랑 일꾼에게 이유를 물었더니 이렇게 말한다. "아무도 신경 안 쓴다네. 매년 올리브는 규칙을 걸어놓고 매년 우리는 그것을 무시하지."[1]

"규칙은 깨라고 있는 거야."

– 린다 프로즈Linda Prowse

사이다 하우스 규칙은 사이다 하우스에 살지 않는 (그리고 살 생각이 전혀 없는) 사람이 사이다 하우스에 사는 사람들에게 정해준 규칙이다. 대저택에 사는 올리브는 열대야에 시원하게 휴식을 취할 곳이 지붕밖에 없다는 사실을 모른다. 지붕에서 한 잔 하는 즐거움이 일꾼들의 일상이라는 사실도 모른다. 부적절한 규칙을 내걸었으므로 무시를 당해도 할 말이 없다. 멀찍이서 남들에게 규칙을 정해주었으니 지키지 않아도 좋다는 소리나 매한가지다.

[1] John Irving, 『The Cider House Rules』(New York : William Morrow and Company, 1985), 273쪽.
(옮긴이) 한국어판: 『사이다 하우스』, 존 어빙 지음, 민승남 옮김, 문학동네 2008년 펴냄.

이와 비슷하게 사이다 하우스 규칙을 정하는 조직이 간혹 있다. 프로젝트와 상관없는 사람들이 프로젝트 팀원들에게 규칙을 정해준다. 흔히 프로세스 개선 그룹, 표준 제정 그룹, 품질 부서 등이 업무 프로세스나 수행 방식을 명시한다. 그 외에도 팀원들이 사용할 도구를 정하거나 결과물이 따라야 할 표준을 만든다. 대개 그들은 업무를 제대로 이해하지도 못하면서 업무 방식을 정해주는 외부인에 불과하다.

프로세스, 방법론, 도구를 선택하는 업무만 맡은 사람이 있다면 이 패턴은 더욱 분명해진다. 그 사람은 프로젝트 업무에 손대지 않는다. 단지 어떻게 하라고 말만 한다.

외부인이 업무 방식을 결정할 적임자인 경우는 드물다. 특히 업무를 잘 모른다면 무의미한 잡무를 필요한 규칙인 양 내놓기 십상이다. 당연히 외부인은 (자신의 안전을 포함하여) 모든 가능성에 철저하게 대비하려 애쓴다. 뭔가 잘못되어도 남들이 자신과 자신이 만든 규칙을 비난하지 못하도록 말이다. 게다가 규칙이 어떤 면에서도 부족하다는 평가를 피하고 싶어한다.

당연한 소리지만, 성공적인 프로젝트는 어느 정도 질서가 있다. 규칙도 있고 프로세스도 있다. 하지만 규칙을 만드는 사람이 그리는 세상과 규칙을 따를 사람들이 사는 세상이 어느 정도 비슷해야 한다. 프로세스 전문가나 품질 전문가가 프로젝트 정식 팀원이거나 적어도 프로젝트 업무에 실질적으로 관여하는 사람이면 가장 좋다. 이 조건에 맞는 전문가라면 자신의 지식을 활용하여 팀에 적합한 프로세스를 정의할 적임자다. 모든 규칙이 프로젝트에 맞는 규칙인지 검토할 책임은 규칙을 만드는 전문가에게 있다.

   규칙이 적합하다면 프로젝트 팀은 그 규칙을 따른다. 유용하고 합당하고 합리적인 규칙이라야 팀이 따른다. 하지만 현실과 규칙이 다르다면 현실이 이긴다. 이때 사이다 하우스 규칙이 탄생한다.

37 말한 다음 써라

"프로젝트 팀이 대화로 결정하고 즉시 문서로 소통한다."

"회의를 하고 나면 상세한 회의록을 배포한다." 당연한 소리로 들린다. 지금까지 수많은 팀이 이 규칙을 어기는 바람에 곤경에 처하는 모습을 보지 못했다면 우리들 역시 당연하게 여겼으리라.

결정을 내릴 시점이 다가오면 우리는 좋은 결정을 신속하게 내리고 싶어한다. 개발 프로젝트는 언제나 시간이 부족하다. 때로는 결정이 임계 경로에 놓인다. 즉, 결정을 내리지 않으면 자원을 확보하지 못하거나 조만간 그런 사태에 직면한다. 대다수 결정은 임계 경로에 들어서기 전에 내려지지만, 그래도 여전히 신속한 결정이 필요하다. 프로젝트는 언제나 할 일이 아주 많고 내릴 결정도 아주 많기 때문이다.

대화는 좋은 결정을 신속하게 내리는 최선의 방법이다. 틀이 잘 짜여진 대화는 참가자들에게서 강도 높은 집중과 참여를 끌어낸다. 단시간에 팀원들이 경험과 지혜를 모아 여러 관점을 고려한 결론에 도달한다. 장황하게 주고받는 전자편지와는 달리 효과적인 대화는 동시에 모두가 참여하여 단번에 결정을 내린다.

일단 결정을 내리면 기어를 변속할 차례다. 결정을 내린 후에는 결정에 영향 받을 사람들 모두에게 분명하고 정확하게 결정을 알린다. 전혀 새로운 전략이 아니다. 수메르인들이 5000여 년 전에 글자를 발명한 동기도 일부는 여기에 있다. 그들은 오랫동안 대화로 매매와 협상을 진행했으나 상업적/법적 거래 결과를 보존할 좀더 효과적인 방법이 필요했다. 그래서 그들은 (나중에 설형문자로 발전한) 초기 문자 시스템을 개발했다.

메소포타미아 지역의 시장과 사원에서 통했던 방법은 오늘날 21세기 프로젝트에서도 중요한 의미를 시사한다. 기록은 대화가 보존하지 못하는 기억을 보존한다. 결정을 기록하면 결정에 참여하지 않았던 사람과 결정에 참여했으나 구체적인 내용을 잊어버린 사람에게도 결정 과정을 전달할 수 있다.

집중적인 대화와 명확한 문장이 제공하는 이익은 너무도 명백하다. 그렇다면 어째서 모든 팀이 두 기법을 활용하지 않을까? 어째서 주어진 상황에 더 적합한 기법을 사용하지 않을까? 일반적으로 팀의 의사소통 문화는 팀이 속한 조직의 의사소통 문화에 영향을 받는다. 조직의 의사소통 문화는 조직의 전반적인 문화에 영향을 받는다. 크고 형식을 중시하는 조직은 기록에 의존하는 성향이 강하다. 작고 유연한 조직은 대면, 전화, (메신저 등과 같은) 임시 기록에 의존하는 성향이 강하다. 자신들이 속한 조직에 따라 팀은 조직 문화에 가장 잘 맞는 의사소통 방식에 (너무 깊이) 물든다.

작은 회사에서 일하는 팀은 종종 굉장히 효과적인 결정을 내린다. 간결하고 집중적이고 즉흥적인 회의에서 어려운 문제를 논의하고 해결책을 찾아낸다. 하지만 조직 문화가 말로 하는 소통에 뿌리를 두는 탓에 결정을 전달할 때도 똑같은 방식을 시도한다. 말로 하는 소통에 너무도 익숙해서 어느 시점에 이르면 기어를 바꿔야 한다는 사실을 깨닫지 못한다.

제때에 기어를 바꾸지 못하는 실수는 큰 회사나 분산 팀에서 자주 일어난다. 여러 지역으로 흩어진 팀은 흔히 전자편지가 주된 의사소통 수단으로 자리잡는다. 받은 편지함으로 일하는 방식에 너무 익숙해져서 결정에 관한 질문도 당연하게 전자편지로 보낸다. 대화가 이어지면서 함께 받는 사람cc 목록은 점점 길어진다. 간단한 회의 한두 번이면 끝날 논의가 아무런 결말 없이 여러 날 이어진다.

   가장 효과적인 팀은, 조직 문화에 다소 어긋나더라도, 당면한 업무에 가장 적합한 의사소통 기법을 과감하게 채택한다. 심지어 가장 공식적인 회사에서도 대화로 빠르고 효과적인 결정을 내린다. 또는 쾌속으로 움직이는 벤처 기업에서도 결정을 기록하여 전달하고 보존한다.

38 프로젝트 매춘부

"들어오는 요청을 족족 수락하면 팀 속력이 느려져서 결국은 효율이 떨어진다. 하지만 유혹이 너무 커서……"

비용절감과 인력감축이 다반사인 시대에 "기업이 새 소프트웨어를 더 많이 만들지 않아 진짜 전략적 우위를 점령할 기회를 놓친다."라는 여론이 (적어도 IT 전문가들 사이에서) 나오고 있다. 여기에 공감한다면 한번 거꾸로 생각해보자. "혹시 소프트웨어를 너무 많이 만들지는 않는가?"

21세기는 어찌 된 영문인지 "모든 일이 어제 끝났어야 한다."는 급박한 분위기가 만연하다. 속력이 그렇게 중요하다면 부하를 줄여 속력을 높이는 방법이 가장 간단한 해결책이다. 하지만 이처럼 뻔하고 상식적인 해결책은 암묵적이고 정치적인 현실에 부딪힌다. 기능을 쳐내면 누군가, 자칫하면 권력 있는 누군가에게 찍힐지도 모른다는 현실이다.

예를 들어, 상사인 듀안이 기능 하나를 요청했다. 관리자인 당신은 팀에 걸린 업무 부하가 이미 과하다는 사실을 잘 안다. 하지만 듀안은 힘이 있다. 목소리도 크다. 그래서 관리자인 당신은 항복하기로 결정할지도 모른다.

"아무려면 어때……." 당신은 한숨을 내쉬며 말한다. "좋습니다. 요청하시는 기능을 구현하겠습니다."

방금 상황을 다시 한번 돌아보자. 당신 팀에게 안겨진 업무 부하는 편하게 처리할 수준을 이미 넘어섰다. 당신은 상사의 심기를 거스르지 않으려고 업무 부하를 더 받아들였다. 자원은 한정되어 있는데 일이 많아졌으므로 일을 끝내는 평균 속력이 느려진다. 듀안의 사정권을 벗어나려고 속력을 희생한 셈이다. 사정은 더 나빠진다. 회사에서 힘 있는 사람이 듀안 한 명만은 아니니까. 사실상 새로운 기능을 요청할 만한 사람은 모두가 당신보다 높은 직책이다. 비판을 피하려고 당신은 요청이 들어올 때마다 어쩔 수 없이 "예."라고 답한다. 당신이 "예."라고 답할 때마다 프로젝트 속력은 느려진다.

팀이 감당할 수준을 넘어서 온갖 요청을 수락하는 관리자는 비겁하다. 개인적인 비판을 피하려고 팀이 성공하지 못하는 상황을 만든다. 궁극적으로 팀은 과도한 업무로 고통 받고 사기가 떨어진다. 단지 관리자가 처음부터 "아니오."라고 말할 용기가 없었다는 이유로.

이처럼 불행한 패턴을 방지하려면 어떻게 해야 할까? 업무에 우선순위를 매긴 후 최고 속력으로 처리가 가능한 만큼만 진행한다. 가치가 낮은 업무는 가치가 높은 업무를 다 끝낸 후로 연기한다.

실천하기 어려울지도 모르겠다. 가치를 빨리 내놓는 대신 권력을 포기해야 하므로. 힘 있는 사람에게 "아니오."라고 말하면 팀 효율은 높아질지 몰라도 자신의 정치력은 떨어진다. 별로 달가운 공식이 아니다. 잠재적인 정치력을 어느 정도 희생해야 필수적인 업무가 더 빨리 끝난다.

정치만이 팀에 부하가 걸리는 이유는 아니다. 유사하게, 팀원 개개인도 과중한 업무를 떠맡는다. "아니오."라고 말하지 못해서다. "적을수록 낫다."는 이야기는 들었지만 속으로는 "많을수록 낫다."고 믿는 탓이다.

최고 속력으로 처리가 가능한 정도보다 더 많은 업무를 수락하면 당연히 속력이 떨어진다. 그렇지만 업무량과 속력 사이 반비례 관계를 터놓고 말하는 조직은 거의 없다. 대놓고 말하기 껄끄러운 탓이다. 수

많은 조직이 업무에 치여 속력이 느려지다 못해 완전히 멈추는 사태에 직면하는 이유가 여기에 있다. 잠시만 멈추고 쌀에서 왕겨를 가려낸다면 느려지는 원인이 왕겨가 너무 많아서라는 사실을 깨달으리라.

관리자가 (스스로든 팀원들이든) 이 패턴을 허용한다면 프로젝트는 심각하고 불필요한 위험에 직면한다.

39 대들보

"팀 리더가 (거의) 모든 방면에 뛰어나다."

에리카 팀을 방문하면 언제나 즐겁다. 에리카는 개발자 스물 다섯 명 정도로 이루어진 개발 팀을 이끈다. 회사에서 가장 뛰어난 팀 중 하나다. 그들은 우수한 제품을 출시하며 일정도 잘 맞춘다. 젊고 뛰어난 신입 개발자들이 팀에 합류하고 싶어하므로 결원이 생기면 에리카는 언제나 최고 인재를 확보한다. 하지만 팀원들이 팀을 떠나려 하지 않으므로 결원이 생기는 일은 아주 드물다. 인재들이 팀에 합류하려는 이유는 많이 배운다는 사실을 알아서다. 팀원들이 팀에 머무르려는 이유는 에리카가, 시간이 흐르면서, 가장 초보적인 기술에서 가장 고급 기술까지 팀원들의 실력을 키워주기 때문이다.

에리카의 리더십이 팀의 성공에 큰 몫을 한다는 사실은 누가 봐도 명백하다. 그녀는 팀을 위해 두 발 벗고 나선다. 제품 계획과 출시 일정을 주도적으로 이끈다. 대다수 아키텍처 결정에도 참여한다. 출시 주기 막판에 신참 개발자가 뒤처지면 곧바로 뛰어들어 정시에 끝내도록 도와준다.

에리카는 관리 업무도 유능하게 처리한다. 업무평가와 연봉협상 시기가 다가오면, 열심히 일하는 부하 관리자들에게 떠맡기는 대신 번거로운 관리 업무를 직접 처리한다. 다른 지역에 있는 팀과 협력해야 한다면 자청하여 대표로 출장 간다. 실제로 다른 지역 사람들 대다수는 에리카 이외에 에리카 팀 사람들을 한 번도 만나지 못했다.

그러나 에리카의 팀을 방문하는 일은 즐겁지만, 한편으로는 달랐으면 좋겠다는 생각도 든다.

에리카는 단 하나만 제외하면 리더에게 필요한 자질을 모두 갖추었다. 너무도 완벽한 리더이자 관리자인 바람에 팀원들이 리더십이나 관리 능력을 배양할 기회가 없다. 결과적으로 에리카는 팀원들을 리더로 키우지 못한다.

에리카 팀의 구조를 살펴보자. 총 팀원 수는 스물 다섯 명으로, 팀원들은 소그룹으로 나눠진다. 개발 팀 몇 개, 테스트 팀 한두 개, 기술 문서 작성 팀 한두 개, 여기에 다양한 전문 지식을 보유한 개인 공헌자 두세 명이 있다. 소그룹마다 팀 리더가 있다. 제대로 골랐다면 소그룹 리더들은 미래의 에리카가 될 새싹이다. 물론 기술을 다루는 직책에 머물고 싶어서 관리자로 가지 않으려는 리더도 있다. 하지만 언젠가 에리카 자리 혹은 더 위로 오르고 싶어하는 리더도 있다. 에리카와 같은 관리직에 오르려면 에리카가 맡은 업무를 조금이라도 직접 해볼 기회가 필요하다. 조금씩 맡아서 하다 보면 전체를 배울 테니까. 하지만 에리카는 모든 리더십과 관리 업무를 독차지함으로써 장래 리더에게 꼭 필요한 학습 기회를 박탈한다. 팀원들을 사랑하지만 그들의 성장을 막는다.

에리카 팀이 보유하는 장점은 이미 언급했다. 사람들이 에리카 팀을 좋아한다는 사실도 언급했다. 그렇다면 에리카의 리더십이 초래하는 다른 결과를 고려해보자. 가장 뻔한 결과는 이미 언급했다. 잠재적인 리더가 리더로 크지 못한다. 그런데 이 외에도 금방 눈에 띄지 않는 결과가 두 가지 더 있다.

첫째, 에리카의 모델은 확장성이 부족하다. 아마 에리카가 처음으로 맡은 팀은 4~6명 정도였으리라. 그때는 팀원을 개별적으로 관리했다. 똑똑하고 유능하고 추진력 있는 그녀는 소그룹 5개, 25명에 이르는 고효율 팀을 맡기에 이르렀다. 조직도를 보면 에리카는 팀장 5명을 관리하고 각 팀장이 팀원들을 관리한다. 하지만 에리카가 관리하는 방식을 살펴보면 그녀는 아직도 팀장 5명이 아니라 팀원 25명을 개별적으로 관리한다.

100여 명에 이르는 팀이 필요하다면 에리카의 상사는 에리카에게 새 팀을 맡길까? 아마도 아니리라. 에리카와 같이 유능한 최전방 관리자가 25명짜리 팀을 성공적으로 이끌었다 할지라도 같은 방법이 100여 명짜리 팀에 통하기는 어렵다. 에리카의 관리 방식은 작은 팀에 매우 효과적이지만, 작은 팀에만 유능한 관리자는 큰 팀을 감당하지 못한다.

둘째, 에리카가 갑자기 사라진다면? 누가 에리카를 대신할까? 팀을 넘겨받아 기존의 탁월한 성과를 유지할 사람이 있을까? 당신이 에리카의 상사라면 걱정해야 마땅하다. 현실적인 방안은 단 하나인데 본질적인 위험이 따른다. 팀 외부에서 새로운 관리자를 데려오는 수밖에 없다. 외부에서 새로운 관리자를 고용하거나 다른 부서 관리자 중 한 명을 옮겨야 한다. 어느 쪽이든 새 관리자의 앞길은 순탄하기 어렵다.

에리카의 팀은 에리카에게 철저히 익숙하다. 새 관리자가 단시간에 팀으로부터 인정을 받기가 쉽지 않다. 또한 새 관리자가 에리카의 방식을 완벽하게 복제하기도 불가능하다. 즉, 팀 리더들에게 주어지는 리더십 역할과 관리 업무가 전보다 늘어난다. 새로운 관리자에게 운이 따른다면 일부 팀장들은 높아진 기대에 부응해 잠재력을 살려 재빨리 리더로 성장한다. 운이 없다면 팀장 일부를 교체하는 등 (거의) 모든 일을 해주던 관리자가 떠난 충격에 연이어 다시 한 번 조직이 치명상을 입는다.

40 옷 입는 이유

"완전히 개방적인 정책은
프로젝트를 서서히 중단시킨다."

스스로 '개방적'이라 생각하는 조직은 대체로 자신들이 개방적이라는 사실을 뿌듯하게 여긴다. "우리 조직은 아주 개방적입니다."라고 자랑하며 남들이 감명을 받으리라 믿는다. 하지만 개방도 지나치면 해가 된다. 지능 분야에서 선구자인 허브 사이몬은 이를 멋지게 표현한다. "정보 과잉은 주의 결핍을 초래한다."[1] 주의를 기울일 정보가 어느 수준을 넘어서면 우리는 더 이상 처리하지 못한다. 정보가 많다고 반드시 도움이 되지는 않는다.

> 내가 컨설팅한 어느 작은 IT 조직은 주기적으로 모든 직원들을 모든 회의에 초대했다. 그런데 거의 모든 직원들이 대다수 회의에 참석했다! 어째서일까? 관리자 한 명이 이유를 설명했다. "우리 조직은 말입니다, 모든 사람들이 뭔가를 하려면 모든 사실을 알아야 한다고 느낍니다."
>
> – 톰 드마르코

모든 사실을 알아야 뭔가가 진행된다면 업무를 완수하기는 글렀다. 완전히 개방적인 조직의 반대는 '필요할 때만' 정보를 제공하는 조직이다. 군사 계획이나 무기 개발 등 보안이 필요한 조직에서 일반적으로 보이는 패턴이다. 접근 권한을 엄격하게 통제하므로 다소 불편하

---

[1] H. A. 사이몬, 『The Economics of Communication and Information』에 실린 「Designing Organizations for an Information-Rich World」, D. M. 람버튼 편집 (Cheltenham, U.K. : Edward Elgar, 1997), 187에서 203쪽까지.

지만 그래도 조직은 돌아간다. 어쩌면 완전히 개방적인 조직보다 더 잘 돌아간다.

당연히 이쪽 극단도 아니고 저쪽 극단도 아닌 중간 정도가 이상적이다. 근처에서 진행되는 프로젝트를 배울 기회가 있다면 당연히 반갑다. 이런 개방성은 조직이 개인의 성장을 긍정적으로 장려한다는 사실을 암시한다. 하지만 완벽한 개방성은 불필요하다.

너무 많은 정보가 나쁠 수 있다는 인식만으로 충분하지 않다. 애당초 너무 많은 정보에 시달리는 이유를 파악해야 한다. 한 가지 이유로, 다른 사람이 제공하는 정보에 파우스트 계약서가 딸려 올지도 모른다. 다시 말해서, 어떤 정보를 받았으나 불평하지 않는다면 사실상 그 정보에 동의한다는 의미다. (패턴 25「침묵은 암묵적인 동의다」를 참조한다.)

우리가 스스로를 정보에 파묻는 일반적인 이유는 불안하기 때문이다. 혹시라도 남들이 아는 사실을 나만 모를까봐 두려워서다. 이런 두려움에 굴복한다면 난생 처음으로 뷔페에 참석한 아이가 된다. 맛볼 기회를 놓치지 않으려고 맛있어 보이는 음식을 접시에 꾸역꾸역 쌓는다. 먼저 자신의 정보 접시가 어느 정도 크기인지 파악하는 편이 낫다. 이것이 커가는 과정이다.

41 동료 평가

"채용 과정에서 동료가 될 사람들이
지원자를 평가한다."

오늘날 대다수 조직은 최종적으로 채용을 결정하는 권한이 관리자에게 있다. 고용을 결정하는 사람도 관리자이며, 해고를 결정하는 사람도 관리자다. 의심할 여지가 없다. 하지만 어떤 조직은 장래 동료가 될 사람들에게도 (일부나마) 결정에 참여할 기회를 제공한다. 이런 동료 평가는 결과가 하나다. 관리자가 팀원들에게 결정에 참여할 기회를 제공하면 모두가 (지원자, 팀원들, 관리자 모두) 승리한다.

채용 과정에서 초반 단계는 거의 변하지 않는다. 가장 먼저, 관리자가 이력서를 토대로 지원자를 걸러낸다. 때로는 선임 팀원에게 이력서를 봐달라고 요청해 '진행할 이력서'와 '탈락시킬 이력서'를 가린다. 다음으로, 관리자는 서면으로 뛰어나 보이는 지원자와 전화로 면담한다. 여기서 회사로 초청해 면접할지 여부를 결정한다. 초청하기로 결정했다면 대략 3시간에서 6시간 정도 팀과 면담할 예정이라고 알려준다. 팀원들이 참여하면 면접은 길어지기 마련이다.

지원자가 도착해서 관리자와 간단히 인사한 후부터 본격적인 면접이 시작된다. 팀원들이 차례로 지원자를 만나는데, 30분에서 90분 정도 걸린다.

사실 팀원들이 지원자에게서 얻으려는 정보는 동일하다. 하지만 각자가 그 정보를 찾아내는 방법은 다르다. 당연히 모두가 지원자의 지식과 기술과 역량을 알아내고 싶어한다. 그래서 때로는 채우려는 직책에 따라서, 팀이 전체로서 지원자에게 코드를 짜거나 테스트 케이스를 작성하라고 요청한다. 하지만 각 면접관도 개인으로서 지원자를 평가한다. "내가 이 사람과 일할 수 있을까?" "우리 팀에 맞을까?" "우리 팀을 강하게 만들까, 약하게 만들까?"

또한 각 면접관은 자신이 팀에서 맡는 역할에 따라서도 지원자를 평가한다. 예를 들어, 지원자가 개발자라면, 테스터인 팀원은 개발자인 팀원과는 다른 질문을 던지고 다른 각도로 자질을 살핀다.

각 면접관은 자신이 겪은 경험에 따라서도 지원자를 평가한다. "경험상 내가 아주 중요하게 여기는 문제해결 방식과 기술을 이 친구가 갖추었는가?" "옛날에 나와 손발이 맞았던 혹은 껄끄러웠던 동료들과 비슷한 면이 있는가?" "액면 그대로 믿어도 좋을까 아니면 가짜일까?" 이렇듯 면접관마다 경험과 입장이 다르므로 다양한 관점과 가치를 기준으로 지원자를 평가할 수 있다.

각 면접관은 면담을 끝낸 직후 관리자에게 (직접 찾아가든, 전화하든, 전자 편지를 보내든) 자신이 받은 인상과 의견을 알린다. 모든 면접관은 "나더러 결정하라면 이렇게." 하며 한 표를 던진다.

면접이 순조롭게 진행되었다면 마지막으로 지원자는 관리자를 다시 만난다. 이 즈음이면 관리자는 모든 면접관에게서 이미 보고를 받은 상태다. 이제 자신이 직접 지원자를 면접한 후 결정을 알려줄 차례다. 다른 면접관들이 합격이라 평가했지만 관리자가 채용하지 않을 이유를 발견할지도 모른다. 반면 다른 면접관 대다수가 반대하는 지원자라면 관리자도 고집할 이유는 없다.

팀원들에게 결정에 참여할 기회를 제공하면 모두가 승리한다.

- 기존 팀원들이 승리한다. 왜? 대다수가 새 팀원을 이미 만났으니

까. 아니, 대다수가 새 팀원을 인정했으니까. 팀이 인정하지 못하는 친구는 애초에 발도 못 들이니까.
- 지원자가 승리한다. 왜? 팀에 합류할지 여부를 좀더 현명하게 판단할 수 있으니까. 상사만이 아니라 미래 동료들도 만났으니까. 회사 생활이 어떤지, 회사 문화가 어떤지, 미리 파악할 수 있으니까.
- 관리자가 승리한다. 왜? 팀이 지원자의 기술적인 역량을 평가하므로 자신이 추측할 필요가 없으니까. 또한 팀이 새 친구를 이미 어느 정도 받아들였으니까. 그래서 팀도 새 친구가 성공하기 바랄 테니까.
- 마지막으로 팀 전체가 승리한다. 왜? 지원자를 면접하면서 팀원끼리 서로 배우니까. 각 면접관이 내놓은 평가서를 읽으면서 장래 지원자에게 적용할 기준과 질문을 찾아내니까. 또한 관리자는 팀원들이 생각하는 방식을 좀더 깊이 이해하게 되니까.

관리자 이야기가 나왔으니 말인데, 팀 리더를 고용하는 경우도 동료 평가가 아주 효과적이다. 자기네 상사가 될 사람을 팀원들이 직접 평가하면 어떨까?

지원자가 개발자든 테스터든 관리자든, 우수한 인재를 찾기란 어렵지만 언제나 중요한 문제다. 인재 찾기는 일종의 팀 프로젝트다.

"관리는 남이 친 홈런으로 월급 받는 직업이다."

– 케이시 스텐젤 Casey Stengel

42 스노클링과 스쿠버다이빙

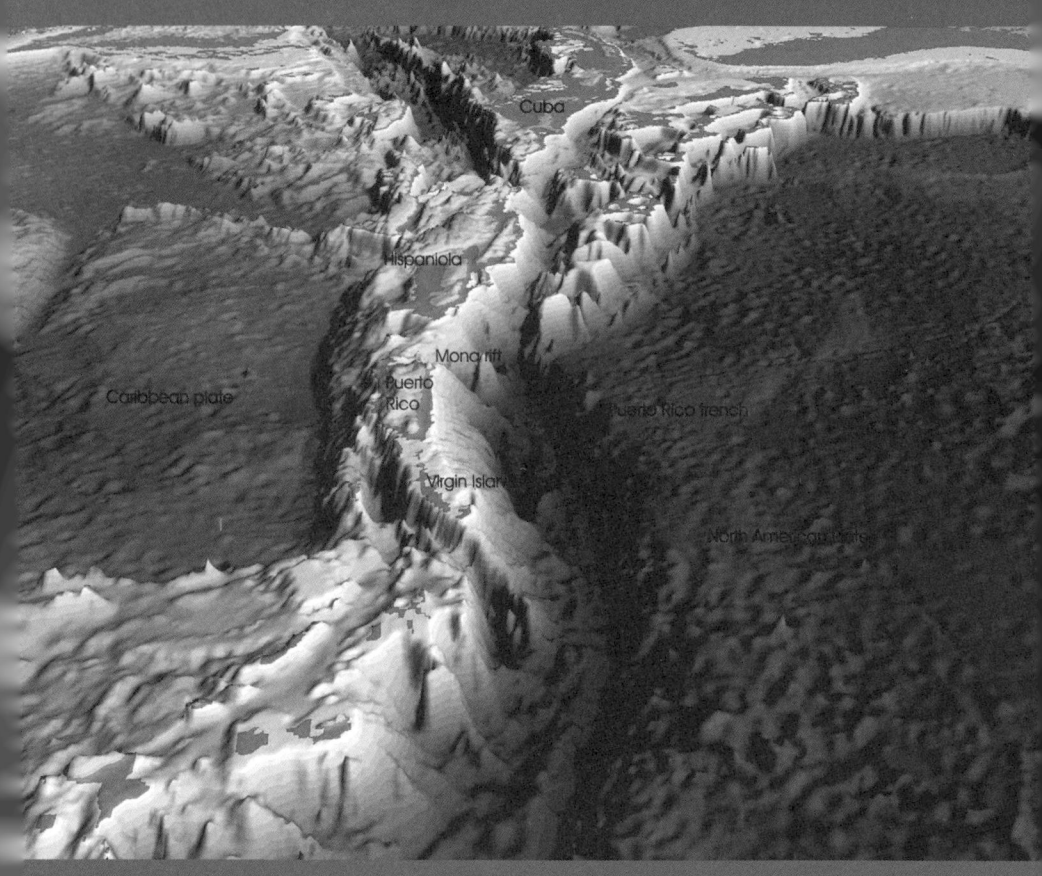

" 프로젝트를 진행하는 동안에도 분석 활동을 계속한다.
위로, 아래로, 사방팔방으로.[1]"

수면을 떠다니며 스노클링snorkeling을 즐기는 사람은 얕은 곳에서 헤엄치는 물고기를 관찰한다. 깊은 곳은 희미한 그림자만 인식한다. 반면 스쿠버다이빙에 도전하는 사람은 물속 깊이 잠수한다. 그래서 희미한 그림자가 실제로 물고기, 난파선, 산호라는 사실을 밝혀낸다. 같은 시간 안에 스노클링은 넓은 영역을 탐험하며 스쿠버다이빙은 깊은 영역을 탐험한다. 성공적인 프로젝트 팀은 프로젝트를 진행하면서 스노클링과 스쿠버다이빙을 적절히 활용한다. 언제 스노클링을, 언제 스쿠버다이빙을 취할지 합리적으로 선택해 프로젝트 시간을 효율적으로 활용한다.

문제를 이해하고 목표를 달성하려면 먼저 탐사 범위부터 알아야 한다. 여기에 스노클링이 적합하다. 일반적으로 프로젝트를 시작하는 시점에 스노클링을 수행하여 탐사 범위, 목표, 이해관계자, 탐사 경계, 이미 알려진 사실, 스쿠버다이빙이 필요한 영역을 파악한다.

뭔가 흥미로운 볼거리, 새로운 사실, 좀더 자세한 내용이 필요하다면 스쿠버다이빙을 시도한다. 때로는 다이버가 발견한 사실이 스노클링에서 내렸던 가정을 뒤집는 경우도 생긴다. 예를 들어, 이쪽 수역에 살리라 예상치 못했던 해양 생물을 발견했다면 번식처를 찾아서 탐사 범위를 넓혀야 한다.

이 패턴을 활용하는 팀은 넓고 광범위한 (스노클링) 탐사와 상세하고 선택적인 (스쿠버다이빙) 탐사를 병행한다. (둘 중 하나를 취사선택하지 않는다.)

[1] 좋은 표현을 제공한 다인즈 한센(Dines Hansen)에게 감사한다.

여기서 핵심은 프로젝트 전반에 걸쳐 '넓은' 탐사와 '깊은' 탐사를 병행하는 능력이다. 넓은 탐사로 프로젝트에 필요한 사람, 조직, 하드웨어, 소프트웨어 시스템을 파악한다. 깊은 탐사로 위험이 높은 영역, 이익이 큰 영역, 더 깊은 탐사가 필요한 영역을 파악한다.

스노클링과 스쿠버다이빙을 병행하는 팀은 프로젝트 범위가 넓어도 겁먹지 않는다. 전체를 똑같은 깊이로 탐사할 필요가 없다는 사실을 아는 까닭이다. 예를 들어, 구매한 소프트웨어로 일부 문제를 해결하기로 결정했다면 소프트웨어 기능을 파악할 정도로만 탐사하면 충분하다. 나중에 직접 구현하기로 결정한다면 그때 가서 변경에 필요한 탐사 깊이를 판단한다. 어떤 탐사는 나중으로 미뤄도 괜찮다는 사실도 팀은 안다. 숲 전체를 보는 팀은 변경에 대처하는 능력도 뛰어나다. 변경이 미치는 영향을 재빨리 파악하기 때문이다. 자신들이 무엇을 알고 무엇을 모르는지, 무엇을 탐사하고 무엇을 남겨둘지 이해한다. 그래서 프로젝트 자원을 효율적으로 활용할 방법도 미리 계획한다.

스노클링과 스쿠버다이빙을 병행하는 팀은 컨텍스트 모델링, 프로토타이핑, 시뮬레이션을 많이 활용한다. 또한 프로젝트 초반부터 가장 유익한 기능을 점진적으로 출시한다. 프로젝트 범위와 목표는 문서 한 장 정도로 조리 있게 설명이 가능하다.

반대 패턴은 ("우리는 스쿠버다이빙만 합니다. 스노클링은 겁쟁이나 즐기죠." 라며) 세부사항에 집착하는 팀이거나 ("우리는 스노클링만 합니다. 바다 괴물이 두려워요." 라며) 세부사항을 겁내는 팀이다. '고차원'과 '세부사항'을 서로 무관한 개념으로 취급하는 사람들도 여기에 속한다.

우수한 개발자는 스스로를 제약하지 않는다. 스노클링도 하고 스쿠버다이빙도 한다. 목적에 따라서 기법을 선택한다. 정찰이 필요하다면 스노클링만으로 충분하다. 관찰이 필요하다면 스쿠버다이빙이 필요하다.

때로는 발가락만 담가 봐도 굳이 뛰어들 필요가 없다는 사실이 드러난다.

43 언제나 문제는 빌어먹을 인터페이스!

"프로젝트 팀이 인터페이스를 절대적으로 강조한다.
자동화된 인터페이스와 사람 인터페이스 모두!"

시스템을 설계하려면 시스템과 환경을 이어주는 인터페이스를 알아야 한다. 시스템으로 들어가는 입력과 시스템이 내놓는 출력을 알아야 한다. 입력과 출력에 합의하지 못하면 프로젝트는 준비 단계를 벗어나지 못한다. 문제 경계를 정하지 못했으니까. 입출력에 합의한 후에야 시스템 기능을 정의할 수 있으니까.

기능에 합의한 후에는 설계를 진행한다. 구체적으로 어떻게 하느냐고? 크고 복잡한 시스템을 하위 시스템 여럿으로, 하위 시스템을 컴포넌트 여럿으로 쪼갠다. 하위 시스템과 컴포넌트 경계를 정하려면, 여기서 다시, 각 하위 시스템과 컴포넌트의 입력과 출력을 열거한다.

구현 업무는 어떻게 나눌까? 하위 시스템이나 컴포넌트 단위로 나눈다. 팀은 하위 시스템을 맡는다. 개인은 컴포넌트를 구현하고 테스트한다. 컴포넌트 경계는 업무 범위를 정의한다. 다시 말해서, 컴포넌트는 각 개발자가 맡는 책임을 정의한다. 컴포넌트 인터페이스는 컴포넌트끼리 맺은 계약이다. 한 컴포넌트가 다른 컴포넌트에게 "네가 정확하게 이 조건에서 이 자료를 넘기면 나도 정확하게 이 제품을 만들어서 저 위치에 저장할게."라는 약속이다.

문제를 세세히 이해하지 못하는 프로젝트 초반에는 막 바로 구현해도 괜찮을 수준으로 인터페이스를 정의하기 어렵다. 때로는 까다로운 부분을 놓쳤다는 사실조차 깨닫지 못한다. 그렇다고 인터페이스 정의를 빼먹고 넘어가면 안 된다. 현재 알고 있는 지식으로 최선을 다해 정의한다.

사실은 그래서 인터페이스 결함이 발생할 가능성이 높다. 인터페이스 결함은 최소한 두 컴포넌트에 (필연적으로 더 많은 컴포넌트에) 영향을 미친다. 흔히 다루기가 가장 까다로운 결함이다.

이 패턴을 아는 팀은 인터페이스를 초반에 공략한다. 컴포넌트 기능을 구현하기 전에 컴포넌트 인터페이스를 확인하는 코드부터 만든다. 개개인이 작성하는 코드를 일찌감치 통합해서 자주 테스트한다.

예전에 프로젝트 하나를 세 팀이 진행하는 사례를 보았다. 한 팀은 캐나다, 한 팀은 미국, 한 팀은 이스라엘에 있었다. 프로젝트 관리자는 스스로 '인터페이스 바이블'이라고 부르는 문서를 프로젝트 인트라넷에 올려 두고 관리했다. 모든 시스템 인터페이스를 기록한 문서였다. 아니, 인터페이스 정보만 기록한 문서였다. 관리자는 인터페이스 바이블을 철저히 따랐으므로 빌어먹을 인터페이스로 골탕 먹을 필요가 없었다.

- 팀 리스터

이 패턴을 이해하는 관리자는 프로젝트 팀 사이 인터페이스에 각별한 주의를 기울인다. 그래서 그룹이 인터페이스를 잘못 가정할 위험에 적극적으로 대처한다. "제품은 제품을 만든 조직 구조를 반영한다."라는 콘웨이의 법칙이 있다. 인터페이스는 특히 이 법칙이 통한다. 프로젝트에서 복잡한 사람 인터페이스는 십중팔구 복잡한 제품 인터페이스를 낳는다.

44 파란 영역

"오빌 라이트는 조종사 면허가 없었다."
- 리차드 타이트, 그랜드 푸 바, 크라니엄 사[1]

"습관적으로 권위를 무시하는
팀원이 한 명 정도는 필요하다."

윈스턴을 소개하겠다. 윈스턴은 프로젝트 팀에서 가끔 보이는 인간형이다. 완전히 무정부주의자는 아니지만 그렇다고 명령을 착실히 따르지도 않는다. 스스로 판단해서 프로젝트에 최선인 방향으로 나간다. 위에서 뭐라고 하든 별로 개의치 않는다. 그렇다고 전혀 엉뚱한 방향으로 막 나가진 않는다. 단지 자신의 권한을 최대한, 때로는 관리자의 인내심이 바닥나기 직전까지 확장할 뿐이다. 다시 말해 윈스톤은 파란 영역에서 일한다.

일반적으로 관리자는 경계를 정해서 업무를 할당한다. 그러면 각 팀원은 주어진 경계 안에서 맡은 업무를 완수한다. 물론 관리자가 업무를 할당할 때는 팀원의 능력을 고려한다. 또한 서로 겹치거나 충돌하는 업무를 할당하지 않으려고 애쓴다.

관리자가 사려 깊게 업무를 할당하면 각 팀원이 운신할 폭이 커진다. 하지만 업무를 할당하는 시점에서 업무 범위를 100% 정확하게 지시하기란 사실상 불가능하다. 보통 프로젝트 업무는 세 가지 영역에 걸친다.

- 녹색 영역은 관리자가 명시적으로 지시한 활동이다. 즉, 반드시 해야 하는 업무다.
- 붉은 영역은 관리자가 명시적으로 제외한 활동이다.

[1] 사진은 라이트 형제가 키티 호크(Kitty Hawk)에서 시도한 최초의 비행이다. 비행사는 동생인 오빌 라이트(Orville Write)고 오른쪽 사람이 형인 윌버 라이트(Wilbur Write)다.
(옮긴이) Richard Tait, Grand Poo Bah, Cranium.

- 파란 영역은 나머지 전부다. 즉, 관리자가 요구하지도 금지하지도 않은 활동이다. 녹색 영역과 붉은 영역 사이에 놓이는 모든 활동을 가리킨다.

우리 동료 윈스턴은 관리자가 명시적으로 금지한 활동만 아니라면 해도 괜찮다고 여긴다. 관리자가 지시한 (녹색 영역에 속하는) 활동은 당연히 해야 하고, 파란 영역에 속하는 활동도 최선의 결과를 낸다면 마땅히 해야 한다고 생각한다. 그가 행동을 결정하는 유일한 기준은 프로젝트에 미치는 이익이다. 허락을 기다리지 않는다. 아니, 허락을 구하지도 않는다. 스스로 판단해서 필요하다 여기는 행동을 취한다.

하지만 윈스턴은 이 정도로 성이 차지 않는다. 때때로 그는 붉은 영역으로 가자고 팀 리더를 설득한다. 명시적으로 금지된 활동을 하려는 경우만 허락을 구한다.

윈스턴과 같은 인물은 팀에게 커다란 이익이다. 같이 일하다 보면 아슬아슬한 순간도 많지만 어쨌거나 윈스턴은 업무를 완수한다. 게다가 타고난 모험심 덕택에 원래 관리자가 요구한 결과보다 훨씬 더 낫고 창의적인 결과를 내놓는 경우도 흔하다.

윈스턴과 정반대인 벤슨을 고려하면 윈스턴은 더더욱 돋보인다. 벤슨은 관리자가 지시한 업무만 수행하는 꽁생원이다. 그 외 업무는 무조건 허락을 받아야 한다고 생각한다. 벤슨은 파란 영역을 절대로 벗어나지 않는다. 가치가 있든 없든 명시적인 허락이 없으면 모험을 감행하지 않는다.

붉은 영역에는 들어가지 말라는 지시를 벤슨은 절대적으로 신봉한다. 한치도 의심하지 않는다. 심지어 자신의 업무 범위를 벗어나 붉은 영역에 위치하는 해법을 제안하느니 차라리 프로젝트가 실패하는 모습을 방관한다.

벤슨과 윈스턴은 둘 다 모순이다. 한 명은 철저한 복종이 오히려 해로울 가능성을 시사한다. 한 명은 비자아적인 불복종이 유용할 수 있다는 가능성을 시사한다.

"프로젝트에서 바람직한 불복종의 비율은 0이 아니다."

– 마이크 무세트 Mike Mushet

45 뉴스 세탁

"1월까지 불가능합니다."　　"1월까지 조금 무리입니다."　　"1월까지 다소 어렵지만……."　　"1월까지 충분합니다."

 →  →  →

팀 리더　　　　　　프로젝트 관리자　　　　　　프로그램 관리자　　　　　　CIO

"나쁜 소식이 조직 사다리를 오르면서 정확히 전달되지 않는다."

어떤 조직은 나쁜 소식이 제대로 보고되지 않는다. 흔히 조직 사다리를 한 단계 오를 때마다 조금씩 세탁된다. 앞 그림이 좋은 예다.

뉴스 세탁은 해로운 패턴이다. 의사 결정자가 필요한 정보를 확보하지 못하기 때문이다. 그래서 나쁜 결정을 내리거나 아무런 결정도 내리지 못한다. 결국은 (불필요하게) 나쁜 결과를 초래한다. 정보가 제대로 흐르지 않아서 나쁜 결정을 초래한 사례는 아주 많다. 지난 사반세기를 돌아보면 1986년 1월 28일에 챌린저 우주왕복선을 발사한 결정이 대표적인 예다.

『The Challenger Launch Decision』[1]을 집필한 다이앤 보언에 따르면, 모턴-티오콜 사 엔지니어들은 고체 로켓 모터를 봉합하는 O-링이 추운 날씨에 문제를 일으킬지도 모른다는 이유로 발사 연기를 권고했다. 이에 먀샬 우주비행센터 책임자들이 티오콜 사를 비난하자 티오콜 사 경영진은 엔지니어들의 권고를 무시하고 발사를 승인했다. 티오콜 사가 처음에 추위를 이유로 발사를 반대했다는 소식은 마샬 관리자들을 거쳐 나사 프로그램 관리자에게 전달되지 않았다. 결국 강추위 속에서 강행한 발사는 승무원 사망과 기체 손실이라는 결과를 낳았다.

다행스럽게도 모든 뉴스 세탁이 이렇듯 비극적인 결과만 초래하진 않는다. 이런 패턴을 보이는 프로젝트에서 가장 전형적인 증상은 '경악'이다. 그리고 전형적인 결과는 지연된 일정과 실망한 고객이다.

---

[1] Diane Vaughan, 『The Challenge Launch Decision: Risky Technology, Culture and Deviance at NASA』, 시카고대학 출판, 1996 발간.

경악이라는 증상이 드러나기까지 프로젝트가 따르는 시나리오는 대체로 이렇다. 몇 달 정도 개발을 진행했다. 그 동안 몇 차례 중간 출시물도 내놓았다. 출시는 한 달 정도 남았다. 이제 막판 테스트를 수행할 시간이다. 그런데 막바지 개발 활동을 계획하는 회의에 참석한 후 프로젝트 관리자가 한 달이 더 필요하다고 보고한다. 보고를 받는 관리자는 당연히 경악한다. 그 사실을 이제서야 알았단 말인가? 어떻게 그럴 수 있지?

사실 팀원들 대다수는 일정이 비현실적이라는 사실을 일찌감치 깨닫는다. 그래서 상사에게 말하거나 업무 보고서에 우려를 표명한다. 하지만 일선에서 윗선으로 보고가 올라가는 과정에서 팀원들의 염려는 걸러져 사라진다.

나쁜 소식을 숨기다 자칫하면 해결 가능한 문제가 해결 불가능한 문제로 변한다. 조치를 취할 위치에 있는 사람들이 (예를 들어, 자원을 통제하는 관리자나 고객 기대치를 조절하는 관리자가) 조치를 취할 기회조차 얻지 못한다. 너무 늦어서 어떤 조치도 소용 없기 때문이다. 업무량과 자원과 일정 사이에서 균형이 안 맞는다는 사실을 진작에 알았더라면 자원을 늘이거나 업무량을 줄이거나 일정을 조정해서 막판 지연을 막았을 터이다. 물론 나쁜 소식을 즉시 알렸다고 그들이 문제를 해결한다는 보장은 없다. 하지만 전혀 못 들은 문제를 해결할 가능성은 확실히 없다. 그래서 조기 경보는 아주 중요하다.

그렇다면 이런 상황이 왜 벌어질까? 가장 일반적인 원인은 두려움이다. 세상에 나쁜 소식을 반기는 사람은 없다. 특히 자신이 신경 쓰는 사람과 일에 관한 소식이라면. 흔히 관리자는 나쁜 소식에 지극히 인간적인 혐오감을 표현한다. 나쁜 소식만이 아니라, 더욱 중요하게는, 나쁜 소식을 보고하는 사람에게도 혐오감을 이입한다. "전령을 쏘지 마라."라는 격언이 바로 이런 행동을 자제하라는 의미지만 실상은 그렇지 못한 장면이 자주 연출된다. 나쁜 소식을 보고하는 사람이 고생하는 조직 문화에서는 (말로는 뭐라 하든 행동이 그렇다면) 당연히 뉴스 세탁이 발생한다.

관리층이 초래하는 뉴스 세탁 유형으로 한 가지 종류가 더 있다. 흔히 팀원들은 프로젝트가 문제에 봉착했다는 사실을 증명은 못해도, 진작에 안다. 어떤 조직에서는 목표일을 맞추기 어렵다는 팀원에게 당장 이렇게 묻는다. "불가능하다고 어떻게 확신하죠?" 투덜이나 겁쟁이로 보이고픈 사람은 없다. 그래서 팀원들은 재난이 명백해질 때까지 (혹은 불가피할 때까지) 아무 말도 않는다.[2]

조직이 나쁜 소식을 신속하고 정확하게 보고하는 능력을 높이려면 어떻게 해야 할까? 열쇠는 대개 관리자 손에 있다. 우선, 나쁜 소식은 즉시 알려 달라고 공언한다. 하지만 말만으로 부족하다. 행동으로도 보여야 한다. 나쁜 소식을 들으면 아무리 못해도, 두 가지 객관적인 태도를 보이라는 의미다. 하나는 대처 방안을 모색하는 태도고 다른 하나는 원인을 파악하는 태도다. 우선은 첫 번째 태도에 집중한다. 당장 원인을 찾으려고 뛰어들 필요는 없다. 대신 (나쁜 소식을 전달한 사람을 포함하여) 팀 전체를 격려하여 '복구' 계획을 세우고 추진한다. 건설적인 대

---

[2] 46장 「진실을 천천히 말하기」 패턴을 참고한다.

처를 강조하는 행동을 조직이 비판이나 벌칙으로 받아들일 가능성은 낮다. 그러므로 앞으로도 사람들이 나쁜 소식을 감추거나 왜곡할 가능성이 줄어든다. 물론 유사한 재난을 피하려면 언젠가는 원인을 찾아내야 한다. 하지만 원인 파악은 재난을 복구한 이후로 미뤄도 괜찮다. 그때쯤이면 사람들의 방어적인 감정도 약해지므로 원인을 (세탁하지 않고) 솔직하게 토로한다.

46 진실은 천천히 알려주마

"기업 문화가 불편한 진실을 밝히기 어려운 분위기다."

1994년 빌 클린턴 대통령은 마이크 맥커리를 백악관 대변인으로 임명했다. 당시 맥커리는 기자단에게 잘 알려진 인물이었다. 첫 브리핑에서 한 기자가 그에게 질문을 던졌다. "이제 백악관 대변인이 되었다고 우리에게 거짓말하지는 않으실 거죠?" 맥커리는 이렇게 응수했다. "당연하죠. 하지만 진실은 천천히 알려드리겠습니다."

때로 프로젝트 관리자나 팀원들은 진실을 천천히 말한다. 이유는 다음과 같다.

- 문제를 제기한 사람에게 책임이 넘어오니까. 많은 기업 문화가 그렇다. 문제를 제기한 사람에게 문제를 해결할 책임도 떨어진다.

  "팀장님, 동시 접속자 수가 3배로 늘어나니 옛날 백본 시스템이 견디지 못합니다. 성능이 크게 떨어집니다."
  "스미서스, 좋은 지적입니다. 조치를 취하십시오."

- 필경 다음에 날아올 질문에 답하지 못하니까. 그 자리에서 해결책을 제시하지 못하고 문제만 제기하면 단순한 불평으로 여기니까. 많은 조직에서 불평분자는 승진하기 어렵다.

  "팀장님, 프로젝트가 늦어질지 모릅니다."
  "스미서스, 얼마나 늦어집니까?"

"잘 모르겠습니다."

"불평분자군." 상사는 속으로 웅얼거린다.

- 누군가 더 큰 문제를 제기할 때까지 기다린다. 그러면 자기 문제는 슬그머니 묻어가니까. 소위 "오래 버티는 놈이 이긴다."는 경력 관리 전술이다.

"팀 리더 여러분을 소집한 이유는 스미서스 그룹이 일정보다 적어도 두 달은 뒤처졌기 때문입니다. 스미서스는 두 달로도 부족할지 모른답니다." 여기서 관리자는 한숨을 내쉰다. "그래서 안전을 기하고자 프로젝트 일정을 공식적으로 넉 달 연기합니다." 이에 팀 리더들은 말한다. "스미서스, 안타까운 소식이군요. 우리야 테스트할 시간이 많을수록 반갑죠. 랄프 그룹에 새로 들어온 친구를 보내드릴까요?"

하지만 그들의 속내는 이렇다.

"스미서스가 젤 먼저 쫄았군! 겁쟁이에 투덜이 줄 진작에 알았지. 넉 달이 더 생겼으니 우리 팀도 어쩌면 일정을 맞출 수 있겠군."

스미서스가 안 짤리고 버틴다면 진실을 밝히는 행동이 순교하는 지름길이라는 사실을 깨달으리라. 조직은 즉각적인 진실을 바라지 않는다는, 가능한 오랫동안 행복을 가장하고 싶어한다는 사실을 깨달으리라. 결국은 진실이 밝혀지지만 조직은 '닥쳐서야' 대응하는 쪽을 선호한다는 사실을 깨달으리라. 이 모든 사실을 깨닫고 이제 노련한 선수가 되어버린 스미서스는 진실을 처~언천히 말하리라.

남의 문제 뒤에 자신의 문제를 감추는 사람을 때로는 '일정 겁쟁이 schedule chicken'라고 부른다.

47 막판 경기 연습하기

"제품을 개발하는 동안 개발 중인 제품이
출시 기준에 맞는지 주기적으로 점검한다."

새 과목을 수강하는 첫날이다. 교수님이 학생들을 반기며 강의 계획을 설명한다. 마지막으로 교수님은 이렇게 덧붙인다. "저는 학기말까지 기다렸다 평가하는 기말고사를 신뢰하지 않습니다. 대신 학기 중에 격주로 시험을 보겠습니다. 물론 매번 기말고사에 준하는 시험을 보겠다는 의미는 아닙니다. 하지만 기말고사에서 다룰 내용을 거의 같은 방식으로 평가하겠습니다."

황당하게 들릴지도 모르지만, 교수님이 제안한 방식은 우리가 '막판 경기 연습하기practicing endgame' 라 부르는 패턴과 흡사하다.

오늘날 수많은 소프트웨어 프로젝트에서 벌어지는 난리법석을 떠올리면 이 패턴이 제공하는 매력이 뚜렷이 드러난다. 무슨 난리법석이냐고? 소위 '출시성 검토 무도회readiness review folk dance'라는 소동이다. 흔히 다음과 같은 안무로 이어진다.

- 출시 기준을 정의할 때는 꾸물거린다. "출시일까지는 몇 달이나 남았습니다. 출시성 검토는 출시일 한두 주 전에 하잖아요. 지금 당장 처리할 급한 일이 많다구요!"
- 검토 전에 한바탕 소동을 벌인다. "이런, 검토가 두 주도 안 남았군요. 출시 기준은 어디에다 두었죠? 제품이 출시 기준에 맞나요? 헉, 기준을 어떻게 측정하죠?"
- 출시성 검토 의식을 장엄하게 벌인다. 출시일이 코앞이라 중요한 문제가 하나라도 드러나면 출시일을 놓친다는 사실을 모두가 안다. "코드를 뒤집을 시간이 없습니다." 결국은 '출시해도 좋다'

는 결론을 내리는 수밖에 없다. 결함이 너무 많다고? 서비스 팩이 있잖아!
- 검토 후에 한바탕 소동을 벌인다. 출시성 검토 의식에서 성공을 공표한 후 걱정에 찬 사람들 몇 명이 모여서 출시 기준에 가장 미달하는 기능을 출시일까지 어떻게든 땜질할 방안을 강구한다.
- 한탄 한 번으로 교훈은 홀라당 까먹는다. 모두에게 힘겨운 소동이었다. 모두가 다음에는 제대로 하겠다고 맹세한다. 불행하게도 다음 출시일까지는 몇 달이나 남았다. 하지만 지금 당장 처리할 급한 일이 많아서 곧바로 개발에 돌입해야 한다.

출시성 검토 무도회에서 세세한 안무는 팀 문화에 따라서 달라진다. 하지만 위에서 설명한 단계가 전혀 낯설지는 않으리라.

막판 경기를 연습하는 팀은 프로젝트 초반에 출시 기준을 정한다. 그런 다음, 제품이 출시 기준에 맞는지 평가하는 테스트 케이스를 개발한다. 개발 단계 하나를 완료할 때마다 테스트 케이스를 돌린 후 간단한 출시성 검토를 수행한다.

이 패턴은 다음과 같은 이익을 제공한다.

- 개발 단계 하나를 완료할 때마다 팀은 출시에 반드시 필요한 업무를 재조명한다.
- 때로는 이전 단계에서 통과했던 기준이 실패한다. 테스트는 퇴행을 조기에 밝혀낸다.

- 프로젝트를 진행하면서 출시 기준을 다듬어 개선한다.

물론 실행하기 쉽지 않다. 어떤 출시 기준은 개발 초반에 통과 여부를 의미 있게 평가하기가 상당히 어렵다. 그럼에도 불구하고, 단순히 '미정To Be Determined, TBD'이라 평가하더라도, "저기요, 이 성능 테스트는 언제부터 수행할 계획이죠?"라는 질문을 촉발한다면 충분한 가치가 있다.

48 음악가

"정보기술 조직에는 음악적 재능을 겸비한
사람들이 의외로, 때로는 놀랍도록 많다."

우리 사회에서 악기를 연주할 줄 아는 사람들이 어느 정도 비율인지 모르니, 어쩌면 (재미 삼아 해보는) 억측일지도 모르겠다. 하지만 우리는 패턴이 있다고 확신한다. 무슨 패턴이냐고? 정보기술 업계를 둘러보면 음악적 재능을 겸비한 사람들이 의외로 많다. 어떤 조직은 이 패턴이 확연하게 드러난다.

아틀란틱 시스템 길드[1]의 일원으로, 한 해 동안 우리는 수십 여 곳에 이르는 IT 조직을 접했다. 그런데 그들에게 일상적인 질문을 던지다가 한 가지 공통점을 발견했다. 우리가 만난 IT 조직에는 음악가 수가 놀랍도록 많았다. 평소 생활에서 발견하는 음악가 수보다 훨씬 더 많았다는 뜻이다. 엔지니어들이 음악의 수학적이고 논리적인 측면에 끌리는 탓인지도 모르겠다. 디지털 기술과 아날로그 음악이 멋진 대조를 이루는 탓인지도 모르겠다. 아니면 단순히 우연의 일치인지도 모르겠다.

우리는 음악적 재능이 넘쳐나는 조직도 보았다. 다음이 대표적인 사례다.

> 랜드마크 그래픽 사가 매년 주최하는 소프트웨어학회는 내가 가장 좋아하는 사례다. 일년에 한 번씩 모든 소프트웨어 프로젝트 관련자들이 모여서 한 해 동안 진행한 프로젝트를 논의한다. 일부 회의 시간은 학회 위원회가 관리하지 않는다. 모든 직원들이 음악과

---

[1] (옮긴이) 아틀란틱 시스템 길드(Atlantic Systems Guild)는 이 책 359쪽에서 소개한다.

춤과 노래를 즐기는 시간으로 비워둔다. 호텔 여기저기서 많은 밴드가 연주 실력을 뽐낸다. 밴드에 속하지 않은 사람은 복도를 거닐며 자신이 좋아하는 음악을 찾아서 감상한다. 어떤 밴드는 진짜로 뛰어나다. 한 밴드 연주자는 리허설이 쉽지 않다고 털어놓았다. 드럼 연주자는 캘거리에 있고 나머지 밴드는 휴스턴에 있단다. 그래도 그들은 매년 학회에서 멋진 음악을 선보인다.

— 팀 리스터

인포디바이드-매트릭스 사에서 일하는 보리스 스토칼스키는 이런 이야기를 들려주었다. (참고로, 앞 장 사진에서 마이크 앞에 있는 사람이 보리스다.)

"우리 회사는 늦은 밤에도 불이 꺼지지 않습니다. 불가능한 일정을 맞추려고? 다음 날 중요한 고객에게 발표할 자료를 만드느라? 그런 절망적인 이야기는 아닙니다. 재미와 우정과…약간은 소음이 넘치는 이야기입니다. 은행 IT 부서장인 우지엑은 드럼 세트를 조립합니다. 똑똑한 소프트웨어 품질 컨설턴트인 루카츠는 베이스로 새로운 악절을 연습합니다. 훌륭한 소프트웨어 관리자인 파웰은 자신의 애장품 깁슨 레스 폴 슈프림을 조율합니다. 소프트웨어 대기업에서 협력업체를 관리하는 아이단은, 아직 도착하지 않았지만, 오늘 저녁 밴드가 시도할 음악에 멋진 알토 색소폰을 가미할 계획입니다. IT 통제 역량 센터 관리자인 그레고는 저와 기타 연주를 맞춰봅니다. 기타 연주자가 세 명이니 사전에 연주를 맞춰야 합니다. 우리는 기회가 닿을 때마다 연습하고 공연합니다. 순전히 음악과 공연이 재미있어서입니다. 우리 음악은 '퇴근 후 락After Hours Rock'이라는 장르입니다."

오라클 사 개발 부사장인 비토리오 비아렌고 역시 실리콘 밸리에서 Jam4Dinner를 이끈다. Jam4Dinner는 3중주나 5중주로 공연하는 합창단으로, 소프트웨어 업계 사람으로만 이루어졌다. 사이트에서는 밴드가 녹음한 노래도 제공한다.

자신이 속한 조직을 둘러보라. 동료 중에 음악가는 없는가? 오케스트라는 무리일지라도 락 밴드나 현악 4중주단 정도는 가능할지 모른다. 우리 아이팟iPod이 여러분의 음악을 기다린다.

49 기자

"기자는 프로젝트 성공이라는 목표와 정확한 보고라는 목표를 분리하는 프로젝트 관리자다."

프로젝트 관리자는 자신이 프로젝트의 진짜 상태를 파악해 정확히 보고해야 한다는 사실을 안다. 하지만 때로는 자신이 세세한 사항까지 신경 쓰는 이유가 프로젝트를 성공으로 이끌기 위해서라는 사실을 잊어버린다. 그래서 항상 프로젝트 상태를 사실적으로 정확하게 반영하려는 목표에만 매달린다. 즉, 기자가 되어버린다. 영화 평론가[1]와 마찬가지로, 프로젝트 기자는 (무의식적이라면 그나마 다행이지만) 프로젝트가 실패해도 자신은 성공하리라 믿는다.

비행기 추락 사고를 보도하는 기자를 떠올려보라. 기자는 어느 비행기가 언제 어디서 추락했으며, 몇 명이 탑승했으며, 몇 명이 생존했다는 사실을 정확히 보고할 책임을 느낀다. 그렇지만 충돌을 막지 못했다는 사실에는 죄책감을 느끼지는 않는다. 그것은 자기 책임이 아니니까.

기자 프로젝트 관리자도 같은 태도를 보인다. 그가 내놓는 보고서는 명확하고 정확하고 상세하다. 주문 입력 하위 시스템이 일정보다 얼마나 뒤처졌으며, 며칠이 더 늦어지면 임계 경로를 벗어나며, 이후로 구현할 하위 시스템에 어떤 영향을 미칠지 정확하게 예측한다. 하지만 그는 아주 중요한 사실을 놓친다. 프로젝트에 행복한 결말을 보장하는 책임을 지기 위해 프로젝트 관리자가 존재한다는 사실 말이다. 조종사에게 가장 중요한 목표는 '목적지까지 모든 승객을 안전하게 데려가기'다. 마찬가지로, 프로젝트 관리자에게 가장 중요한 목표는

---

[1] 패턴 19 「영화 평론가」를 참조한다.

'일정 내에 안전하게 프로젝트 목표에 도달하기'다. 정확한 보고서는 목표를 달성하는 수단에 불과하다. 결코 목표 자체가 아니다.

50 빈 자리

"프로젝트에 전반적인 사용성을
책임지는 사람이 없다."

얼마 전 나는 보안 시스템을 개발하는 회사와 일할 기회가 있었다. 그 회사가 새롭게 개발하는 소형 디바이스 제품군은 음성 인식 인터페이스와 터치스크린 인터페이스를 모두 제공했다. 그래서 관리층은 사용자 인터페이스 팀을 두 개로 나눴다. 한 팀은 터치스크린 인터페이스를 맡았고, 다른 팀은 음성 인식 인터페이스를 맡았다. 다른 도시에 위치한 두 팀은 기능 목록만 보고 일했다. 디바이스가 지원할 비즈니스 프로세스는 전혀 신경 쓰지 않았다. 밖에서 보면 너무도 당연했다. 두 팀이 좀더 활발히 교류했더라면 두 기술을 좀더 제대로 활용했으리라는 사실이…….

— 제임스 로버트슨

자신의 회사가 새로운 프로젝트를 따냈다고 가정하자. 그리고 자신은 프로젝트 관리자를 맡았다. 필요한 기술과 경험이 충분하며 자신감도 넘친다. 프로젝트 관리자로서 먼저 업무를 배분한다. 필요한 기술에 따라 사내 부서 간에 혹은 자신의 부서와 협력업체 간에 업무를 나눈다. 하위 프로젝트를 맡은 관리자들은 모두 역량이 충분하고 의욕도 넘친다.

하위 프로젝트 팀은 할당 받은 업무에 만족하며, 전반적인 프로젝트 목표를 이해하고, 주어진 업무를 멋지게 해낸다. 가끔 프로젝트 관리자에게 문의를 하지만, 대개 시간이나 비용이나 기타 프로젝트 자원과 관련한 문제다. 각 팀은 다른 지역에서 일하지만, 각 팀이 맡은 업무를 문서로 깔끔히 명시했으므로 걱정은 없다. 공식적으로 각 팀은 서로 협력하고 인터페이스를 협상하며 중간 결과를 공유한다.

고객은 자기 분야에 관련한 지식을 충분히 제공한다. 여기에 더해 하위 프로젝트마다 해당 분야 전문가도 붙여주었다. 때때로 하위 프로젝트에 할당된 전문가들끼리도 서로를 모르는 경우가 생긴다.

프로젝트 지휘본부에서 프로젝트 관리자는 고객 사 경영진과 밀접하게 일하며 기대치를 관리하고 하위 팀 진도를 추적한다.

그럼에도 불구하고, 프로젝트가 내놓는 제품은 십중팔구 고객의 기대에 못 미친다. 어째서일까?

프로젝트에 자리가 하나 비었기 때문이다. 제품이 지원할 비즈니스 프로세스를 사용자 입장에서 살펴보는 사람이 없다. 이것이 대다수 프로젝트가 실패하는 이유다. 빈 자리를 채워야 하는 주인공은 고객의 비즈니스를 위해 세부사항까지 챙기면서 전반적인 프로젝트 결과물에 관심을 보여야 한다.

이 사람은 프로젝트 관리자가 아니다. 전반적인 프로젝트 팀 리더도 아니다. 때로는 직속 상사도 아예 없다. 예산이나 일정은 거의 대부분 관여하지 않는다. 제품이 돌아가는 환경, 즉 고객 환경에만 관심을 집중한다.

제품 관리자, 시스템 아키텍트, 시스템 분석가 등 직함은 다양하다. 어떤 사람은 자신을 기술 프로젝트 관리자라 부른다. (예산, 인력, 일정을 다루는 전체 프로젝트 관리자와 다르게) 제품을 세세하게 다룬다는 의미에서다. 직함이 무엇이든 이들은 어느 하위 팀에도 속하지 않는다. 하지만 모든 하위 팀과 더불어 일한다.

때로는 고객 사 사람 한 명이면 충분하다. 고객 사에서 누구 한 사람이 하위 프로젝트 사이를 연결하는 과정에서 발생하는 문제점을 끊임없이 제기하면, 이쪽에서 별도로 전담하는 사람이 없어도 프로젝트가 성공할지도 모른다.

이 패턴은 기존 제품을 통합하는 SI성 수주 프로젝트에서 더욱 자주 드러난다. 통합의 기술적 측면이 프로젝트를 주도하는 바람에 비즈니스 프로세스, 인간 공학적 사용성, 창의적인 아이디어는 뒷전으로 밀려나고 혁신적인 발전의 기회가 사라진다.

51 나의 사촌 비니

조나단 린 감독이 1992년에 개봉한 영화 「나의 사촌 비니(My Cousin Vinny)」의 한 장면이다. 증인석에서 모나리자 비토가 변호사 빈센트 갬비니와 논쟁을 벌인다. 영화 어디선가 이런 대사가 나온다. "스탠, 내 말 좀 들어봐요. 갬비니 가족들을 직접 봐야 해요. 그들은 진짜로 논쟁을 좋아해요. 아니, 논쟁하려고 태어난 사람들이에요."

> "팀원들이 아이디어를 평가하고 개선하고자 격렬하지만 악의 없는 논쟁을 벌인다."

인간은 언어를 사용하기 시작한 이래로 논쟁을 벌여 왔다. 물론 모든 논쟁이 유익한 것은 아니었다. 사실상 많은 논쟁은 흐지부지 끝났다. 그럼에도 불구하고 역사를 돌아보면, 많은 사람들이 선의善意로 자신의 아이디어를 평가하고자 (또한 그 과정에서 개선하고자) 논쟁과 토론을 이용했다.

항상 팀원들은 자신의 아이디어와 제안을 토론한다. 아이디어를 평가해 합의를 도출하는 방법으로 논쟁을 활용한다. 논쟁에서 설득력이 떨어지는 아이디어는 채택될 가능성도 낮아진다. 하지만 논쟁에서 회의론자를 설득하면 오히려 그들은 열렬한 지지자로 돌변한다. 논쟁을 벌이다가 결함이 드러나면 대개 팀원들은 고치려고 나선다. 아이디어를 둘러싸고 활발한 의견을 주고받다가 새로운 아이디어도 떠오른다.

논쟁을 벌이는 이유는 남을 설득하기 위해서다. 그러면서 스스로도 확신이 생긴다. 남을 설득하려면 당연히 아이디어를 잘 정리해서 잘 설명해야 한다. 다시 말해서, 아이디어를 좀더 깊이 숙고하는 동시에 논쟁에 참여한 사람들이 적극적으로 들이댈 해부의 칼날을 견뎌낼지 고려해야 한다. 논쟁에서는 누구나 박식해 보이고 싶어하므로, 탄탄하고도 합리적인 아이디어를 제시하도록 각별히 신경을 쓰지 않으면 안 된다.

패턴 이름으로 채택되는 영광을 차지한 비니는 똑똑한 논쟁으로 재판에 이겼다. 그의 사건 설명과 논리가 검사의 논리를 누르고 배심원들을 설득했다. 유사하게 프로젝트에서 유용한 논쟁은 일상적인 언쟁과는 다르다. "어느 축구 팀이 최고인가?" "맥이 나은가? 윈도우가 나은가?" 등 대다수 사무실에서 벌어지는 말싸움과 거리가 멀다. 현재 팀이 만드는 시스템을 개선하는 유익한 토론이다. 어떤 설계가 요구사항을 가장 잘 충족할까? 어떤 보안 수준이 필요한 접근을 허용하면서도 저장된 정보를 가장 잘 보호할까? 인증된 사용자의 우연한 실수를 막는 기능이 외부 에이전트의 침입을 막는 기능보다 (전자가 더 자주 발생하므로) 더 중요하지 않을까? 이처럼 프로젝트 팀이 부딪히는 사안은 고려할 측면이 아주 많다. 그래서 가장 좋은 결론을 얻으려면 토론과 논쟁이 필요하다.

어떤 논쟁은 규모가 크다. 제품의 전반적인 외양과 느낌을 결정하는 논쟁이 좋은 예다. 마케팅 전문가는 멋지고 단순한 외양을 주장한다. 사용성 전문가는 많이 쓰는 기능을 잘 보이게 두자고 주장한다. 개발자는 자신이 좋아하는 기능에 찬성 의사를 밝히며 구현이 구질구질하리라 여겨지는 기능은 모두 반대한다.

> 규모는 작아도 중요한 논쟁이 있다. 디스크를 참조하는 루틴에서 명령 수를 줄이는 최선의 방법을 토론하는 논쟁에 심취한 적이 있다. 황당하게도 논쟁에 가담한 사람들은 각자 자기 자리에 앉아서 파티션 넘어로 토론을 했다.
>
> — 제임스 로버트슨

더 나은 해법을 찾고자 논쟁하는 팀원은 서로를 존중한다. 아니, 서로를 좋아한다고 말해도 되겠다. 그렇지 않고서는 생산적인 논쟁이 불가능하다. 논쟁에서 자신의 아이디어에 쏟아지는 토론과 분석이 자신에 대한 공격이 아니라는 사실을, 가장 효율적인 방법으로 최고의 제품을 만들려는 노력이라는 사실을 팀원들 모두가 잘 안다. 하지만 이와 같은 신뢰는 자애로운 관리자나 착한 팀장에게서 나오지 않는다. 팀원들 자신에게서 나온다. 논쟁은 사적인 공격이 아니며, 서열을 정하는 수단도 아니며, 개인적인 지식을 과시하는 공연장은 더더욱 아니라는 사실을 인식하는 팀원에게서 나온다. 상대가 나의 사촌 비니라는 사실을, 비니가 나와 논쟁하는 이유는 내 아이디어를 검증하고 개선하기 위해서라는 사실을 팀원들은 이해한다.

52 기능 수프

"제품이 갖가지 단편적인 기능을 무수히 제공하지만, 대다수가 진짜 고객 문제와 상관이 없다."

"아름다운 수프, 초록빛 진한 수프가
뜨거운 그릇 속에서 기다리고 있네!
그러게 맛있는 음식을 누가 거절할 수 있을까?
저녁의 수프, 아름다운 수프!"
- 루이스 캐럴 『이상한 나라의 앨리스』

제품이 갖가지 단편적인 기능을 무수히 제공하지만, 대다수가 진짜 고객의 문제와 상관이 없다.

시작은 순진하다. 마케팅 담당자 한 명이 고객을 대신하여 풀다운 메뉴 하나를 추가해 달라고 요청한다. 다음으로 제품 관리자가 새 분석 보고서가 필요하다며 내보내기 인터페이스를 추가해 달라고 요청한다. 다음으로 데이터베이스 관리자가 데이터베이스에 새 필드 하나를 추가해 달라고 요청한다. 다음으로 디자이너가 배경색을 변경해 달라고 요청한다. 여기저기서 제품에다 이런저런 기능을 추가해 달라고 개발팀에게 요청한다. 시간이 지나면서 제품이 제공하는 기능은 점차로 많아진다. 하지만 어느 순간 모두가, 마케팅과 고객과 개발자 모두가, 각 조각이 서로 맞는지 그리고 전체 그림이 비즈니스 목표를 만족하는지 이해하지 못하게 되어 버린다. 구체적인 비즈니스 목표를 만족할 의도로 출발한 프로젝트가 어느 순간 서로 무관한 기능들로 뒤섞여 소화가 불가능한 스프로 변한다.

프로젝트 관련자들이 제품 요구사항을 제각기 다른 관점으로 바라보는 바람에 스프는 더욱 걸쭉해진다. 모두를 연결하는 공통적인 맥락이 없다. 마케팅 그룹은 시장에 내다 팔 단위로 요구사항을 분류한다. 기능 응집도는 관심사가 아니다. 개발 그룹은 자신들이 사용하는 구현 기술에 따라서 요구사항을 분류한다. 고객은 자신이 수행할 업무에 비춰 요구사항을 분류한다. 이렇듯 요구사항을 보는 관점이 판이하게 다

---

[1] (옮긴이) 『이상한 나라의 앨리스』, 루이스 캐럴 지음, 김석희 옮김, 웅진주니어 2007년 펴냄, 10장 「바닷가재 춤」 174쪽에서 발췌.

른 탓에 일관성 있게 진행 상태를 논하거나 변경 여부를 결정하기가 어렵다. 제품 출시라는 관점에서 이해득실을 따지기가 불가능하다. 제품 출시라는 일관된 관점이 아예 없기 때문이다. 제품은 그저 잡다한 편법으로 가득한 잡탕에 불과하다.

- 그렇다면 어째서 수많은 제품이 기능 스프가 되어 버릴까? 문제는 요구사항의 출처, 즉 사람에게서 시작된다.
- 사람들은 당연히 자기 요구사항이 제일 중요하다고 생각한다. 이 부서 저 부서가 혹은 이 고객 저 고객이 나름의 기능을 요구한다. 그들은 비즈니스 측면에서 제품의 전반적인 일관성을 고려하지 않는다. 당연하다. 그것은 프로젝트 분석가의 책임이니까.
- 여기저기서 요구사항이 들어오면 분석가는 각 요구사항이 어떤 영향을 끼칠지 비즈니스 프로세스를 파악해야 한다. 그래서 비즈니스 프로세스에 관련된 사람들에게 변경이 미칠 (때로는 놀라운) 영향을 알려야 한다. 이 과정에서 분석가는 사람들이 진짜로 원하는 기능을 찾아낸다. 즉, 진짜로 이익을 제공하는 기능인지 아니면 그냥 스프에 던져 넣는 기능인지 판단할 근거가 생긴다.
- 기능 스프를 만드는 또 다른 범인은 설계자다. 기존 제품을 제대로 이해하지 않고서 새 기능을 추가하려는 설계자가 원인이다. 설계자는 언제나 다음 질문을 던져야 마땅하다. "새 기능이 기존 제품 범위에 들어가는가?" "기존 제품이 제공하는 인터페이스는 무엇인가?" "새 기능이 기존 기능과 겹치거나 혼란을 일으키

지는 않는가?"

요구사항이 들어올 때마다 이와 같은 사안을 고려하지 않는다면 어느 순간 제품은 단편적인 조각을 모아놓은 묶음으로 변한다. 단편적인 기능 모음으로 변한 제품은 새로운 요구사항이 들어와도 제품 범위에 속하는지 아닌지 판단하기 어렵다. 객관적인 기준이 없으니까. 그러다 보니 여기저기서 들어오는 요구사항이 프로젝트로 숨어들기 쉬워진다. 아니, 실제로 숨어든다. 그러면서 제품은 점점 더 단편적으로 변한다. 그러면서 일관성 있게 변경을 판단하고 적용하기가 점점 더 어려워진다. 이렇게 악순환이 이어진다.

기능 스프를 피하는 조직에는 몇 가지 공통점이 보인다.

1. 프로젝트 목표와 비목표를 최대한 초반에 최대한 분명하게 정의한다.
2. 프로젝트 범위를 선언하고 항상 최신으로 유지한다. 입력 자료와 출력 자료를 명확히 명시한다. (24장 「흰 선」을 참조한다.)
3. 명시된 목표와 무관하고 프로젝트 범위를 벗어나는 요구사항은 단호히 거부한다.
4. 새 요구사항은 변경 제어 절차를 따른다. 변경 제어 절차는 관련자가 승인했으며, 추적이 가능하고, 프로젝트 목표에 비춰 요구사항을 평가한다.

기능 스프를 피하려면 규율과 통제가 필수적이다. 정작 스프에 빠지는 사람은 단편적인 기능을 요청한 사람이 아니라, 개발자 바로 자신이라는 사실을 명심하자.

53 자료 품질

"자료 품질이 엉망이다. 그런데 회사는
자료 처리 소프트웨어를 개선한다."

데이터베이스 소프트웨어 품질이 (소프트웨어가 처리하는) 자료 자체의 품질을 능가하는 경우가 드물지 않다. 그럼에도 불구하고, 최종 사용자 관점에서는 품질이 낮은 쪽이 시스템 품질을 결정한다. 거의 대다수 회사가 부정확한 자료, 낡은 자료, 빠진 자료 등 정보가 부실한 데이터베이스를 보유한다. 원인은 불을 보듯 뻔하지만, 등잔 밑이 어둡다고, 당사자는 알아채지 못한다. 남의 자료에 문제가 있다는 사실은 금방 알아채지만 자기네 자료에 문제가 있다는 사실은 쉽게 깨닫지 못한다. 대신 회사는 소프트웨어와 자료의 총체적인 문제라 생각한다. 소프트웨어가 자료보다 고치기 쉬우므로 (게다가 자료는 너무 방대하므로) 회사는 소프트웨어를 고치거나 바꾸자고 나선다.

당연히 말이 안 되는 결정이다. 하지만 여기서는 말이 안 되는 이유가 아니라 말이 안 되는데도 밀어붙이는 이유를 살펴본다. 일부 원인은 (45장에서 소개했던) '뉴스 세탁'이다. "이번 달 송장 중 2.4%가 배달 불가로 반송되었습니다."라는 소식이 위로 한 단계씩 올라갈 때마다 한 소리를 듣는다. "아니, 빨리빨리 안 고치고 뭐 합니까?"

그 '빨리빨리'라는 소리에 꼼꼼한 수작업은 물 건너 간다. 보고자는 "즉시 자료를 정리하겠습니다."라고 애매하게 답한다. 이 매력적인 문구는 CEO까지 올라가며 의미가 달라진다. 아래 실무진 입장에서 '자료 정리'는 전화를 붙잡고 인터넷을 뒤지고 파일을 조사해서 잘못된 정보를 일일이 정정한다는 의미다. 상부 경영진 입장에서 '자료 정리'는 좀더 똑똑하게 일한다는, 그러니까 잘못된 정보를 절묘하게 처리해서 올바른 정보를 얻어낸다는 의미다. 예산은 위에서 결정하므로,

좀더 머리를 쓰는 접근 방식에 예산을 투입한다.

확실히 (잘못된 계산 등으로) 자료가 손상되는 경우도 있다. 이때는 백업 버전을 가져와 자료를 자동으로 복구하는 방법이 효과적이다. 유사하게, 같은 자료가 여러 시스템에 중복되어 있다면 자료를 자동으로 정리해 나은 자료를 찾아내는 방법도 효과적이다. 두 경우 모두 자료가 중복되어 있으므로 자동화된 자료 정리가 가능하다. 중복된 자료를 가정하고 해결책을 찾아내기는 어렵지 않다. (시스템 A에 있는 주소는 구닥다리입니다. 하지만 잠깐만요! 시스템 B에 새 주소가 있답니다.) 하지만 현실에서 나쁜 자료 품질을 자동화된 절차로 개선할 수 있는 사례는 거의 찾아보기 힘들다.

시간이 지나면서 자료 품질이 떨어지는 주요 이유는 변경 때문이다. 소위 '기업 자료'라 부르는 자산에 생긴 손상은 수작업으로만 복구가 가능하다. 다른 편법은 일시적인 눈가림에 불과하다.

54 벤

"업무 환경이 너무 좋아서, 프로젝트가 너무 재미나서, 제품이 너무 멋져서 월급보다 일을 더 사랑하는 사람도 있다."

벤은 CAD 소프트웨어 회사에서 일한다. (참고로, 벤은 실명이 아니다.) 벤은 고급 수학에 놀랍도록 능숙한 공학도다. 자신이 맡은 업무 외에도 벤은 안 풀리는 문제에 봉착한 동료를 돕는다. (동료들도 아주 똑똑한 사람들이므로 그들이 못 푸는 문제는 진짜 어렵다.) 프로젝트 범위나 심지어 부서 범위를 벗어나는 문제도 흔하다. 그래도 벤은 동료들과 협력하여 대개 훌륭한 해법을 찾아낸다.

한 마디로 벤은 자기 일을 즐기는 사람이다. 어려운 업무에 도전해 성공을 이룬다. 일을 사랑하고, 의욕이 넘치며, 재미를 느낀다. 확실히 돈 때문에 일하지 않는다. 연봉 인상이나 보너스는 당연히 반기지만 그렇다고 돈만이 동기를 부여하는 요인은 아니다. 사실 조직보다 일을 더 아끼지, 월급을 더 받자고 회사를 옮기지는 않는다.

지금까지 우리는 많은 벤을 만났다. 컨설팅을 하다보니 때로는 같이 일했다. 그들이 조직에서 맡은 직책과 업무는 다양했다. 그렇다고 언제나 팀에서 가장 숙련된 사람은 아니었다. 언제나 월급이 가장 많은 사람도 아니었다. 하지만 척 보면 안다. (결코 자만이 아닌) 만족스러운 표정과 (하루 일과를 즐기는) 침착한 분위기를 풍기는 사람이 바로 벤이다.

벤은 관리하기 쉽다. 아니 관리하기가 즐겁다. 하지만 관리를 잘못하기가 더 쉽다. 어느 밉상 관리자는 부하 직원이 팀을 떠났을 때 새 인력을 고용하지 않았다. 벤이 일을 좋아하니까 벤에게 일을 몰아주면 되겠다고 생각했다. 관리자는 조금씩 벤에게 일을 떠넘겼고, 업무량이 참지 못할 수준에 이르자, 벤은 일이 싫어져서 팀을 떠났다. 최고 일꾼이 팀을 떠났다는 소리다.

벤보다 관리자가 입은 손해가 훨씬 컸다. 벤은 금방 일자리를 구하지만 관리자는 벤과 같은 인물을 쉽게 구하지 못한다.

벤은 시시콜콜 간섭할 필요가 없다. 벤을 맡은 관리자는 벤이 흥미롭게 여길 만한 업무를 슬쩍 밀어주면 충분하다. 그러면 아주 능력 있고 열정적인 일꾼이 되어 자신이 사랑하는 일을 확실하게 완수한다.

55 예의 바른 조직

"동료 팀원이 낸 아이디어에 의문을
제기하면 무례하다 여겨진다."

비판을 사적인 공격으로 보고 금기로 여기는 조직이 있다. 무슨 이유에선지 업무 결과물과 업무 수행자를 하나로 간주한다. 묘하지만 논리는 이렇다. "메그의 스키마를 비판하면 메그의 능력을 비판하는 셈이다. 결국은 메그라는 개인을 비판하는 셈이다. 나는 메그를 비판하지 않겠다. 메그가 감정이 상할 테니까. 게다가 메그를 비판했다고 남들이 나를 비판할 테니까."

직접적인 비평만이 아니다. 검토, 평가 등과 같이 간접적인 비평도 회피한다. 검토는 무조건 "할, 아주 잘 했어요!"로 끝난다. 안 그러면 참석자 모두가 불편함을 느낀다.

이처럼 잘못된 예의는 평범 그 자체를 낳는다. 진정한 발전은 일어나기가 어렵다. 처음부터 다시 시작하거나 완전히 다시 짜기도 거의 불가능하다. "이 코드는 버리고 처음부터 다시 생각합시다."라고 말할 사람은 없다. 아무리 최선의 방법일지라도.

사람들이 잘못된 예의를 차리는 원인은 조직 상부 어디선가 내려오는 명시적인 분위기 때문이다. 물론 공개적인 언급은 절대로 없다. 소위 예의를 가장한 비겁함이다.

"우리는 언제나 서로에게 공손하려고 최선을 다합니다." 타당한 태도다. 대다수 건강한 조직이 취하는 태도이기도 하다. 하지만 우리의 예의 바른 조직에서는 속뜻이 다르다.

"우리는 비판을 허용하지 않습니다. 일단 허용하면 조직 전체로 퍼지기 때문입니다. 우리 조직 문화는 자기 성찰을 거쳐 발전할 정도로 튼튼하지 않습니다. 결정이 좋은지 나쁜지 비판하지 못하기에 모든 결정을 군소리 없이 받아들입니다."

 우리의 예의 바른 조직은 체면만 있을 뿐 얼굴이 없다. 그래서 조직 구성원들은 하루 종일 가면을 쓰고 다닌다.

56 전념

"프로젝트 하나에만 집중하면 개발자 생산성이 높아진다."

데릭 자코비는 「코드를 깨라Breaking the Code」라는 연극에서 알랜 튜링 역을 훌륭하게 해냈다. 런던 웨스트 엔드에서 공연한 연극이었는데, 그는 연습을 시작한 순간부터 공연이 끝날 때까지 이 연극에만 전념했다. 여러 연극에서 여러 역을 병행하는 대신 자코비는 한 연극에 혼신의 노력을 다했다. 대사를 외우고, 동료 배우와 연습하고, 튜링의 삶을 조사하고, 위대한 수학자이자 논리학자이자 암호학자를 가장 잘 표현할 방법을 연구했다. 그리고 나서는 매일 밤 공연에서 튜링이 되었다.

극장 문화가 성공하려면 한 번에 한 연극에만 전념하는 데릭 자코비와 같은 배우가 필요하다. 우리는 소프트웨어 프로젝트도 마찬가지라는 사실을 깨달았다. 소프트웨어 프로젝트가 성공하려면 한 번에 한 프로젝트에만 전념하는 개발자가 필요하다는 뜻이다.

회사가 지식 노동자를 고용할 때는 그 사람의 능력과 지식을 활용할 목적이 있어서다. 예를 들어, 전문가 한 명을 고용했다고 가정하자. 또한 이 전문가의 두뇌가 발휘하는 생산성은 시간 당 최대 100이라고 가정하자. 고용주는 당연히 온갖 편의를 제공한다. 전문가가 집중하는 시간을 최대한 늘이고자 필요한 도구와 자원을 제공하고 환경을 갖춘다. 그런 다음 프로젝트 하나에 상근으로 투입한다. 그러면 전문가는 업무에 집중해 최고 생산성을 발휘한다. 여기서 전문가가 최고 효율로 40시간 일해서 4,000이라는 생산성을 냈다고 가정하자. 고용한 전문가의 두뇌를 최대한 활용하려고 고용주는 최선을 다해 노력한다.

이런 노력의 대가가 전문가의 '전념專念'이다. 최고의 지적 생산성으로 프로젝트 하나에만 집중해서 얻어지는 긍정적인 결과다.

반면, 동시에 여러 프로젝트에 투입된 개발자의 두뇌는 최고 생산성을 유지하기 어렵다. 멀티태스킹을 하려면 두뇌가 그만한 대가를 치르기 때문이다. 프로젝트 A에서 프로젝트 B로 전환하려면 프로젝트 B 상태를 알아야 한다. 프로젝트 B 파일을 찾고, 마음 속에서 프로젝트 A를 지우고, 프로젝트 B 관련자와 접촉을 재개하고, 이전 생각을 모두 정리한 후에야, 두뇌는 프로젝트 B로 넘어갈 준비를 갖춘다.

> "두 가지를 한꺼번에 하면 IQ가 절반으로 떨어진다. 진담이다. IQ 40은 정말로 중요한 차이다."
>
> – 데일 다우텐, 뉴욕 타임즈(2007년 4월 29일)[1]

최적의 환경이라면 생산성 손실은 많이 줄어든다. 조리 있고 일관성 있는 문서가 있다면 두뇌가 새로운 맥락으로 전환하기 쉬워진다. 하지만 프로젝트 참가자에게 명백하게 필요한 지식이지만 문서화하기 어려운 경우라면 어떻게 할까? 효율적으로 일하려면 개발자는 고객이나 관리층과 했던 예전 회의, 프로젝트 회의, 현재 사안, 기타 소소한 프로젝트 역사를 알아야 한다. 프로젝트 산출물을 다시 훑어보고 이해하는 시간은 물론 다른 팀원과 개인적인 관계를 재정립하는 시간도 필요하다. 매일 팀원들과 이뤄지는 접촉은 경험이라는 끈이 되어 팀을 묶어준다. 자리를 오래 비우거나 접촉하기 어려운 팀원은 그 끈

[1] (옮긴이) Dale Dauten, 〈http://www.dauten.com/e-luminations/2007-06.html〉을 참조하기 바란다.

이 약해진다.

맥락 전환에 드는 비용을 정량적으로 측정한 연구도 있으나[2] 변수가 너무 많아 측정이 쉽지 않다. 하지만 지금까지 우리가 인간의 집중력과 정보의 전달을 관찰한 결과에 따르면 맥락 전환이 생산성을 크게 떨어뜨린다고 확신한다. 맥락 전환과 생산성 사이의 관계를 깨닫는 조직은 동시에 여러 프로젝트에 개발자를 투입하지 않음으로써 한 프로젝트에 전념하는 분위기를 조성한다.

---

[2] 제럴드 와인버그는 한 사람을 세 프로젝트에 투입할 경우 맥락 전환 비용이 40%에 달한다고 추정했다. 다시 말해서, 개발자가 40% 시간을 비생산적인 업무로 소모한다는 뜻이다. 나머지 60%는 세 프로젝트로 나눠진다. 주당 40 시간을 일하고 세 프로젝트에 똑같은 시간을 할애한다면 각 프로젝트에 들이는 시간은 8시간이고 맥락 전환에 들이는 시간이 장장 16시간이라는 소리다. 즉, 잠정적으로 4,000이라는 생산성을 발휘할 두뇌가 2,400라는 생산성만 발휘한다. 자세한 내용은 제럴드 M. 와인버그가 쓴 『Quality Software Management, Vol. 1 : Systems Thinking』(New York: Dorset House Publishing, 1992)을 참조한다.

57 야구 선수는 울지 않는다!

"조직 문화가 감정 표현을 억눌러서
충돌이 표출되지 못한다."

언젠가 광고 회사에 다니는 지인이 내게 이렇게 말했다. "사람들이 서로에게 절대로 화내지 않는 소프트웨어 회사에 다녀서 너무 좋겠다."

— 톰 드마르코

밖에서 보면 소프트웨어 회사는 감정 표현이 전혀 없는 천국으로 보일지도 모르겠다. 하지만 안에서 보면 전혀 다르다. 감정은 자주 격앙된다. (당사자들만 중요하게 여길 뿐) 별로 대수롭지 않은 사안에 열을 낸다. 감정이라는 측면에서 소프트웨어 개발은 여느 지식 노동과 별반 다르지 않다.

한때 전적으로 공업에 전념하던 기업에게 대다수 지식 노동은 상대적으로 새로운 물결이다. AT&T를 살펴보자. 이삼십 년 전만 해도 대다수 직원은 단순 노무직 블루컬러였다. 오늘날 대다수 직원은 지식 노동자 화이트컬러다. 오늘날 수많은 지식 노동 기업이 일터에서 감정 표현을 자제하라는 불문율을 일찌감치 받아들인 배경이 여기에 있다. 이 불문율은 자주 깨지지만 그래도 여전히 건재하다. 결정이 못마땅하다고 울거나 화내는 사람은 전문가답지 못하다는 딱지가 붙는다. 이런 사람들은 승진하기에는 너무 감정적이라 여겨진다. 결과적으로 감정적이면 승진하지 못한다는 공식이 생긴다. 성공 궤도와 거리가 멀어진다.

무절제한 감정 표현을 용인할지 고민이라면 사람들이 감정을 표출하는 이유가 그만큼 업무에 신경쓰기 때문이라는 사실을 명심한다. 감정을 간단하게 없애고 싶다면 죽이 되든 밥이 되든 개의치 않는 사람을 고용한다.

성공하려면 자기 일에 열정을 품은 사람을 프로젝트에 투입한다. 때때로 열정이 끓어 넘쳐 뒷감당이 힘들 때도 있겠지만 야심 찬 목표를 달성하려면 그 정도는 소소한 대가에 불과하다.

1992년 영화 『그들만의 리그A League of Their Own』에서 톰 행크스는 여자 프로 야구팀을 맡은 술고래 감독이다. 그가 팀원들 앞에서 선수 한 명을 호되게 꾸짖자 선수가 울기 시작한다. 그 선수에게 감독은 고래고래 고함을 지른다. "울어? 여기가 어디라고 울어? 야구 선수는 울지 않아! 야구 선수는 울지 않는다고!"

58 폭력 탈옥[1]

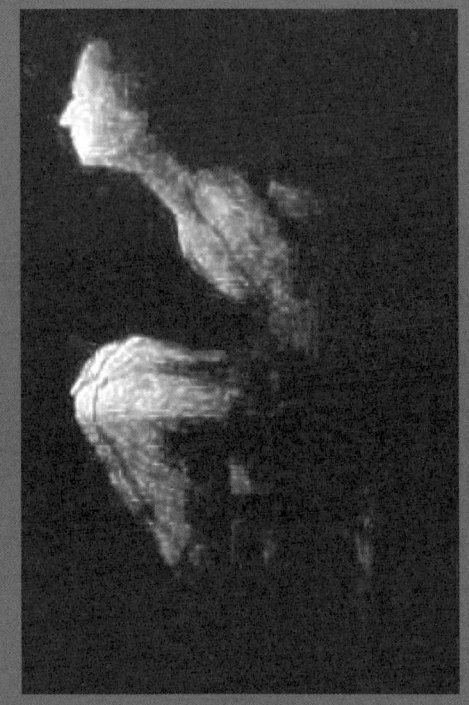

「조우 2」, 지금 코펜하겐 받고 사용함

"합당한 충돌을 '의사소통 실패'로 치부한다."

지식 노동에 감정이 개입할 여지가 없다는 가정이 잘못인 만큼이나 충돌의 원인을 다른 곳에서 찾으려는 행위도 잘못이다. 우리는 이런저런 핑계에 익숙하다. 가장 흔한 핑계가 의사소통 부족으로 불화가 생겼다는 믿음이다. 의사소통 실패는 궁극적인 핑계다. 자아비판과 거리가 가장 먼 조직도 의사소통 기술이 부족하다며 스스로를 비난한다. 컨설턴트로서 우리는 흔히 이런 자아비판을 듣는 입장에 처한다. 역설적이게도 그들은 가장 우아하고 명쾌하게 스스로를 비판한다. 그들은 놀라운 의사소통 능력을 발휘하여 자신의 형편없는 의사소통 능력을 비판한다.

영화 『폭력 탈옥』에서 폴 뉴먼을 괴롭히는 새디스트 교도소장은 매번 "우리는 의사소통이 부족해."라고 말한 후 체벌을 시작한다. 물론 뭔가 부족하기는 하지만 의사소통 부족은 아니다. 죄수는 불굴의 의지로 저항하고 교도소장은 살기 어린 증오를 드러낸다. 두 사람은 서로를 완벽하게 이해한다.

다음 번에 조직 내 누군가 의사소통 실패를 거론하면 숨은 뜻을 눈여겨 살펴보기 바란다. 필경 "당신 말을 이해는 하지만 마음에 안 듭니다." 라는 소리다. 이것을 의사소통 실패라 치부하면 진짜 원인, 즉 합당한 충돌이 가려진다. 모두가 진짜 원인이 아니라 가짜 원인에 주목한다. 그래서 결국은 거부될 아이디어를 소통하려고 점점 더 정교한 노력을 기울인다.

[1] (옮긴이) 원제가 『Cool Hand Luke』인 영화 『폭력 탈옥』은 스튜어트 로젠버그 감독이 1967년 만든 영화로 폴 뉴먼이 탈옥과 체포를 반복하는 주인공 역을 맡았다.

근본적인 원인이 무엇이냐고? 업무 환경에서 충돌이 전문가답지 못하다고 믿어서다. 논리는 이렇다. "우리는 모두 같은 회사를 위해 일합니다. 그러니 누군가 전문가답지 못하게 행동하지 않는 이상 충돌이 일어날 리 없습니다." 조직 내 모든 부서가 완벽하게 동일한 목표를 추구한다면 그 말도 일리가 있다. 하지만 조직은 크고 복잡한 유기체다. 창조만이 아니라 진화도 조직의 모습에 한 몫을 한다. 조직은 언제나 충돌이 넘친다. 조직 헌장은 (누군가 굳이 시간 내서 명세했다면) 상호 배타적인 가치를 필연적으로 수반한다. 품질과 생산성을 모두 극대화하겠다는 결정을 내리더라도 한꺼번에 두 마리 토끼를 쫓기는 어렵다. 때로는 조직 내 여러 부서가 각기 다른 방향을 추구한다. 엔지니어링과 마케팅은 툭하면 싸움질이다. 영업부와 재무부는 항상 뭔가 어긋난다. 인사부와 총무부는 손발이 안 맞는다. 어떤 사람들은 1년에서 5년을 내다보는 반면, 어떤 사람들은 하루에서 한 달을 내다본다. 어느 곳에서나 합당한 충돌이 생긴다.

충돌이 자연스럽고 아주 전문가다운 현상이라 여길 때라야 관련자들이 '의사소통 개선'이라는 미신에 매달리지 않고 증명된 '충돌 해결 기법'으로 관심을 돌린다. 후자가 충돌을 완벽하게 해소한다는 보장은 없지만 언제나 전자보다 낫다.

59 매번 정시에 출시한다

"팀이 항상 정시에 출시한다."

이따금 "우리 팀은 항상 정시에 출시합니다."라고 자랑하는 소프트웨어 관리자를 만난다. 아주 인상적인 발언이다. 단 한 번이 아니고 간단한 소프트웨어가 아니라는 가정 하에 계획한 날짜를 100% 맞춰서 제품을 출시한 기록은 참으로 놀라운 성과다.

하지만 100% 일정을 맞추는 팀은 머지않아 일정을 맞추려고 품질을 낮추는 상황에 처한다. 제품을 출시할 때마다 매번 그렇다는 소리는 아니다. 품질 기준을 절대로 타협하지 않는 팀은 언젠가 출시 일정을 놓친다는 소리다.

개발 주기를 이끌어가려면 지속적으로 우선순위를 재조정하고 자원을 재할당해야 한다. 일반적으로 조직이 프로젝트를 조종하는 '조종간'은 다섯 개다.

1. 사람 : 프로젝트에 누구를 할당할까?
2. 기술 : 팀이 어떤 프로세스, 방법론, 도구를 사용할까?
3. 범위 : 어떤 기능을 만들까? 어떤 플랫폼을 지원할까?
4. 일정 : 언제 출시할까?
5. 출시 품질 기준 : 출시하려면 제품이 어느 정도 완성도, 정확도, 견고함을 갖춰야 할까?

합리적인 계획을 짰다면 프로젝트를 시작하는 시점에 모든 요소는 균형이 맞는다. 하지만 개발을 진행하면서 상황이 변하고 뜻밖의 변수가 생긴다. 그러므로 성공적인 결과를 얻으려면 프로젝트가 궤도를 이

탈하지 않도록 조종간 다섯 개를 적절히 조정해야 한다.

패턴28 「시간이 선택의 여지를 앗아 간다」에서 보았듯이, 출시일이 다가올수록 몇몇 조종간은 유연성이 떨어진다. 예를 들어,

- "더딘 소프트웨어에 사람을 투입하면 더 늦어진다."[1] 인력 투입은 기존 인력의 시간과 노력을 소모한다. 프로젝트 막판에 투입하는 인력이 일정을 단축할 가능성은 거의 없다. 오히려 지연할 가능성이 더 크다.
- 방법론이나 도구를 바꾸면 재교육이 불가피하다. 새 프로세스나 새 도구가 첫 프로젝트에서 100% 효력을 발휘하기는 어렵다. 프로세스나 도구를 익히려면 시간이 필요하다.
- 기능 축소는 아직 개발하지 않은 기능을 쳐낼 때만 효과가 있다. 흔히 개발 주기 후반에 이르면 제품이 모든 기능을 갖추는 시점이 온다. 즉, 구현을 끝내고 대다수 기능이 안정화 단계로 접어드는 시점이 온다. 구현이 끝난 기능을 쳐내면 QA(품질보증) 시간은 절약할지 모른다. 하지만 프로젝트 후반으로 갈수록 기능 축소는 효과가 떨어진다.

프로젝트 후반에 문제가 터지면 조종이 가능한 조종간은 보통 두 개뿐이다. 하나가 일정이고 다른 하나가 출시 품질 기준이다. 프로젝

---

[1] 프레더릭 P. 브룩스 주니어, 『The Mythical Man-Month: Essays on Software Engineering』(Reading, Mass.:Addison-Wesley, 1975), 25쪽.

트를 제대로 관리했다면 프로젝트 후반에 터지는 문제가 대형 사고일 가능성은 적다. 하지만 그래도 때로는 프로젝트 방향을 조정할 필요가 생긴다.

매번 제품을 정확히 정시에 출시하기로 작정했다면 남은 조종간은 하나다. 출시 품질 기준을 낮추는 수밖에 없다.

60 음식++

"팀원들이 주기적으로 같이 식사한다. 가능하면 하나의 팀으로서 메뉴를 계획하고 음식을 준비한다."

『센과 치히로의 행방불명』이라는 멋진 만화영화가 있다. 영화를 제작하는 도중에 감독은 애니메이션 팀이 서두르지 않으면 여름 시즌에 개봉하기 어렵다는 사실을 깨달았다. 그래서 팀은 야근이 최선이라 결정했다.

어느 날 저녁이었다. 모두가 늦게까지 일하는데, 팀 아티스트 한 명이 매콤한 알 아마트리치아나 스파게티를 만들겠다고 자청했다. 그때까지 남아서 일하던 팀원들은 다 같이 그 스파게티를 먹었고, 모두가 멋진 경험이었다고 동의했다. 다음날 저녁에는 다른 팀원이 모두를 위해서 요리하겠다고 나섰으며, 그 다음날은 또 다른 팀원이 자청하고 나섰다. 그러면서 팀 전통이 생겨났다.

매일 저녁 팀원 중 한두 명이 모두를 위해 저녁을 준비했다. 심지어 감독인 미야자키 하야오도 멋진 국수 요리를 내놓으며 자신의 요리 솜씨를 뽐냈다. 다른 팀원을 위해 음식을 만든다는 단순한 행위가 팀에 활력을 불어넣었다. 애니메이션 팀은 기한을 맞췄으며 영화는 일정에 맞춰 개봉되었다.

음식을 준비하고, 먹으면서 대화하고, 함께 치우는 등 음식을 둘러싼 의식이 참가자들에게 유대감을 불어넣었다.

우리가 아는 팀 하나는 식사에 심하게 집착한다. 점심 시간이 되면 팀원 중 한두 명이 구내식당 식탁을 이리저리 옮겼다. (구내식당 규칙을 철저히 위반하는 행위지만) 16명이나 되는 팀 전체가 함께 식사하기 위해서다. 이렇게 만든 대형 식탁은 팀원들 모두가 도착하여 식사할 때까지 다른 사람들이 끼어들지 못했다.

프로젝트 관리자가 시켜서 하는 일이 아니었다. 한 팀이니까. 같이 먹고 싶으니까. 그래서 그들은 같이 밥을 먹었다.

임박한 기한을 맞추려고 팀원들이 야근할 때 급한 업무가 없는 팀원은 근처 마켓에서 음식을 사왔다. 퇴근해도 되지만 남아서 야근하는 동료들을 위해 음식을 준비하고 같이 먹는 쪽을 택했다.

이미 눈치챘겠지만, 음식을 계획하고 준비하는 과정에서 뭔가 마법이 일어난다. 먼저, 식재료를 구하는 재미가 있다. 패스트푸드가 아니므로. 어떤 팀은 일부러 구하기 어려운 식재료를 요구하며 분위기를 띄운다. 다음으로 준비가 따른다. 능숙한 요리사가 어려운 준비를 도맡는다. 반면, (애칭인) 부엌 시종들은 따분하고 자잘한 일거리를 처리한다. 몇 명은 상을 차린다. 이렇게 모두가 조금씩 거든다.

식탁에 올라오는 음식은 팀의 공동 작품이다. 식탁에 앉는 팀원들은 모두가 이렇게 생각한다. "우리가 만들었고, 모두가 참여했으며, 이제 즐길 차례다." 길고 지루한 프로젝트를 진행하는 팀에게 이것은 '프로젝트 속의 프로젝트'다. 그것도 재빨리 끝내서 결과를 맘껏 즐길 수 있는 프로젝트다.

음식이 유대를 강화하는 또 다른 예가 전세계적으로 급속히 늘어나는 카페다. 요즘 사람들은 커피 전문점에서 회의 약속을 잡는다. 작은 테이블은 랩탑과 서류와 카푸치노와 크루아상으로 꽉 찬다. 같이 음식을 먹으면서 생기는 친밀감으로 인해 (커피도 음식으로 간주한다면) 회의가 훨씬 더 매끄럽게 진행된다. 잠정적인 고객과 강력한 유대를 맺고 있는 영업사원은 카페와 음식을 자주 활용하라고 조언한다.

같이 식사하지 않는다고 프로젝트가 반드시 실패하지 않듯이, 같이 식사한다고 프로젝트가 반드시 성공하지도 않는다. 하지만 지금까지 우리가 관찰한 바에 따르면 성공한 팀 중 많은 수가 함께 음식을 만들고 먹는 과정에서 생기는 유대감을 최대한 활용했다.

61 고아 산출물

"프로젝트가 어느 누구도
사려 들지 않는 산출물을 출시한다."

시스템 업계나 소프트웨어 업계에서 나오는 새 프로세스는 하나같이 엄청난 활동과 역할과 산출물을 정의한다. 예를 들어, RUP Rational Unified Process와 독일 V-모델은 각각 150여 개가 넘는 산출물을 정의한다. 요구사항 명세서, 설계 문서, 구체적인 모델, 사용자 인터페이스 개념, 테스트 계획, 예측 등 목록은 끝이 없다.

어떤 프로세스를 따르든 반드시 내놓을 부산물은 바로 최종 산출물인 제품이다. 그렇다면 다른 산출물은 장점이 무엇일까? 모두 필요할까? 모든 산출물을 만드느라 시간과 노력을 투자할 가치가 있을까?

때때로 팀은 아무도 관심 없는 산출물을 만드느라 시간을 낭비한다. 시간 낭비에 노력 낭비라는 사실을 알면서도 프로세스가 요구하는 산출물을 만든다. 이때는 "이 산출물의 후원자는 누구인가?"라는 질문을 던질 필요가 있다.

> 후원자 : 활동을 위해 금전적인 지원을 약속한 조직이나 사람

모든 산출물은 대가를 기꺼이 지불할 후원자가 필요하다. 여기서 후원자는 산출물을 요청하는 권한만이 아니라 필요한 자원을 제공할 능력까지 보유한 사람을 뜻한다.

프로젝트 내부 산출물은 제작 여부를 결정하기 쉽다. 프로젝트 관리자가 산출물을 제작하는 활동이 프로젝트 목표에 기여하는지 방해하는지만 판단하면 된다.

프로젝트 외부에서 요구하는 산출물, 특히 프로젝트에 부하를 더한

다고 여겨지는 산출물은 제작 여부를 결정하기 어렵다. 이때는 후원자가 누군지 파악해야 한다.

예를 들어, 회사가 모든 프로젝트에다 소프트웨어 아키텍처 표준 문서를 작성하라고 요청했다. 설계를 재사용하고 프로젝트 외부인에게 프로젝트를 알리려는 의도다. 회사가 요구하는 아키텍처 문서는 미리 정의한 형식에다 가장 중요한 결정을 폼나게 요약하고 전반적인 아키텍처를 간략히 설명한다. 그렇지만 팀에게 가장 중요한 목표는 예산과 일정 내에 프로젝트를 완료하는 일이다. 회사에서 요구하는 이 모든 아키텍처 문서가 목표 달성에 반드시 필요하지는 않다. 상황이 이렇다면 회사 아키텍처 그룹이 후원자로 나서도 되겠다. 프로젝트 초반에 아키텍처 팀원을 한 명 빌려줘서 프로젝트 아키텍처가 회사 아키텍처 표준에 맞도록 도와주고 문서 작성도 거든다.

때로는 마케팅 부서가 후원자로 나선다. 기본 사용자 매뉴얼에 더하여 특정 고객용 사용자 문서를 (제때에) 얻으려고 마케팅 팀원을 빌려줘 프로젝트가 진행되는 동안 특정 고객용 사용자 문서를 맡긴다.

때로는 사람-기계 인터페이스 팀장이 후원자로 나선다. 피드백을 일찍 받으려면 모형mock-up이 필요하다며 그 목적으로 자기네 팀에서 배정 받은 인력을 빌려준다.

때로는 프로젝트 외부 사람들도 후원자가 된다. 예를 들어, 출시 후에도 오류 제거율을 장기적으로 수집하기 위한 예산을 배정 받은 회사 품질관리 팀이 프로젝트에 인력이나 시간 그리고 돈까지 대주며 추가 업무를 요청한다. 대개 프로젝트 관리자가 자체 예산으로 진행하기 꺼리는 업무다.

들어가는 비용을 정당화해야 한다는 부담이 없다면 뭔가를 만들어 달라고 부탁하기 쉬워진다. 회사 전체를 총괄하는 방법론 부서와 도구 부서는 개별 프로젝트에 자원을 투입할 권한이 없다. 그들은 좋은 아이디어를 내놓고 따르라고 설득하는 사람들이다. 하지만 어디까지나 정무政務 장관[1]이므로 모든 프로젝트가 언제나 그들의 추천을 반기지는 않는다.

고아 산출물은 뚜렷하고 증명된 요구사항이 없이 만들어진 결과물이다. 다시 말해 후원자가 없는 결과물이다. 고아 산출물은 장점이 없다. 아무도 값을 치르지 않는다면, 그리고 프로젝트에 필요하지 않다면, 만들지 않아야 맞다. 좋은 아이디어가 있으나 값을 치르려는 사람이 없다면 먼저 후원자를 찾아라.

---

[1] (옮긴이) 과거 특별히 맡은 부처 없이 행정부와 입법부 사이의 교량 역할을 담당하는 국무위원으로 지금은 청와대 수석들이 이 역할을 하고 있다.

62 숨겨진 아름다움

"프로젝트 일면이 충분함, 아니 우아함을 넘어서 숭고함에 도달한다."

어떤 사람들은 남들 눈을 의식해서 제품을 만든다. 예를 들어, 신차 동체를 설계하는 디자이너라면 남들의 평가에 따라 성공이 크게 좌우된다. 사람들이 좋게 평가한다면 성공이라 여기고 기쁨과 자신감을 얻는다. 실력이 있다면 이런 기쁨 자체가 보상의 일부다. 기쁨을 앗아간다면 월급을 안 주거나 고용 계약을 위반하는 행위와 똑같다.

이번에는 같은 신차의 에어백에 들어갈 자체 테스트 메커니즘을 설계하는 엔지니어라고 상상하자. 아무도 내가 만든 작품을 못 본다. 아니, 대다수는 존재조차 모른다. 그러므로 내 성공과 실패는 (그리고 부가로 따라오는 만족감은) 미적인 요소와 무관하게 필요한 기능을 충실히 수행하는지 여부에 달렸다 볼 수 있다.

전혀 아니다! 설계는 무에서 유를 창조하는, 본질적으로 창의적인 행위다. 창조라는 행위는 각양각색이다. 기능적인 측면은 똑같을지 몰라도 미학적인 측면은 모두가 다르다. 어떤 설계는 한 마디로 아름답다. 그 아름다움은 일부러 추가한 '장식'이 아니다. 너무 당연하면서도 기발한 방식으로 기능을 구현하는 과정에서 얻어지는 부산물이다. 철저히 남에게 보이는 작품이든, 전부 혹은 거의가 숨겨지는 작품이든, 어느 쪽이든 마찬가지다.

이더넷을 만든 밥 메칼프는 내 친구다. 그래서 나는 이더넷 프로토콜 설계를 자세히 살펴보기로 작정했다. 프로토콜을 이해하려고 명세서를 읽었다. 감동을 받으리라는 기대는 전혀 없었다. 그런데 놀랍게도 프로토콜이 참으로 아름답다는 사실을 발견했다. 여분이 필요한 곳에는 여분이 있었고 개념은 우아했으며, 잃어버린 패킷을 복구하는 메커니즘은 원래 패킷을 전송하는 메커니즘과 거의 흡사했다. 충돌을 감지하고 처리하는 방법은 (적어도 내게는 예상 밖으로) 놀랍도록 단순했다. 너무 감정적이라 여길지도 모르지만, 이 더넷 명세서를 읽으면서 나는 거의 울 뻔했다.

– 톰 드마르코

모든 설계에는 미적인 요소가 존재한다. 단지 "미적인 요소가 적인가 친구인가?"라는 차이가 있을 뿐이다. 관리자는, 특히 젊은 관리자는 설계에서 미적인 요소를 낭비라고 여길지도 모른다. 반드시 피해야 한다고 배웠던 금칠gold-plating과 비슷하기 때문이다. 미적인 요소에 무심한 관리자는 설계자가 우수한 설계를 내놓아도 칭찬하지 않으며 '적당함' 이상의 가치를 인정하지 않는다.

관리자가 반대 입장을 취하려면 설계를 상세히 살펴볼 능력과 의지 그리고 우수한 품질을 알아챌 지식이 필요하다. 잠깐만이라도 반대 입장을 취해보면 우수한 설계는 금칠 논쟁과 무관하다는 사실이 금방 드러난다. 기능을 추가하거나 화려하게 덧댄다고 설계가 나아지지 않는다. 오히려 불필요한 부분을 제거해야 설계가 아름다워진다. 최고의 설계는 적당히 검소하고, 정확히 동작하고, 테스트하기 쉽고, 변경을 가해도 쉽게 망가지지 않는다. 한마디로 더 이상 나은 방식으로 목적을 달성할 방도가 없어 보이는 설계다.

남들 눈에 보이지 않는 작품은 관리자가 품질에 커다란 영향을 미친다. 관리자가 꼼꼼히 살피고 품질을 인식하면 설계는 그만큼 나아진다. 관리자가 설계자의 작품에 깊이 빠져들 때 아름다운 작품을 감사하게 여길 줄 아는 사람 수가 하나 더 늘어난다. 그 설계자 눈에 비친 관리자는 '그저 괜찮은 상사'에서 '지구 끝까지라도 따라갈 상사'로 변한다.

"완벽은 더할 내용이 없을 때가 아니라 뺄 내용이 없을 때 도달하는 상태다."

— 앙투안 드 생텍쥐페리 Antoine de Saint-Exupéry

63 잘 모르겠습니다

"조직이 당장 답을 모른다고 솔직히 털어놔도 괜찮은 분위기를 조성한다."

회의에 참석했는데 프로젝트 관리자가 묻는다. "마케팅 분석에 필요한 자료가 데이터베이스에 모두 있습니까?" 당신은 데이터베이스와 데이터베이스 내용을 아주 잘 안다. 필요한 자료가 거의 다 있다는 사실도 안다. 하지만 마케팅 분석에 결정적인 몇 가지 자료가 확실히 있는지 모르겠다.

이 상황에서 프로젝트 관리자의 정직한 답변은 "잘 모르겠습니다." 지만 조직 내부에서 이렇게 말해도 괜찮을까? 아니면 핑계를 대며 "잘 모르겠습니다."라는 답변은 어떻게든 피해야 좋을까? 그것도 아니면, 모른다는 사실을 인정하면 동료 팀원들이 약점으로 여길까?

어떤 조직은 "잘 모르겠습니다."라는 답변을 "지금은 모르지만 알아낼 수 있습니다."로 듣는다. 그래서 "잘 모르겠습니다."라는 답변이 토론을 시작하고 답을 찾아가는 출발점이 된다.

"진실을 말한다면 아무것도 기억할 필요가 없다."

– 마크 트웨인 Mark Twain

"아직 잘 모르겠습니다만 원래 설계에 참여했던 지오바니와 몇 시간 정도 논의하면 답을 찾으리라 자신합니다."라고 답한다고 가정하자. 이때 어거스타가 끼어들어 이렇게 말한다. "아, 제가 다른 프로젝트에서 그 자료를 분석했습니다. 내 노트를 뒤져보면 답을 찾을지도 모릅니다. 그러면 시간을 상당히 절약할 겁니다." 이렇듯 "잘 모르겠습니다."라는 답변은 진실이라는 장점 외에도, 협력을 촉발하는 방아

쇠가 된다. 문제를 아는 누구나 도우려고 나서는 분위기가 조성된다. 무지한 상태가 오래가지 않는다. 지식 격차를 모두에게 알렸으니 금방 좁혀진다.

"잘 모르겠습니다."라는 답을 반기지 않는 분위기에서는 정반대 현상이 벌어진다. 답을 모르지만 인정하면 안 된다고 느낀다. 동료에게 무시를 당할까봐 혹은 상사에게 무능하다는 인상을 줄까 두려워서다. 게다가 상사가 "잘 모르겠습니다."란 답변을 위협으로 여길지도 모른다. 일정이 빡빡하다면 모르는 문제가 등장해 일정을 위협하는 상황이 달가울 리 없다. 개발 프로세스에 미지의 문제가 수없이 많다는 사실 자체가 거북하다. 대다수 조직은 개발 프로세스를 공장 조립 라인으로 취급한다. 조립 라인은 미지의 문제가 거의 없다. "차체가 다가오면 색상이 똑같은 사이드 미러를 접합한다. 그리고 나서 다음 차량을 기다린다." 그런데 팀원이 "잘 모르겠습니다."라고 말하면 "사이드 미러 방향을 확인할 때까지 생산 라인을 멈추십시오."라는 소리로 듣는다. 이런 조직은 생산 라인을 멈추느니 필수 부품 없이 계속 돌리는 쪽을 선호한다.

어떤 조직은 "잘 모르겠습니다."라는 답변을 겁쟁이 징표로 여긴다. 모두가 모든 것을 알아야 한다고 기대하는 문화다. 하지만 우리는 잘 안다. 우리는 모든 것을 알지 못하며, (모든 것을 안다고 자만했던 10대 이후로) 모든 것을 안 적도 없다는 사실을. 이런 근시안적 문화에서는 사람들이 서로에게 도움을 청하지 않는다. 도움이 뻔히 필요한 상황에도 말이다. 결과적으로 일하는 속력이 느려진다. 그러다가 프로젝트가 기한을 놓치면 조직은 다른 곳에서 원인을 찾는다. 무능한 관리자, 인력 부족 등 핑계는 다양하다. 개발 프로세스에 모르는 문제가 있었다는 사실은 절대로 인정하지 않는다.

누군가 "잘 모르겠습니다."라고 대답하면 신뢰의 표출로 여기기 바란다. 사람들이 안심하고 "잘 모르겠습니다."라고 말한다면 서로에게 도움을 청해도 괜찮다고 여기기 때문이다. 이런 조직은 모든 단계에서 진정으로 협업을 장려하며 그만큼 수확을 거둔다.

64 워비곤 호수의 아이들

"관리자가 유능한 팀원과 무능한 팀원을
확실히 구분하지 못하고 엇비슷하게 평가한다."

「프레리 홈 컴패니언Prairie Home Companion」이라는 라디오 쇼에서 진행자인 개리슨 케일러는 워비곤 호수라는 가상의 마을에서 생기는 소식을 전한다. "워비곤 호수에 사는 여자들은 모두 강인하고, 남자들은 모두 잘 생겼고, 아이들은 모두 평균 이상입니다."

많은 회사에서 업무성과를 평가하는 등급은 워비곤 호수의 아이들에게나 적합할 정도로 차별성이 거의 없다. 그림 64.1을 살펴보자.

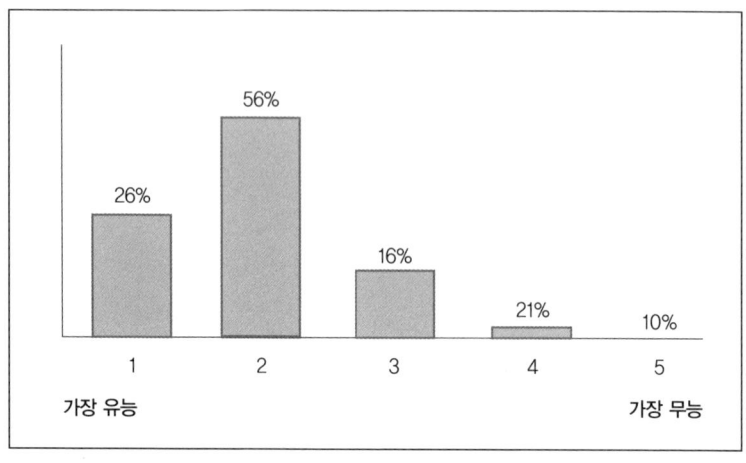

그림 64.1

위와 같은 패턴이 얻어지는 이유는 관리자가 그저 그런 성과와 뛰어난 성과를 구분하지 않아서다. '워비곤 호수 효과'는 여러 가지 이유에서 조직에 해를 끼친다. 무엇보다 가장 큰 이유는 거짓말하는 문화가 존재한다는 사실을 폭로하기 때문이다

그림 64.1에 보이는 분포를 살펴보면 업무성과 평가가 거짓이라는 사실이 100% 확실하다. 지난 수십 년 동안 소프트웨어 공학계는 (어느 정도 규모 있는 팀이라면) 개개인이 보이는 차이가 몇 배에 달한다는 연구 결과를 꾸준히 내놓았다. 우리가 이런 연구 결과에 대체로 수긍하는 이유는 자신이 부딪히는 업무 현실과 어느 정도 부합하기 때문이다. 그럼에도 불구하고 수많은 조직이 일년에 한두 번씩 천편일률적으로 '평균 이상'이라는 평균값을 매겨서 인사부에 전달한다.

워비곤 호수 효과는 대개 인사부가 일으키는 혼란, 경영진의 어리석음, 팀 관리자의 비겁함이 합작해서 만들어낸 작품이다.

인사부 직원들은 모순된 평가 지침과 등급 지침을 내놓아서 혼란을 일으킨다. 흔한 예가 한 평가 시스템에 절대 기준과 상대 기준을 섞어 놓는 실수다. 업무 달성도는 절대 평가를 적용하고 (예를 들어, 1 = 초과, 2 = 항상 달성, 3 = 대개 달성, 4 = 일부 미달 등) 팀 기여도는 상대 평가를 적용하는 (예를 들어, 10~15%는 '1', 20~30%는 '2', 45~55%는 '3' 등) 평가 시스템이 많다. 백분율은 절대적인 기여도가 아니라 (다른 직원들에 따라서) 달라지는 상대적인 기여도를 따진다는 의미다.

때로는 경영진이 성과가 저조한 직원을 숨기는 분위기를 조장한다. 가장 전형적인 예제가 다음과 같은 연타다.

1. 우리는 뛰어난 성과와 배움을 지향하는 조직입니다. 그러므로 평가 등급이 '4'나 '5'인 직원들은 즉시 성과 개선 프로그램에 참여하거나 아니면 조직을 떠나주십시오.

2. 일시적인 예산 긴축으로 신규 충원과 교체를 당분간 동결합니다.

상황이 이렇다면 일부 관리자는 빈 의자를 쳐다보느니 무능한 직원이라도 있는 편이 낫다며 (때로는 잘못된) 결론을 내릴지도 모른다.

인사부나 멍청한 관리자를 비난하는 편이 더 재미있지만, 사실 대다수 관리자가 고만고만한 등급을 매기는 원인은 관리자 자신에게 있다. 등급을 정직하게 매기기 어려워서다. 성과가 저조한 직원에게 터놓고 말하기 껄끄러운 탓이다. 그래서 일단 나중으로 미룬다.

성과가 저조한 직원을 건설적으로 평가하려면 어느 순간 관리자가 역할을 살짝 바꿔야 한다. 초기에 실제 업무를 수행하는 단계에서 관리자는 코치다. 개념을 설명하고 시범을 보여주고 도와주고 질문에 답하고 무엇보다 직원을 격려한다. 성과를 평가하고 등급을 매기는 단계에서 관리자는 심판관에 가깝다. "지금까지 성과는 이렇습니다. 이 부분은 잘 했고 저 부분은 개선할 여지가 있습니다" 하고 말한다.

성과가 저조한 직원은, 관리자가 코치에서 심판으로 바뀔 때까지 또한 바뀌지 않는 한, 자신이 기대치에 미달한다는 사실을 모르는 경우가 많다. 그런데 관리자가 코치에서 심판으로 역할을 바꾸는 횟수는 상대적으로 드물다. (1년에 4번 미만이 대부분이다.) 게다가 심판 역할은 관리자에게도 직원에게도 불편하다. 그래서 관리자가 평가를 생략하거나 대충 넘어가기 쉽다.

저조한 성과를 냉정하게 평가하지 못하는 관리자는, 워비곤 호수 효과 이외에도, 또 다른 증상을 유발한다. 바로 '업무 축소'라는 증상이다. 무능한 팀원이 실패하면 (그 무능을 올바로 평가하지 못한) 관리자도 실패하는 셈이다. 그래서 관리자는 팀원의 일거리를 줄여준다. 중요한 업무를 좀더 능력 있는 동료에게 맡기거나 자신이 떠맡는다. 처음에는 조금씩 일거리를 줄이지만, 얼마 지나지 않아 문제의 팀원은 성과가 크게 높아진다. 자신이 마땅히 해야 할 양보다 훨씬 적은 업무를 맡았으므로……

등급을 몇 개로만 나누고 업무를 몇 가지 줄여주면 왜 안 되냐고? 뭐가 그리 나쁘냐고? 간단하게 답하면 팀원들에게 불공평하다. 관리자가 현재 팀원들이 위치한 수준을 속이는 셈이니까. 관리자가 각자 경력 관리에 필요한 정보를 숨기는 셈이니까.

뛰어난 팀원에게 성과가 뛰어나다고 (또한 회사가 감사히 여긴다고) 말해주지 않음으로써 관리자는 가장 뛰어난 팀원을 속인다. 현실을 직시하자. 당사자를 포함하여 모두가 탁월한 팀원이 누군지 잘 안다. 탁월한 공헌은 인정해야 마땅하다. 최고 등급이 필요하다면 도입해야 한다.

저조한 팀원에게 분발하지 않으면 일자리가 위태로워진다는 경보를 말해주지 않음으로써 관리자는 저조한 팀원을 속인다. 때로 성과가 저조한 이유는 팀원이 기대치를 이해하지 못해서다. 반면, 때로는 팀원이 분발해 성과를 높인다. 자신이 기대치에 미달한다는 사실을 일찌감치 파악하면 기대치를 달성하거나 심지어 초과한다.

중간층에 속하는 팀원에게 중간층이 실제보다 크다고 암시함으로써 관리자는 중간층 팀원들을 속인다. 뛰어난 팀원에게 최고 등급을 안 주면 그 팀원은 인정과 포상이 부족하다고 느낀다. 마찬가지로, 5

등급 체계에서 (20%가 3등급을 받을 때보다) 50%가 3등급을 받으면 저조한 팀원은 자신이 평균에 속한다고 느낀다.

진짜 진짜 평균적인 직원에게만 진실을 말하는 셈이다.

65 공동 교육

"프로젝트 이해관계자들이 서로에게서
많이 배워야 한다는 사실을 이해한다."

프로젝트를 시작하는 목적은 시스템, 작품, 제품, 서비스 등의 상태를 변경하기 위해서다. 여기까지는 당연한 소리다.

하지만 프로젝트를 시작하는 순간에 어느 한 개인이나 그룹이 바람직한 미래 상태가 무엇인지 정확히 알기란 현실적으로 불가능하다.

예를 들어, 프로젝트를 시작하는 순간에 제작자는 고객이 모든 요구사항을 빠짐없이 정확하게 내놓으리라 기대하지 않는다. 마찬가지로, 고객 역시 제작자가 상황을 조사하기 전에 모든 요구사항을 이해하리라 기대하지 않는다. 요구사항을 이해하지 못한 상태에서 무작정 시도하는 변경은 십중팔구 실패한다.

프로젝트에서 흔히 발생하는 문제는 이해관계자들이 서로에게서 배워야 한다는 사실을 납득하지 못해서다. 즉, 제작자와 고객은 공동 교육이 필요하다. 서로가 서로에게 가르치고 배워야 한다.

좀더 자세히 설명하겠다. 요구사항 수집가가 제품이나 서비스를 효과적으로 명세하려면 고객의 업무를 배워야 한다. 하지만 흔히 세 가지 이유로 고객은 자신의 지식을 제작자에게 제대로 전달하지 못한다. 첫째, 고객은 자신의 업무에 너무도 익숙하여 뻔한 사실을 언급하지 않는다. 제작자가 당연히 알리라 가정하는 탓이다. 둘째, 고객들은 의사소통 기술이 부족하다. 그래서 제작자에게 유용할 정보를 선뜻 제공하지 않는다. 셋째, 고객들은 자신이 필요한 내용을 잘 모른다. 직접 보기 전에는 진짜로 무엇이 필요한지 (불가능은 아니지만) 파악하기 어려운 탓이다.

예를 들어, 서점에서 책을 둘러보다가 지금까지 한 번도 고려하지 않았던 주제의 책을 발견한 경험이 있으리라. 책을 좋아하지 않는다면, 자신이 좋아하는 물건을 사러 다니다가 (보기 드문 전자기기나 예쁜 속옷 등) 진짜 멋진 물건을 발견한다고 상상해보라. ('예쁜 속옷' 대신에 각자 성별에 맞춰서 다른 물건을 상상하면 좋겠다.) 쉽게 말해, 우리는 직접 보거나 경험한 후라야 그것이 우리 필요와 요구에 맞는지 안다.

그러므로 제작자가 고객에게 (책이나 전자기기나 속옷처럼) 제품이나 서비스 품질을 모르는 상태에서 깜짝 놀랄 제품이나 서비스를 제공하려면 양방향 공동 교육이 반드시 필요하다. 불행하게도 고객과 제작자 사이에 의미 있는 학습을 방해하는 몇 가지 장애물이 존재한다. 명세서 승인, 잘못된 해법 주장, 학습 장애, 공통 언어 부재 등이 대표적인 예다. 지금부터 하나씩 살펴보자.

어떤 조직은 명세서에 승인을 받아야만 개발을 시작한다. 명세서를 승인하는 책임은 주로 대빵 고객에게 떨어진다. 대빵 고객은 자신이 명세서에 책임져야 하므로 당연히 명세서에 들어갈 내용을 일일이 지시한다. 명세서 수집가는 속기사로 전락하며, 초기 프로토타입과 실험 모델로 얻어질 발견의 기회와 학습의 기회가 사라진다.

이해관계자가 제안하는 잘못된 해법 역시 공동 교육을 방해하는 장애물이다. 어떤 이해관계자는 자신이 무엇을 원하는지 정확히 안다며 그것을 내놓으라고 고집한다. 대개 그들이 요구하는 해법은 당장 눈에 보이는 문제를 해결하는 해법이다. 하지만 그들의 해법이 업무 진행자, 업무를 수행하는 조직, 조직 외부 이해관계자 등의 요구를 모두 고려한 해법일 가능성은 드물다. 이런 상황에서는 모두가 가장 먼저 문제 자체를 이해해야 한다. 그러면 해법은 자연히 나온다.

학습은 일찍 시작할수록 좋다. 프로젝트가 진행되면서 점차 생각은 굳어지고, 기대는 확고해지고, 앞서 거론했던 해법을 받아들인다. 그래서 제작자나 고객 모두 틀을 깨고 의도했던 제품이나 서비스와 관련한 새로운 뭔가를 배우기가 점점 더 어려워진다. 처음에 기회를 놓치면 요구사항 제공자와 요구사항 수집가는 전통적인 역할로 굳어져서 혁신을 꽃피울 기회가 점점 더 사라진다.

이해관계자들은 각자 자기 분야에 대한 지식을 (일반적으로 상당한 지식을) 보유한다. 그러므로 서로서로 가르치고 배워야 한다. 하지만 다양한 배경 지식을 보유한 사람들이 효과적으로 가르치고 배우려면 에스페란토어와 같은 공통적인 언어가 필요하다. 일반적으로 모델링 언어가 가장 적합하다. 공동 교육은 필연적으로 시행착오를 수반하는데, 이 과정에서 모델링은 이상적인 수단이다. 지금 토론하는 모델이 어디까지나 교육을 목적으로 사용하는 일회용 교재라는 사실을 모두가 안다면 (자신이 좋아하는 기능을 목청껏 변호하기보다) 교재에서 배우는 교훈에 더 집중한다.

프로젝트가 올바른 제품과 서비스를 내놓으려면 고객의 요구를 (그리고 고객의 요구를 지원하는 기능을) 잘 이해해야 한다. 고객과 제작자가 서로에게서 요구사항을 배울 때에야 비로서 이런 이해가 가능하다. 서로 협력하여 배워야 한다는 필요성을 인정하는 자체가 가장 어렵다.

66 Seelenverwandtschaft[1]

"조직에 가장 근본적인 개발 규칙조차
건너뛰는 팀이 존재한다."

다음은 이런 팀이 보이는 몇 가지 특징이다.

- 일정으로 잡힌 회의를 싫어한다. 대신, 작은 임시 회의를 많이 한다. 거의 모두가 설계 회의이거나 설계 회의로 변한다.
- 다른 어느 매체보다 화이트보드를 선호한다. 화이트보드에 아이디어, 설계, 할 일을 기록한다.
- 불완전한 고차원 요구사항 명세서를 토대로 일한다. 흔히 설계 문서를 완전히 건너뛰고 개발 초반에 구현으로 뛰어든다.
- 코드를 많이 버리고 다시 짠다. 기능을 시연하자마자 다시 구현하기 시작한다.
- 이 모든 과정을 번개처럼 진행한다. 일반적으로 1~3일이면 기능 하나를 끝낸다. 아주 복잡한 기능도 10일을 안 넘긴다. 대다수 업무는 반나절에 끝나서 테스트를 시작한다.

흔한 패턴은 아니지만 주목할만한 패턴이라 여기서 언급한다. 더 나은 용어를 떠올리지 못했기에 '게릴라[1]' 팀이라 부르겠다. 일반적으로 게릴라 팀은 애자일 공동체[2]에서 자주 보이지만 방법론과 무관하게 게릴라 특성을 보이는 팀도 있다.

전통적인 방식으로 소프트웨어를 개발한 사람이라면 게릴라 팀이

---

[1] 뜻은 독일 사람에게 물어보기 바란다.
[2] 훌륭한 애자일 방법과 기반 원칙은 앨리스테어 콕번이 쓴 『Agile Software Development : The Cooperative Game, 2nd Ed』(Boston : Addison-Wesley, 2006)를 읽어보기 바란다. 출발점으로 〈www.agilealliance.org〉도 좋다.

프로젝트를 진행하는 방식에 상당한 불안감을 느끼리라. 거의 무모하게 보이지만, 놀라운 속력으로 실제 진도를 뽑는다는 사실 하나는 확실하다. 게릴라 팀을 보면 소프트웨어 개발 프로세스에서 우리들이 정형적인 요소를 귀중하게 다루는 이유가 의심스러워진다.

소프트웨어 개발 프로젝트에서 우리가 수행하는 활동 대다수는 "프로젝트 후반으로 갈수록 문제를 찾아 정정하는 비용은 급격히 늘어난다."는 기본적인 믿음에 기반한다. 그래서 우리는 가능한 초반에 요구사항을 올바로 찾아내고 설계를 올바로 하려고 애쓴다. 나중에 재작업을 피하기 위해서다. 여기에는 좀더 근본적인 가정이 깔려 있다. "소프트웨어 제작과 검증은 너무나 비싸서 여러 차례 반복하기 어렵다. 프로젝트당 한 번이나 두 번만 가능하다."라는 가정이다. 일반적으로 맞는 소리지만, 게릴라 팀은 일반적인 가정을 벗어나서 일하므로 성공을 거둔다. 그들은 개발과 테스트를 너무도 신속하게 진행하므로 목표를 파악하는 과정에서 방대한 코드를 버리고 다시 짜도 괜찮다.

그렇다면 게릴라 팀은 어떤 프로젝트에 적합할까? 확실히 신제품 첫 버전을 개발하는 프로젝트에 적합하다. 때로는 둘째 버전을 개발하는 프로젝트도 괜찮다. 게릴라 팀은 낯설고 새로운 문제 영역을 탐험하여 혁신적인 해결책을 찾아내는 프로젝트에 가장 적합하다. 상용 제품에 어울리는 우수하고 튼튼한 코드를 내놓을 실력도 갖추고 있지만, 혁신이 필요한 분야에 투입하면 더욱 빛을 발한다.

게릴라 팀은 안전 장치가 없는 전동 공구와 비슷하다. 팀을 어떻게 이끄느냐에 따라서 놀랍도록 생산적이거나 아니면 놀랍도록 파괴적이 된다. 그래서 게릴라 팀에는 몇 가지 근본적인 제약이 존재한다.

게릴라 팀은 유기적이다. 단기간에 만들기 어려우며, 특히 억지로 만들기는 절대 불가능하다. 일반적으로 뛰어난 리더 한두 명을 중심으로 팀이 형성된다. (기준이 아주 높으므로) 새 팀원을 천천히 추가하며, 리더가 있는 동안에만 팀이 유지된다. 오랫동안 지속되기도 하지만, 일단 금이 가기 시작하면 급격히 붕괴한다.

게릴라 팀은 필연적으로 규모가 작고 한 곳에서 일한다. 다른 팀, 특히 멀리 떨어진 팀과 잘 협력하지 못한다. 팀 응집력은 상상을 초월할 정도로 높으며 외부에 의존하기 싫어한다. 결과적으로 팀이 커지지 않으며, 재배치도 어렵고, 다른 팀과 조화롭게 일하지도 못한다.

조직은 언제 게릴라 팀을 그만 쓸지 알아야 한다. 게릴라 팀에 속하는 개발자는 탐험과 모험을 좋아하므로 어느 정도 제품이나 시스템을 안정화하고 나면 쉽사리 흥미를 잃는다. 버전 5까지 버티는 게릴라 팀은 드물다. 버전 5로 넘어가기 훨씬 전에 전통적인 팀 구조로 바꾸는 편이 낫다. 게릴라 팀에게는 미지의 영역을 새로 찾아줘야 한다. 아니면 그들이 스스로 찾아 나선다.

게릴라 팀에 관해 마지막 경고 하나를 덧붙이자면, 세상에는 가짜 게릴라 팀이 많다. 게릴라 팀 모델은 (기술 수준과 무관하게) 모든 개발자들에게 아주 매력적이라 자신들을 게릴라 팀이라 착각하는 작은 팀이 많다. 하지만 진짜 게릴라 팀은 드물다. 프로젝트에 게릴라 팀을 투입하기 전에 그 팀이 체 게바라인지 체 레논인지 반드시 확인하길 권한다.

67 십자 나사

"확실히 좋은 아이디어인데도, 의외로, 즉시 인정 받지 못한다."

1930년대 초반 미국인 발명가 헨리 F. 필립스는 (지금은 보편적으로 쓰이는) 십자 나사와 십자 드라이버를 발명했다. 그가 내놓은 발명품은 기존에 사용하던 일자 나사보다 확실히 뛰어났다. 간혹 오래된 일자 나사를 접할 때마다 느끼겠지만, 일자 나사는 드라이버가 자꾸 미끄러져서 일하다 보면 입에서 십 원짜리(?)가 튀어나온다. 반면, 필립스 드라이버는 중심을 잡아주며 미끄러지지 않는다.

새로운 발명품이 확실히 뛰어났지만, 황당하게도 사람들은 계속해서 일자 나사를 사용했다. 필립스는 굉장히 곤혹스러웠으리라. 더 나은 발명품이 찬밥 신세였으니까. 나중에야 보편적으로 쓰이게 되었지만, 당시 필립스는 그 사실을 알 리가 없었다. 현재를 아는 입장에서 1930년대로 돌아간다면 필립스를 격려하고픈 생각이 들지도 모르겠다.

"조금만 더 참고 견디세요."라고 필립스에게 말한다. "역사는 당신 편입니다. 새로운 제품에 일자 나사를 전혀 사용하지 않는 날이 옵니다. 필립스 나사가 널리 쓰이게 됩니다."

"그래요? 그게 언제죠? 얼마나 더 기다려야죠?"

"흠, 몇 년만 더 기다리면 됩니다. 그때만 되면……."

"몇 년이라구요? 1935년이나 1940년이 되어야 사람들이 내 발명품을 쓴다는 말입니까?"

"사실은 1985년이나 1990년이 되어야 합니다."

"으악!"

새롭고 좋은 아이디어라고 무조건 즉시 받아들여지지는 않는다. 시간이 걸린다. 의사 결정 도중에 조직은 변경을 꺼리거나 미룬다. 하지만 더 좋은 아이디어를 내놓고 지지하는 사람들에게 조직이 보이는 태도는 실망스럽다. 더욱 나쁘게는, 거절을 사형 선고로 받아들인다. 군대에서 뭔가가 죽었다고 말할 때 '느리게 굴러간다'는 표현을 쓴다. 오랫동안 프로젝트에 참여한 우리는 지금까지 새로운 아이디어 대다수가 적어도 한동안은 느리게 굴러가는 모습을 목격했다. 심지어 소프트웨어처럼 빠르게 발전하는 업계조차 20여 년이 걸려서야 오늘날 최고라 여기는 기법으로 받아들여진 사례가 존재한다.[1]

확실히 좋은 아이디어를 제안했으나 받아들여지지 않아서 실망했다면 다음 교훈을 명심하기 바란다. 토마스 에디슨이나 베르너 폰 지멘스 등 우리 시대 최고의 발명가들은 단지 발명품 하나만으로 유명해지지 않았다. 그들은 새로운 아이디어를 계속해서 제안하는 능력으로 명성을 얻었다. 아이디어 하나만 밀어붙이는 사람은 선동가에 불과하지만, 여러 아이디어를 계속해서 제안하는 사람이 바로 혁신가다. 선동가에서 혁신가가 되려면 수 년 아니 수십 년이 걸린다. 하지만 혁신가의 길은 정직하고 매력적인데다 (아이디어가 점차 잘 받아들여진다는) 의외의 이익도 거둘 수 있다. 사람들은 증명된 혁신가가 제안하는 아이디어를 더 쉽게 받아들이기 때문이다.

---

[1] 20년이 넘게 걸린 사례는 사무엘 T. 래드와인 주니어와 윌리엄 E. 리들이 쓴 『Software Technology Maturation』 Proceedings of the 8th International Conference on Software Engineering, 189-200쪽(New York: IEEE Computer Society Press, 1985)을 읽어보기 바란다.

68 혁신 예측하기

"팀이 일정을 예측할 필요성과 혁신을 추구할
필요성 사이에서 균형을 잡는다."

현재 만드는 시스템이 조금이라도 흥미롭다면 혁신이 한 몫을 한다는 사실을 인정하리라. 혁신이란 팀이 처음으로 뭔가를 시도한다는 뜻이다. 팀이 색다른 방식으로 문제를 풀어야 프로젝트가 성공한다는 뜻이다. 동시에 회사는 거의 항상 어느 정도 합리적인 정확도로 프로젝트가 끝날 시기를 예측하라고 팀에게 요구한다. 즉, 팀은 좋은 아이디어가 나올 시기를 예측해야 한다는 소리다. 쉽지 않은 일이다.

아마 이런 퍼즐에 이미 익숙하리라. 관리자는 외줄을 탄다. 한편으로 팀에게 탐험하고 발견하고 배우고 해결할 시간을 충분히 주려고 애쓴다. 동시에 회사와 고객에게 합리적인 정확도로 프로젝트가 끝날 시기를 알려주려 애쓴다. 자칫하면 한쪽으로 쏠리기 십상이다. 회사와 고객에게 너무 낙관적인 일정을 내놓으면 팀이 압력을 받아 올바른 제품을 내놓기 어렵다. 반면, 프로젝트가 막바지에 이르러서야 일정을 내놓는다면 무능한 관리자로 보이기 십상이다.

개발을 계획하는 절차는 다음과 같다. 제품 기능 요구사항을 합리적인 수준으로 파악했더라도 팀이 목표하는 제품과 제작하는 방법을 결정하려면 여러 차례 반복이 필요하다. 그래서 관리자는 프로토타입을 제작하고 문제를 조사하는 반복을 두세 차례 계획한다. 이런 초기 반복은 기간을 분명하게 정한다. 각 반복에 걸리는 시간은 업무 특성과 규모에 따라서 달라지지만 대개 1~4주가 일반적이다.

초기 반복을 두세 차례 거치면서 팀은 대다수 기술적인 문제를 파악한다. 이제 최종으로 목표하는 제품을 개발하기 시작한다. 물론 여기서도 반복이 중요하다. 일반적으로 팀은 제품을 출시할 때까지 세 번에서 다섯 번 정도 반복을 진행한다. 앞서 언급했듯이, 각 반복에 걸리는 시간은 팀마다 다르지만 대개 4주에서 12주가 일반적이다. 제품을 출시하기까지 전체적인 개발 일정을 요약하면 다음과 같다.

제품 요구사항 정의						
반복 1	반복 2	반복 3	반복 4	반복 5	반복 6	안정화

위 예제에서 첫 세 반복은 문제 영역 전체를 탐험하고 프로토타입을 제작하는 시간이다. 그렇다고 반복 1에서 만든 프로토타입이 최종 제품에 들어갈 기능이라는 의미는 아니다. 팀이 제품의 모든 측면을 자유롭게 탐험한다는 의미다. 또한 반복 2를 시작할 때 반복 1의 결과물을 완전히 버릴지도 모른다는 의미다. 대개는 반복 1의 코드를 토대로 반복 2를 시작하지만 반드시 그래야 할 이유는 없다. 반복 1의 목표는 (반복 2 혹은 반복 3까지의 목표는) 모르는 문제를 풀어 프로젝트에 남은 불확실성을 줄이는 데 있다. 반복 1에서 반복 3까지는 대개 6주에서 12주가 걸린다. 물론 프로젝트마다 실제로 걸리는 기간은 달라진다.

이어지는 반복은 (프로젝트에 따라서 두 번이나 세 번이나 여섯 번도 가능한데) 출시할 제품을 제작하는 기간으로, 첫 세 반복에서 구현한 코드를 활용할 가능성이 매우 크다. 대체로 (제품을 구현하는) 후반 반복은 (문제를 탐험하는) 초반 반복보다 기간이 더 길다. 대개 4주에서 12주가 일반적이며, 팀이 채택한 개발 기법에 따라 달라진다.

혁신과 예측 사이에 균형을 잡으려는 팀에게 이런 접근 방법이 어떤 도움을 줄까? 일정한 시간을 정해놓고 혁신이 필요한 문제 영역을 여러 차례 반복해서 탐험하므로 둘 사이에 균형을 잡기가 쉬워진다. 이 방법을 사용하면 팀이 혁신적인 아이디어를 적시에 얻는다는 뜻일까? 물론 아니다. 하지만 프로젝트 일부로 창의적인 반복을 몇 차례 포함하기에 혁신적인 아이디어를 얻기가 쉬워진다.

프로젝트에는 혁신이 필요하다. 하지만 동시에 예측도 필요하다. 너무 한쪽만 강조하면 절름발이가 된다.

69 말린 몬스터

"어떤 조직은 개발자가 왕이다.
어떤 조직은 개발자가 졸이다."

몬스터 가족은 1964년에 시작하여 시즌 2까지 방영한 미국 TV 시트콤이다. 1313 마킹버드 레인이라는 평범한 동네에 사는 몬스터 가족의 시끌벅적한 일상을 다루었다. 아버지인 허먼 몬스터는 프랑켄슈타인 몬스터와 닮은 꼴이나 좀더 엉뚱하다. 엄마는 흡혈인간이고, 할아버지는 드라큘라 백작을 닮았으며, 아들인 에디는 어린 늑대인간이다.

역설적으로 몬스터 가족과 함께 사는 조카딸 말린은 금발에다 미모를 자랑하는 여대생이다. 하지만 나머지 가족은 말린을 예쁘다고 생각하지 않는다. 그들이 보기에 말린은 너무도 못생겼다. 말린의 감정을 해치지 않으려고 애쓰지만 실제는 못생겨서 부끄럽게 여긴다. 말린이 이상한 가족에서 태어나는 바람에 대우 받지 못한다는 착상이 몬스터 가족의 기본적인 아이디어다. 여느 정상적인 가족에서 태어났더라면 말린은 훨씬 좋은 대우를 받았으리라.

많은 개발자가 말린 몬스터와 같은 삶을 살아간다. 기술에 의존하는 회사에서 일하지만 허섭한 대우를 받는다. 개발자는 조직도에서 한참 아래 위치한다. 한편, 많은 조직에서 관리자가 왕이다. 관리자가 계획을 세우고 일정을 잡고 업무를 추적하고 예측하고 할당할 책임을 맡는다. 계획, 일정, 추적, 예측은 흔히 (다른 관리자와 상의하여) 관리자가 전적으로 결정한다. 개발자는 관리라는 힘든 책무를 '이해하지 못하는' 불평꾼일 뿐이다.

관리자는 연봉도 많다. 어떤 프로젝트를 수행할지 선택하고 회사가 투자하기로 한 프로젝트를 수행할 책임이 그들에게 있으니까. 기술자는 머리를 조아리고 관리자가 시키는 일을 한다. 그게 싫으면 조직을 뜨는 수밖에 없다. 그러면 관리자와 인사부가 새 사람을 고용한다. 때로는 계약직을 고용한다. 때로는 본사보다 인건비가 싼 다른 대륙에서 고용한다.

이 패턴의 변종은 영업부가 왕인 조직이다. 제품이 아무리 좋아도 고객에게 못 팔면 그만이라는 논리에서다. 관리자가 왕인 패턴이나 영업부가 왕인 패턴은 모두 개발자가 풍부한 자원이라는 믿음과 어느 개발자를 고용해도 차이가 없다는 믿음에서 출발한다. 그래서 그들은 개발자에게 들어가는 인건비를 최대한 줄이려고 애쓴다.

물론 개발자를 완전히 다르게 취급하는 회사도 있다. 이들은 자사의 제품이나 서비스를 경쟁사의 제품이나 서비스와 차별 짓는 요소가 품질과 혁신이라 믿는다. 또한 최상위 10% 개발자와 평균 개발자는 재능과 생산성이 엄청나게 다르다는 사실도 잘 안다. 그래서 최고로 실력 있는 개발자를 데려오려 애쓴다. 결과적으로 개발자가 왕인 문화가 생겨난다. 개발자는 업무 부하와 업무 방식에 상당한 자유를 갖는다. 이런 조직은 흔히 개발자가 제품을 개발하면서 기능도 결정한다. 일선에서 일정을 예측하는 책임도 개발자에게 주어진다. 아주 고참 개발자는 팀 관리자와 비슷한 혹은 더 많은 연봉을 받는다. 항상은 아니지만 대개 소프트웨어를 제품으로 출시하는 조직이나 제품의 핵심이 소프트웨어인 조직에서 개발자는 왕이다.

개발자가 왕인 문화가 극단으로 치달으면 문제가 생긴다. 개발자가 자신의 결정이 미칠 영향은 고려하지 않은 채 업무와 일정을 최적화하면 프로젝트가 곤경에 빠진다. 예를 들어, 우리는 개발자 두 명이 소프트웨어를 위조한 사례를 보았다. 그들은 나중에 짜면 된다는 생각으로 많은 클래스를 미완으로 남겨두고 '재미나고 어려운' 부분에 집중했다. 덕택에 QA, 기술 문서 작성팀 등 나머지 프로젝트 팀은 마감일이 다가오면서 업무량이 폭주하는 사태를 맞았다. 아무 기능도 완성되지 않아서 테스트도 못하고 문서도 못 만들고 있다가, 개발자들이 빈 코드를 채우자마자, 모든 기능이 한꺼번에 완성되어 버렸던 탓이다. 개발자들은 자기들 업무를 최적화하느라 프로젝트를 곤경에 빠뜨렸다.

개발자를 고용할 때는 품질과 혁신이 조직의 성공에 얼마나 중요한 요소인지 자문할 필요가 있다. 최고의 품질과 혁신을 얻으려면 진정으로 뛰어난 개발자가 필요하다. 개발자를 '유감스럽지만 어쩔 수 없이 고용할 자원, 인건비가 적을수록 좋은 자원'으로 취급한다면 뛰어난 개발자를 유치하고 키우고 보유하기 어렵다.

자신이 말린 몬스터와 비슷한 입장이라 여기는 개발자라면 세상에는 여러분을 합당하게 대우할 가족이 넘친다는 사실을 알려주고 싶다. 몬스터 가족을 벗어나라!

중간휴식 **편집실 바닥**

다음은 이 책에 실리지 못한 패턴이다.

- 난쟁이 관리자
- 망치가 있다면
- ISO 표준 콘돔
- 일하면서 휘파람 불기
- 기업 자선 행사 : 입냄새를 피하기
- 점판 대 기능 점수 : 경험적 연구
- 직접 판단하라 : 그들은 사용자 대표인가 잠정적인 장기 이식 기증자인가?
- 진짜 딜버트라면…….
- 출구 없는 칸막이
- 대개 첫 출시에는 이러지 않습니다.
- 쥬드 성인이 테스터의 수호 성인이 된 까닭
- 모두 바보일까? 아니면 아무도 바보가 아닐까?
- 별 모양 하나와 금 목걸이 두 개
- 마오리 군가 : 차세대 팀 구축 훈련
- 전체 테스트 계획을 읽어 보는 유일한 사람은 청소부 아줌마!
- 소중한 시간을 절약하라 : 베타 테스트가 끝난 후에 요구사항 기록하기
- 신념에 기반한 소프트웨어 공학
- 치즈는 결코 잠들지 않는다.

- 비트의 황홀경
- 자정이 넘어서 방갈로르에 도착하기
- 무지개 저편에 있는 변기
- 요구사항 없는 소프트웨어 공학
- 인사부가 고용한 천체 물리학자
- 보존Bozone 층[1]

---

[1] (옮긴이) 보존 층은 멋진 아이디어가 침투하지 못하도록 멍청한 사람으로 둘러싸인 층을 의미하는 속어다.

70 브라운 운동

"비전을 분명히 세우기 전에
프로젝트에 인력을 투입한다."

새 프로젝트를 시작하는 초반에는 프로젝트 관리자가 두 가지 부담에 시달린다. 하나는 프로젝트가 내놓을 결과물을 정의할 부담이고, 다른 하나는 빠른 시간에 가시적인 뭔가를 보여줄 부담이다.

프로젝트 속력을 높이려는 생각으로 많은 관리자가 팀 규모를 늘리기 시작한다. 팀 규모와 진도를 동일하게 여기는 탓이다. 그래서 새 팀원에게 맡길 업무가 분명히 정해지기 전부터 인력을 추가한다. 당연히 새로 합류한 팀원들은 '무계획이 계획'이다. 뚜렷한 방향 없이 인력만 투입하면 거의 무작위적인 방향으로 무작위적인 활동이 일어난다. 로버트 브라운이 수면에서 꽃가루 한 알이 움직이는 모습을 관찰해 유명해진 브라운 운동처럼 말이다.

반대 패턴은 핵심 인력만 투입한 상태에서 프로젝트 비전을 명확하고 일관되게 정하는 프로젝트다. 프로젝트 핵심 인력은 프로젝트 목표, 범위, 제약, 프로젝트가 출시할 최종 제품, 제품이 대상 고객에게 제공할 이익을 정할 때까지 스스로를 외부에서 격리한다. 외부에 보여줄 정도로 비전을 명확히 완성한 후에야 프로젝트에 추가로 인력을 투입한다.

> "팀원들을 영화관이나 보내세요. 적어도 핵심 그룹이 프로젝트 구조를 계획하고 새로 고용한 친구들이 무엇을 해야 할지 정할 때까지는요."
>
> — 스티브 멜러 Steve Mellor

우리 저자들 중 두 명이 어떤 전기/가스 회사에서 진행하는 장기 프로젝트에 참여했는데, 회사에서 가장 큰 시스템을 설계하고 개발하는 초대형 프로젝트였다. 나중에 수백 명이 수년 동안 참여한 프로젝트가 되었지만, 기본 개념과 고차원 아키텍처는 석 달 동안 세 명이 구상했다. 유사한 사례는 많다. 오늘날 수천 명에 이르는 프로그래머가 리눅스 개발에 참여하지만, 리눅스 비전은 단 한 사람이 세웠다. C++ 비전도 한 사람이 세웠다. 반면, 에이다(Ada)는 위원회가 기획했다.

비전을 분명히 세우지 않은 채 인력을 투입하면 오히려 생산성이 떨어진다. 너무 많은 사람들이 프로젝트 계획에 참여하면 모호하고 모순된 결과가 얻어진다. 나중에 얼마나 많은 인력을 팀에 투입하든, 명확한 비전은 한 사람이나 아주 작은 그룹이 세워야 마땅하다.

71 크고 또렷하게

"프로젝트 목표를 반복해서 분명하게 표명한다."

프로젝트 목표는 프로젝트 요구사항과 제약사항의 가장 고차원적인 표현이다. 프로젝트 목표는 처음부터 분명하게 명시하고 프로젝트 참여자 모두가 주기적으로 되새겨야 한다. 왜냐고? 조직에서 개개인이 추구하는 목표가 때로는 상충하기 때문이다. 영업 직원은 자신의 수주 금액을 늘리려고 애쓴다. 그래야 자신에게 돌아오는 수수료가 늘어나니까. 제품 관리자는 자기 제품의 수익성을 높이려고 애쓴다. 그래야 상사한테 인정 받을 테니까. 엔지니어는 이번 버전에 약속한 기능을 모두 넣으려고 애쓴다. 그래야 보너스가 많아지니까. 이렇듯 개개인이 추구하는 목표는 서로 일치하지 않는다. 아니, 때로는 서로 충돌도 일으킨다. 조직은 크고 복잡한 유기체다. 그래서 겉으로 드러나지 않으면 충돌은 묻혀서 넘어간다.

  프로젝트에서 혼란한 상태를 오랫동안 유지하면 안 된다. 자칫하면 방향을 잃는다. 프로젝트 참여자와 이해관계자가 적정한 수준에서 눈높이를 맞추도록 처음부터 목표를 정확히 명시하고 검토하고 다듬어야 마땅하다. 여러 지역에 흩어진 조직들이 한 프로젝트에 참여해 한 시스템을 개발한다면 모두가 만족하는 공통적인 목표 하나를 찾기란 쉬운 일이 아니다.

  프로젝트 이해관계자들이 서로 동의하는 목표를 찾아낸다면 그 목표가 바로 설계와 구현에서 추구할 비전이다.

  하지만 목표를 올바로 정의했더라도 눈에 띄지 않으면 쓸모가 없다. 총체적인 프로젝트 목표를 지속적으로 상기시키지 않는다면 사람들은 쉽사리 목표를 잊고 핵심을 놓친다.

우리 클라이언트 사에서 비즈니스 분석가로 일하는 캐롤리나는 큰 프로젝트를 시작할 때 프로젝트 이해관계자들을 한 자리에 모아서 공통 목표를 끌어낸다. 그리고 나서 그녀는 목표와 척도를 커다란 도화지나 화이트보드에 기록한다(그림 71.1 참조). 프로젝트 회의가 열릴 때마다 그녀는 목표가 적힌 도화지를 가져와서 의자에 놓는다. 논의가 궤도를 벗어날 때마다 캐롤리나는 모두에게 목표를 상기시킨다. "목표가 틀렸다면 고쳐야 합니다. 아니면 우리가 궤도를 벗어납니다."

캐롤리나는 자신의 방식이 성공하는 요인을 두 가지로 꼽았다. 첫째, 목표를 정할 때 모두의 의견을 고려했다. 둘째, 프로젝트를 진행하는 내내 목표가 항상 눈에 띈다.

— 수잔 로버트슨

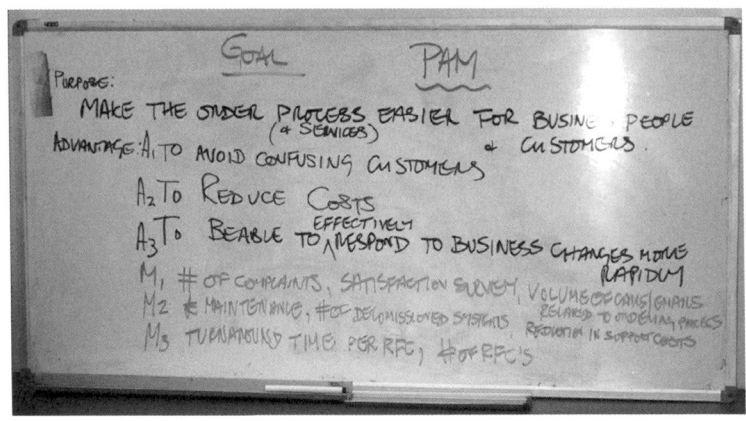

그림 71.1 프로젝트 목표, 장점, 척도(PAM, Purpose, Advantage, Measurement) 기술문

언제나 목표를 주지해야 할 사람들이 분석가와 비즈니스 관련자만은 아니다. 설계자도 목표를 알아야 올바른 설계 결정을 내린다. 예를 들어, 다음은 설계자가 던질 질문이다. "시스템 수명은 어느 정도여야 합니까? 수명보다 세 배 더 오래 돌아가는 시스템이라면, 기껏해야 영업일 기준으로 꼬박 10년 동안 돌아가는 시스템과는 다르게 설계해야 합니다."

사실상 거의 모든 프로젝트가 시간에 쫓긴다. 프로젝트를 하다 보면 불가피하게 기능을 쳐내는 상황에 부딪힌다. 넣을 기능과 쳐낼 기능은 흔히 제품 관리자와 프로젝트 관리자가 결정한다. 이와 같은 결정 역시 프로젝트 목표에 기반한다.

올바른 목표는 아주 중요하다. 모두에게 지속적으로 목표를 상기시키면 프로젝트와 프로젝트로 만드는 제품이 크게 달라진다. 캐롤리나가 그랬듯이, 회의실에 목표 선언문을 놓을 의자 하나를 비워두자.

72 안전 밸브

"업무 부담을 누그러뜨리는 긴장 해소 활동을
고안하여 일상적인 팀 활동으로 편입한다."

온종일 죽어라 일만 하는 사람은 없다. 그렇게 하지도 못한다. 일이 아무리 좋아도 가끔씩은 중단하고 쉬어줄 필요가 있다. 커피를 마시러 자리를 비운다고 일손을 완전히 놓지는 않는다. 권투 선수가 한 회를 마치고 쉬듯이 우리도 휴식이 필요하다.

하지만 우리는 또 다른 종류의 휴식도 필요하다. 바로 업무 긴장을 해소하는 휴식이다. 이는 신체적인 피로와 무관하다. 프로젝트 참여자 대다수는 열심히, 때로는 오랜 시간 일한다. 일정에 쫓기면서 일하기도 일쑤다. 정상이다. 그래도 좋다. 하지만 때로는 긴장을 해소할 탈출구가 필요하다.

이 수필에 실린 사진은 안전 밸브다. 보일러 압력이 너무 높아지면 안전 밸브가 증기를 방출한다. 많은 프로젝트 팀도 나름대로 안전 밸브를 만든다. 대개는 개성적인 활동으로, 팀이 긴장을 해소하는 방법으로 자리잡는다.

형태는 다양하다. 어떤 안전 밸브는 단순하다. 예를 들어, 우리가 아는 팀 하나는 즉흥적인 스프레이 실 뿌리기 경기를 벌인다. 어떤 팀은 사무실에서 모형 삼륜차로 경주를 벌인다.

어떤 안전 밸브는 좀더 정교하다. 규모가 큰 어떤 팀은 주기적으로 '비밀 암살자'라는 경기를 벌인다. 각 팀원이 암살 목표를 지령 받는 동시에 다른 팀원의 암살 목표가 된다. 비밀 지령을 받고 나면 팀원들은 장난감 총을 숨기고 목표를 감시한다. 업무는 평소대로 진행하면서 비밀 암살자에게 당하기 전에 자신이 목표한 팀원을 암살하려 애쓴다.

경기를 벌인다고 사람들이 업무를 방치하지는 않는다. 오히려 그

반대다. 회사 관리자 한 명은 '비밀 암살자' 경기가 벌어지는 동안에 오히려 생산성이 높아진다는 사실을 발견했다. 경기 규칙이 이 효과를 부추긴다. 예를 들어, 책상에서 일하는 직원은 암살하지 못한다.

또 어느 회사는 매달 첫째 주 금요일에 소프트웨어 개발팀 전체가 새로 개봉한 영화를 보러 간다. 관람할 영화는 전자편지 투표로 결정한다. 사람들이 영화를 보러 간다는 사실은 그다지 놀랍지 않다. 하지만 어떤 영화를 관람하든, (거의 언제나) 프로젝트 부하가 어떻든, 팀원 모두가 참석한다는 사실이 놀랍다.

내기도 안전 밸브로 사용된다. 어느 팀은 우편물 배달차가 매일 도착하는 시간으로 내기를 벌인다. 가장 근접한 시간을 맞추는 사람이 이긴다. 판돈은 점심 한 끼 값도 안 되지만, 내기가 주는 긴장감은 업무에서 오는 긴장감을 멋지게 해소한다.

이런 안전 밸브는 팀 안에서 생겨난다. 누구 한 명이 시작해서 나머지 팀원들이 동참한다. 외부인이 제안하거나 지시해서 이뤄지는 활동이 아니다. 관리층이 인위로 안전 밸브를 만들어주려다 보기 좋게 실패하는 사례를 여러 차례 목격했다.

어떤 회사는 인사팀이 개발자를 위해 휴게실을 만들었지만 아무도 사용하지 않았다. 어떤 보험 회사는 회의실 하나를 지정해 소파와 쿠션을 비치하고 "휴식이 필요할 때 사용하라."는 안내문도 붙였다. 마찬가지로 아무도 사용하지 않았다. 직원들은 차라리 대형 수족관 옆에 모여서 잉어가 헤엄치는 모습을 구경했다.

팀이 선택한 해소 활동을 장려할 능력이 관리층이나 인사팀에 없다는 소리가 아니다. 당구대, 탁구대, 다트 판 등은 많은 회사에서 인기를 끌어왔다. 하지만 팀이 직접 만든 밸브가 가장 효과적이고 인기도 있다.

관리자라면 팀이 안전 밸브 활동에 보내는 시간을 간섭하지 말지어다. 장려하지도 말지어다. 그 시간은 팀이 휴식을 취하는 시간이다. 어떻게 쓸지는 팀이 가장 잘 안다.

73 바벨탑

"프로젝트 구성원들과 이해관계자들이
모두 이해하는 공통적인 언어가 없다."

우리는 남들이 나를 이해하리라 생각한다. 대개는 상당히 안전한 가정이다. 상대가 나와 맥락과 문화를 공유한다면 내 말을 왜곡 없이 받아들일 가능성이 높아진다. 영국 술집에서 한 잔을 달라면 맥주 한 잔을 내놓는다. 런던 우유 배달 기사에게 한 잔을 달라면 우유 한 잔을 내놓는다. 유사하게, 옆 자리 동료 팀원에게 네트워크 상태나 고객 할인율이나 기타 프로젝트 용어를 말하면 동료가 의미를 이해하리라 기대한다.

이렇듯 낙천적인 기대 때문에 우리는 다음과 같은 의문을 제기하지 않는다. "상대가 정말로 내 말을 이해할까? 서로 다른 언어를 말하면서 고개만 끄덕이진 않는가?"

바벨탑 패턴은 "조직이 언어 하나를 공유하며 모든 프로젝트가 이 언어를 사용하는 한 문제가 없다."는 허구에 기반한다. 하지만 조직은 거대하고 동적이며 복잡한 유기체다. 프로젝트에서 서비스, 주문, 자산, 정책, 고객, 직원, 할인 등과 같은 용어는 사용하는 맥락에 따라 의미가 달라진다. 조직 언어라는 시시한 일반화에 매달리는 대신 각 프로젝트는 독자적인 언어를 개발할 필요가 있다. 언어에 필요한 정형성과 엄격함은 오해가 발생할 가능성과 그 오해가 초래할 위험에 따라 달라진다. 사람 목숨이 오간다면 극도로 엄격하고 정형적인 언어가 필요하다. 사소한 금전적 손해나 짜증을 초래한다면 그 반대다.

개인 차이를 유발하는 요인도 오해가 발생할 가능성을 높인다. 해당 분야 지식, 언어 지식, 경험, 기질 등이 좋은 예다. 근무지, 동시에 병행하는 프로젝트, 외주 등과 같은 요인까지 고려하면 목록은 더 길어진다. 게다가 많은 조직은 인수와 합병으로 규모를 키운다. 인수 대상 회사가 사용하는 고유한 언어 역시 모(母) 회사가 해독하고 통일해야 오해가 줄어든다.

프로젝트에는 살아있는 언어가 필요하다. 팀원들이 문제에 대해 배운 내용을 그대로 반영할 언어가 필요하다. 언어를 만들어가는 행위는 용어를 조금씩 정의해간다는 의미다. 프로젝트 이해 수준이 점차로 높아진다는 의미이며, 모든 팀원이 용어를 편안하게 사용하고 응용한다는 의미다.

공유할 언어를 개발하느라 팀이 쏟아 붓는 노력은 외부로 거의 드러나지 않는다. 하지만 프로젝트 내부에서 참여자들은 적극적이고 반복적으로 (때로는 집요하게) 용어를 정의한다. 성공하는 팀은 조직에 공통적인 한 가지 언어가 존재한다는 허구를 인정하지 않는다. 성공하는 팀은 자발적으로 독자적인 언어를 다듬고 또 다듬어서 바벨탑으로부터 프로젝트를 지켜낸다.

74 의외의 반응

"포상과 성과급을 지급한 관리자가 의외의 반응을 얻는다."

6주가 넘도록 특근에다 주말까지 일한 끝에 드디어 제품을 출시했다. 녹초가 되었지만 팀은 프로젝트가 끝나고 시스템이 무사히 이륙했다는 사실에 우쭐하다. 짧은 휴식으로 피로를 푼 후에 팀은 사무실로 돌아온다. 프로젝트 관리자는 프로젝트가 성공이라 천명하며 회사를 대신해서 진심으로 감사해 한다. 성의를 표시하고자 회사는 시내 최고급 레스토랑의 2인용 상품권을 모두에게 하나씩 돌린다. 상품권을 나눠주는 동안에 팀원들 사이에는 뵈브 클리코 샴페인, 안심 스테이크, 디저트란 디저트는 모두 주문하겠다는 농담이 오간다. 포상이 끝나고 대부분이 제자리로 돌아간 후 팀원 한 명이 PM에게 다가와 이렇게 말한다. "상품권을 반납하겠습니다. 지난 한 달 반 동안 마누라와 아이 둘을 방치하고 일한 결과가 고작 외식 한 끼라고 말하면 마누라가 아마 절 죽일 겁니다." PM은 어안이 벙벙해서 뭐라고 답할지 모른다.

　상품권은 나쁜 아이디어가 아니었다. 팀원 한 명만 제외하면 모두가 상징적인 의미로 받아들였다. "고생했으니 하루 저녁 맘껏 즐기세요."라는 의미였다. 하지만 그 팀원은 그렇게 해석하지 않았다. 그는 상품권을 (가족과 보낼 수 있는 소중한 시간을 빼앗긴 데에 대한 보상이 아니라) 자신을 매수하려는 싸구려 시도라고 여겼다.

　단순히 성의를 표시하는 징표에 불과하더라도 조직이 개인이나 팀에게 제공하는 포상은 어떤 면에서든 반드시 부작용을 일으킨다.

　(야근이나 특근 등) 지속이 불가능한 행동을 지속하려거나 직원들 행동을 바꾸려고 포상과 상품을 남발하면 받는 사람들은 오히려 반감만 커

지고 사기가 떨어진다. 조직 입장에서는 뛰어난 성과를 인정하고 장려하는 효과가 있다고 믿지만, 실제로는 두 가지 측면에서 그릇된 악순환에 빠진다. 첫째, 소수만 포상하므로 나머지 사람들이 즉각 불공평하다고 느낀다. 대놓고 말하지는 않지만 소외감에 빠진다. "나는 왜 빠졌지? 나도 죽어라 열심히 일했는데, 내 몫은 어디에?"

둘째, 깜짝 놀라며 기뻐해야 할 포상이 당연히 받아야 할 권리로 변한다. 예전에 포상을 받았던 사람들이 의례껏 다음 포상을 기대한다. "이번 프로젝트를 마치면 어떤 포상을 받을까?" 이런 포상은 긍정적인 효과가 전혀 없다.

포상과 상품이라는 패턴에 빠진 조직은 결코 보상 받지 못한다.

75 냉장고 문

"팀원들이 자신의 업무 결과물을
일상적으로 모두에게 공개한다."

종종 관리자는 "꼭 필요한 정보만 전달하라."는 원칙을 언급한다. 업무를 수행하는 데 반드시 필요한 정보만 전달하라는 의미다. 당면한 업무에 필요하지 않다면 굳이 알려줄 필요가 없다는 의미다. 반드시 필요한 정도로만 정보 흐름을 제한하라는 의미다.

냉장고 문 패턴은 이 충고에 정면으로 맞서지만 프로젝트 성공에 크게 기여한다. 구체적으로 설명하면 다음과 같다.

프로젝트 상황 전체를 팀원 전부가 반드시 알아야 할 필요는 없지만 그럼에도 불구하고 팀원들은 중요한 정보를 만천하에 공개한다. 사무실 출입구, 프로젝트 상황실, 자판기 가는 길, 화장실 근처 등 팀원들이 확실히 볼 장소에 정보를 공개한다. 누구나 수정해도 좋은 정보는 연필과 형광펜도 비치한다. 이들 게시물은 중요한 상태 정보와 구조 정보가 담긴 살아있는 문서다.

건강한 팀은 (프로젝트에서 맡은 역할에 따라) 팀원들이 내놓는 다양한 산출물을 공유한다.

- 출시 계획서
- 프로젝트에서 혹은 이번 주에 자신이 맡은 업무 - 모두가 특정한 기간 동안 누가 무엇을 하는지 안다.
- 번다운 burn-down 차트나 기타 진행상황 보고서 - 알아보기 쉽게 표현한다.

흔히 요구사항 산출물도 공유한다.

- 시스템 문맥context 다이어그램 - 모두가 시스템에 속하는 기능, 속하지 않는 기능, 시스템 인터페이스를 쉽게 파악한다.
- 유스 케이스 목록이나 유스 케이스 다이어그램 - 시스템이 지원하는 프로세스를 종이 한 장에 간략히 표현한다. 흔히 프로세스 개발 단계를 색상으로 표현한다. 예를 들어, '계획'하는 단계는 붉은색으로, '진행 중'인 단계는 노란색으로, '완료'한 단계는 초록색으로 표현한다.
- 유스 케이스 대 도메인 클래스 행렬 - 유스 케이스와 도메인 엔티티를 연관짓는 일종의 고차원 교차 참조 목록이다.

소프트웨어 아키텍트는 소프트웨어 시스템의 최상위 구조를 (예를 들어, 시스템에서 가장 중요한 컴포넌트 20개와 그들 사이 관계를) 공개한다. 이 문서는 마케팅 목적으로 만드는 세련된 발표 자료와 거리가 멀다. 아키텍트가 구상하는 진짜 구조다. 그래서 때로는 손으로 쓱쓱 추가한 의존성이나 붉은색으로 물음표를 표시한 (불필요한) 의존성도 눈에 띈다.

테스터도 테스트 케이스를 요약해 자랑스럽게 공개한다. 테스트 케이스가 다루는 범위도 설명한다. 그래서 QA 팀에 속하지 않더라도 QA와 테스트가 내 업무에 미칠 영향을 쉽사리 이해한다.

이렇듯 시각적인 방법으로 자신이 중요하게 여기는 정보를 부각하고 남들에게 중요하게 봐달라고 요청할 정보를 강조하는 방식으로 팀원들 모두가 피드백을 주고받을 기회를 얻는다.

"정보 방열기Information Radiator를 사용하면 사람들이 질문을 던질 필요가 없어진다. 오가며 자연스레 정보를 습득하니까."

– 알리스테어 콕번, 『Agile Software Development』[1]

프로젝트 산출물을 공개적으로 전시하는 팀은 서로를 신뢰하는 팀이다. 별다른 이유 없이 숨기는 정보란 없다. 남들이 결점을 찾아내도 혹은 일정을 지연할지 모른다는 사실이 드러나도 겁내지 않는다. 냉장고 문 프로젝트에 참여하는 팀원들은 보고서를 꾸미거나 포장하는 경향이 현저하게 적다.

냉장고 문 패턴을 사용하면 힘겹게 버전을 관리하고 문서를 배포할 필요가 없다. 팀원들이 즉석에서 정보를 수정하므로 모두가 항상 최신 정보를 얻는다.

복도를 지나다가 "회계 시스템 인터페이스 이름을 개선했습니다. 새로운 이름은 온라인 정보 흐름이 (단편적이 아니라) 연속적이라는 사실을 좀더 잘 반영합니다."라는 게시물이 보인다. 모퉁이를 돌자마자 또 다른 게시물이 보인다. "요구사항이 변경되었습니다. 보았습니까? 그래서 어제 만든 스프린트 계획보다 4일은 더 늦어집니다."

냉장고 문 패턴은 뭔지 모르게 자연스럽다. 모두와 공유하는 산출물은 자부심과 성취감을 표현할 뿐 아니라 '저도 여기 있어요'라는 기능을 제공한다. 글자 그대로 모두가 같은 정보를 공유한다. 등반가, 조

---

[1] (옮긴이) Alistair Cockburn, Addison-Wesley 발간, 2002년 한국어판 : 『Agile 소프트웨어 개발』, 이오커뮤니케이션 옮김, 피어슨에듀케이션 코리아, 2002년 출간

정 팀, 전력질주하는 백마 등이 실린 사진 같은 것에다 진부하고 듣기 좋은 문구를 덧붙인 격려성 포스터를 여기저기 붙여놓는 문화와 비교해보라.

여러분이라면 어떤 환경에서 일하겠는가?

76 내일은 태양이 뜨리라

"관리자가 미래의 평균 업무 속력이 과거의 평균 업무 속력보다 나으리라 낙관한다."

당신은 프로젝트 팀 여럿을 총괄하는 관리자다. 커피 한 잔을 뽑아 들고 회의실에 들어선다. 팀 리더들과 프로젝트 진행 상황을 검토하는 회의다. 첫 번째로 검토하는 프로젝트는 당신에게 낯설다. 몇 달 동안 다른 부서에서 진행하다가 조직이 개편되면서 당신에게 넘어왔다. 프로젝트 관리자는 다소 신참이지만 잘 한다는 소문을 들었다. 그 친구를 제리라고 부르자.

제리는 전반적인 프로젝트 계획부터 설명한다. 프로젝트는 3주 단위로 반복하는데, 팀은 막 세 번째 반복을 마쳤다. 첫 번째 반복과 두 번째 반복에서 팀은 계획한 업무를 모두 끝내지 못해 일부를 다음 반복으로 넘겼다. 세 번째 반복에서도 같은 현상이 벌어졌다. 세 번째 반복을 마친 현재, 팀은 첫 번째 반복과 두 번째 반복에서 계획했던 업무까지 완료했다. (우선순위가 변하고 범위가 늘어나서 구체적인 업무는 조금 달라졌다.)

제리가 전하는 소식이 달갑지는 않았지만 그렇다고 놀랍지도 않았다. 흔히 열성적인 팀은 자신들이 감당할 수 있는 업무량을 낙관적으로 예측한다. 특히 프로젝트 초반에는 더더욱 낙관적이다. 그러므로 프로젝트 경로를 바로 잡기는 어렵지 않으리라. 베타 버전을 내놓을 날짜까지 반복이 다섯 번 남았으며, 베타 버전에서 얻은 고객 피드백을 반영하고 제품을 안정화하는 시간으로 반복이 네 번 더 있으니까. 그래도 제리에게 나름대로 복안이 있는지 궁금하다. 중간목표를 달성할 전략이 있는지 확인하려고 이렇게 묻는다. "지금까지 경과를 감안하건대 앞으로 어떻게 조정할 생각입니까?"

제리 : 솔직히 말씀 드리면, 우리 팀은 원래 범위와 일정을 맞출 자

신이 있습니다.

당신 : 하지만 그러려면 반복 여섯 번에 해당하는 업무를 다음 다섯 번에 끝내야 합니다.

제리 : 맞습니다. 하지만 가능하다고 생각합니다. 우리 팀은 우수한 팀입니다. 모두가 일정을 맞추려고 박차를 가하고 있습니다.

당신 : 좋은 소식이군요. 하지만 지금까지 세 번에 걸친 반복 동안 지연이 일어난 이유는 어떻게 설명하겠습니까?

제리 : 아, 그것 말입니까? 큰 문제가 아니었습니다. 이런저런 사소한 사건이 생겼지만 모두가 일회성 사건이었습니다.

당신 : 몇 가지만 말해주세요.

제리 : 그러지요. 지난 달에 대규모 네트워크 장애가 있었습니다. 장애 자체는 18시간만에 끝났지만 복구에 며칠이 걸렸습니다. 다음으로 다렌이 갑자기 부친상을 당하는 바람에 일주일 동안 출근하지 못했습니다. 아시다시피, 다렌은 제품 관리자입니다. 그녀가 있어야 요구사항을 확인하고 완료한 기능을 승인합니다. 다음으로 2주 전에 영업팀이 제동을 걸었습니다. 대형 계약건을 성사하려면 콘셉트를 증명해야 한다며 도움을 요청했습니다. 팀원 세 명이 영업팀 지원에만 며칠 동안 매달렸습니다."

당신 : 그렇군요. 확실히 흔치 않은 사건입니다. 다른 사건이 더 있습니까?

제리 : 몇 가지가 더 있습니다. '일광절약제' 소동을 기억하십니까?

고객들로부터 지원 요청이 쇄도해서 개발자들이 시간을 빼앗겼습니다. 그리고 제이슨이 배심원으로 출석하느라 자리를 비웠습니다. 그 전에 세 번이나 연기했기 때문에 이번에는 반드시 참석해야 했습니다. 2주나 자리를 비우는 바람에 제이슨이 맡은 오프라인 지원 기능을 나중으로 미뤄야 했습니다.

당신 : 이런, 꼬리에 꼬리를 물고 사건이 터졌군요. 정황을 고려하건대 팀이 지금까지 아주 멋지게 해냈다고 생각합니다.

제리 : 감사합니다. 말씀 드렸듯이 아주 환상적인 팀입니다.

당신 : 그렇다면 앞으로 네 번째 반복에서 여덟 번째 반복까지 비슷한 사건이 생길 경우를 대비해서 어느 정도 버퍼를 잡았습니까?

불편한 침묵이 흐른다.

제리 : 글쎄요. 비슷한 사건이 다시 한 번 생기리라 생각하지는 않습니다. 아주 예외적이고 예측이 불가능한 상황이었습니다. 제 말은, 일광절약제 사건은 사실상 의회 법안 때문에 터졌습니다. 일상적으로 발생하는 사건이 아니지 않습니까?

당신 : 그러니까 이렇다는 말이군요. 세 번째 반복까지 나쁜 일이 모두 일어났으므로 지금부터는 좋은 일만 생긴다는 소리죠? 그래서 기능을 쳐내지 않아도 일정을 맞출 수 있다는 소리죠?

제리는 나쁜 관리자가 아니다. 단지 위험할 정도로 낙천적인 관리자다. 낙천적인 천성이라 프로젝트에 의외의 난관이 닥치리라 생각하지 않는지도 모른다. 낙천적인 천성이 아니어도 프로젝트 역학으로 인해 낙천주의자인 양 행동하는지도 모른다.

제리가 선택할 좀더 현실적인 대안을 생각해보자. 앞으로 프로젝트가 어느 정도 불운을 겪으리라 가정하고 기능을 쳐내거나 일정을 늘이는 방안이 바람직하다. (물론 인력을 추가하는 방안도 있겠다. 하지만 인력 투입은 단기적인 관점에서 프로젝트에 별다른 도움을 주지 않는다.) 그렇지만 제리는 상사가 보일 반응, 즉 당신이 보일 반응을 우려해 고통스런 변경이 필요하다는 사실을 솔직하게 털어놓지 못할지도 모른다.

제리가 기능을 쳐내거나 일정을 늘이자고 선뜻 제안하지 못하는 이유가 하나 더 있다. 현 시점에서 기능을 쳐내고 일정을 조정할 필요성을 증명하지 못하기 때문이다. 남은 업무는, 정말로 아무 일도 터지지 않는다면, 남은 일정에 간신히 맞출 정도다. 제리가 만약을 대비하여 기능을 쳐내자고 주장했는데 누군가 의문을 제기하면, 제리 입장에서는 구체적인 증거를 대기가 어렵다. 아직 일어나지 않은 일이니까.

XP는 이런 낙관론에 대응하는 멋진 기법을 제시한다. '어제 날씨'[1] 라는 기법으로, 다음 반복에서 얻어질 생산성은 직전 반복에서 얻은 생산성을 넘어서지 않는다고 가정한다. 어제 날씨에 기반하든 직접 판단하든, 앞으로 사고가 터지지 않을 가능성은 0이라는 사실을 명심한다. 올바로 가정하고 계획하기 바란다.

---

[1] 켄트 백과 마틴 파울러, 『Planning Extreme Programming』 (Boston : Addison-Wesley, 2001), 8장 33-34쪽

77 엎친 데 덮치기

"프로젝트 이해관계자들이 말로는 지원을 약속했으나 실제는 기능을 계속 추가해 프로젝트를 망친다."

미식 축구에서는 공을 든 선수가 이미 넘어졌는데 수비 선수가 그 위를 덮치면 반칙으로 선언한다. 넘어진 선수를 육중한 거구로 눌러서 본때를 보여주려는 의도이기 때문이다. 또한 상대 선수가 자기네 영역으로 다시금 돌진하지 못하도록 기를 꺾어놓겠다는 심산이기 때문이다. 확실히 반칙을 받아 마땅하다.

프로젝트에서도 유사한 반칙이 존재한다. 흔히 비용 대 이익이 확실치 않은 제품에다 자잘한 기능을 계속 추가하는 형태로 일어난다. 건설적으로 보일지도 모르지만, 이런 행동의 이면에는 프로젝트에 부하를 걸겠다는 의도가 숨어있다. 피터 킨이 '반(反) 구현'이라고 부르는 패턴의 일종이다. 킨은 자신의 고전적인 논문[1]에서 아주 흥미로운 관찰 결과를 소개한다. 그는 프로젝트를 망치려면 대놓고 반대하는 위험을 감수할 필요가 없다고 말한다. 단지 '프로젝트가 원대한 목표를 달성하는데 유용할' 추가 기능과 개선 기능을 한아름 제안하면 충분하다고 말한다.

많은 반복을 계획한 팀이라도 이런 반칙을 100% 방어하진 못한다. 하지만 그들에게는 강력하고도 자연스러운 방어책이 존재한다. 다음 반복을 계획할 때마다 그들은 핵심 기능과 기타 기능을 구분하여 우선순위를 적절히 부여한다. 초반 반복에서는 핵심 기능에 치중하고, 기타 기능은 후반으로 미룬다. 다음으로 구현할 기능이 이익보다 경비가

---

[1] Peter G.W. Keen, 「Information Systems and Organizational Change」 CACM Vol. 24, No. 1 (January 1981), 24-33쪽.

(옮긴이) 온라인 문서는 ⟨http://web.njit.edu/~jerry/MIS-645/Articles/Keen.pdf⟩를 참조한다.

더 든다면 프로젝트를 종료하는 편이 낫다. 핵심 기능은 초반에 다 구현했으므로 프로젝트를 계속 진행할 근거가 미약하다.

온갖 형태의 반$_反$ 구현이 너무도 자주 일어나므로 (긴이 쓴 논문을 꼭 읽어보기 바란다) 한 번도 눈치채지 못했다면 주의가 부족한 탓이다.

78 변경이 가능한 시기

"프로젝트를 진행하면서 프로젝트 범위를 변경할 기회는 특정 시기에만 열린다. 주로 한 반복이 끝나고 다음 반복을 시작하는 시점이다."

프로젝트를 진행하면서 우리는 끊임없는 선택에 부딪힌다. 어떤 선택은 근본적이고, 어떤 선택은 영향력이 제한적이다. 근본적인 선택 중에서도 프로젝트 범위와 관련한 선택이 가장 중요하다. 즉, 이런 선택은 프로젝트 범위에 들어갈 기능과 제외할 기능을 가르는 결정이다.

프로젝트 범위를 정하는 논리는 『캐치-22』[1]와 비슷하다. 가능한 빠르게 정해야 하지만, 시간이 지나면 언제나 조정할 필요가 생긴다. 결국은 프로젝트를 끝내야 하므로, 그림 78.1에서 보듯이, 범위를 변경

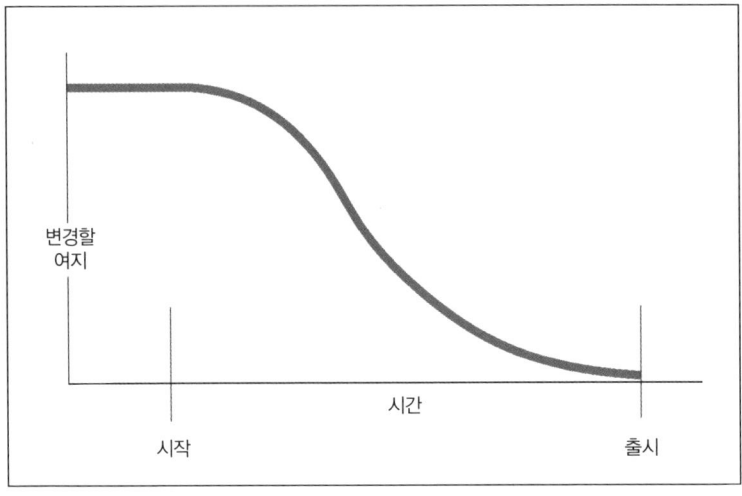

그림 78.1

[1] (옮긴이) 『Catch-22』는 조셉 헬러가 쓴 소설이자 마이크 니콜스가 감독한 영화 제목이다. 여기서 '캐치-22'는 '진퇴양난'을 의미한다. 자신이 미쳤다고 출격 면제를 요청하는 사람은 자신이 미쳤다고 판단할 정신이 있으므로 미치지 않았다는 결론에 도달한다. 그래서 그는 계속 출격해야 한다. 반면 완전히 미쳤음에도 계속 출격한 사람은 스스로 출격 면제를 요청하지 않았으므로 계속 출격해야 한다는 논리다.

할 여지는 점차로 작아진다.

그림만 보고서는 프로젝트 전반에 걸쳐 범위가 점진적으로 변한다고 여길지도 모르겠다. 그래도 되겠지만, 대다수 프로젝트 관리자는 그때그때 범위를 변경하는 방식이 실용적이지 못하다고 인정한다. 왜냐고? 프로젝트를 방해하기 때문이다. 일상 업무에 심각한 영향을 미치기 때문이다. 새 범위에 비춰 자신이 진행하는 업무를 재평가하느라 프로젝트가 주춤하기 때문이다.

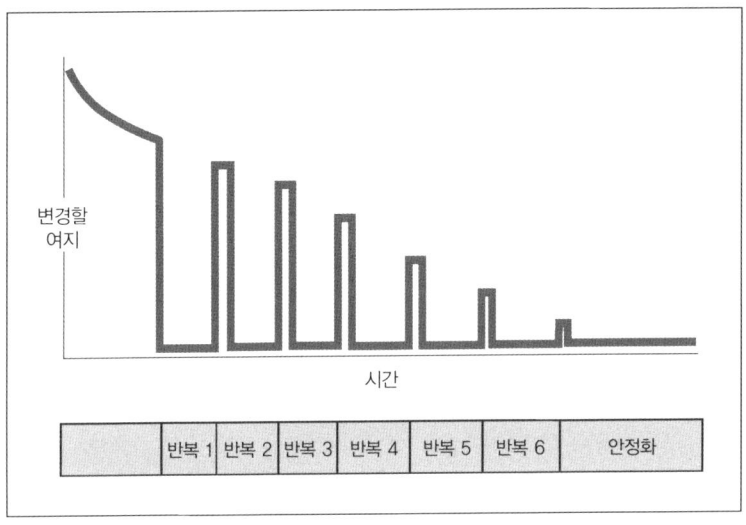

그림 78.2

범위를 조정하면서도 관성을 유지하고자, 많은 팀들이 프로젝트를 일련의 짧은 반복으로 나눈 후 한 반복 안에서는 범위를 변경하지 않는다. 맨 처음 정의한 범위는 첫 번째 반복에서 사용하며 첫 번째 반복이 끝날 때까지 손대지 않는다. 그 동안 두 번째 반복을 계획하는 사람들은 필요에 따라서 범위를 조정한다. 하지만 한 반복 내에서는 사람들이 방해 받지 않는다.

그림 78.2는 이 패턴을 보여준다.

한 마디 덧붙이자면, 이와 같은 방식은 반복이 비교적 짧은 경우에 효과적이다. (예를 들어, 12주에 이르는) 긴 반복 끝으로 모든 변경을 미루는 행위는 현명하지도, 때로는 가능하지도 않다. 프로젝트 진화를 억제하지 않으면서도 범위 변경으로 인한 혼란을 최대한 줄이려면 반복 기간은 2주에서 6주 정도가 적당하다.

79 인쇄소

"조직이 지금까지 작성한 문서 무게와 분량으로 프로젝트 진도를 측정한다."

프로젝트란 문제를 충분히 이해해 주어진 제약에 맞는 해결책을 찾아가는 여정이다. 이런 과정에서 팀은 이해한 내용을 다양한 프로젝트 관련자와 소통할 필요가 생긴다. 주로 사용하는 매체가 종이 문서와 전자 문서다. 상대와 소통할 방식을 설계할 때 고민할 문제는 두 가지다. "전달하려는 내용이 무엇인가? 가장 효과적인 매체는 무엇인가?" 어려운 질문이지만 제대로 고민하지 않는다면 너무 많은 정보를 제공하거나 너무 적은 정보를 제공하거나 잘못된 정보를 제공하는 바람에 필요한 피드백을 얻지 못한다.

다음과 같은 발언에 익숙하지 않은가?

- "이번 주까지 가능성 조사 보고서를 만들어야 합니다."
- "다음 화요일까지 기능 명세서를 완성해야 합니다."
- "이 회의와 관련한 공식 회의록을 모든 이해관계자들에게 배포해야 합니다."

위와 같은 발언에 "왜?"라고 물으면 십중팔구 이런 답이 돌아온다. "이번 단계에서는 이 문서를 만들어야 하니까요." 계속해서 질문한다. "정확하게 문서에 무엇이 들어갑니까? 무슨 목적으로 작성하죠? 누가 어떤 결정을 내리려고 문서를 사용합니까?" 조금만 추궁하면 상대도 이유를 모른다는 사실이 드러난다. 단지 이번에 할 일이니까 할 뿐이다.

지금 참여하는 프로젝트가 이렇다면 인쇄소에 근무한다고 봐도 되겠다.

인쇄소에서는 모든 활동이 문서 인쇄를 중심으로 돌아간다. 진도는 찍어내는 문서 양으로 가늠한다. 문서에 담긴 내용은 중요하지 않다. 인쇄소 원리는 이렇다. "누군가 뭔가를 요구할 경우를 대비해 모두에게 전부를 제공하자."

인쇄소 패턴에서 보이는 특징 하나는 각 문서가 따로 논다는 점이다. 문서 사이에 공식적인 연결 고리가 없다. 예를 들어, 한 문서에서 사용하는 프로세스 이름이 다른 문서에서 사용하는 프로세스 이름과 아주 다르거나 살짝 다르다. 사람들은 같은 프로세스라 짐작하지만 공식적으로 확인할 방법이 없으므로 추측과 혼란이 커진다. 또 한 가지 특징이라면, 사람들이 문서를 확보하려고 안달이라는 점이다. 뭔가를 작성하면 사람들이 묻는다. "사본 하나 보내주시겠어요?" 모두가 사본을 원한다.

인쇄소 패턴은 프로젝트에 부정적인 영향을 미친다. 사람들이 문서 내용보다 문서 무게에 집중하기 때문이다. "이 문서를 작성하는 활동이 프로젝트 목표에 기여하는가?"라는 좀더 중요한 질문을 간과한다.

인쇄소 패턴을 극복하는 프로젝트는 팀이 동의한 객관적인 척도를 사용한다. 입출력 수, 비즈니스 프로세스, 유스 케이스, 제약조건, 기능, 모듈, 기능 점수, 자료 요소, 기타 프로젝트에 적합한 척도를 활용한다.[1]

그들은 진도를 알리기 위해 그냥 반사적으로 문서를 만드는 대신

---

[1] 프로젝트의 진짜 요구에 맞게 프로세스와 문서를 만드는 방법은 패턴 12「시스템 개발 래밍 주기」를 참조한다.

다른 방식을 강구한다. 화이트보드, 원격회의, 블로그, 프로토타입 등이 좋은 예다. 또한 개개인이 문서를 쌓아두는 대신 중앙 프로젝트 라이브러리를 만든다. 그래서 누구나 필요할 때 정보에 접근한다.

요지를 정리하자면, 프로젝트에서 작성하는 모든 문서는 1) 필요성이 분명히 정의되어야 하며 2) 전체 프로젝트 지식으로 추적이 가능한 내용을 담아야 한다.

80 해외 개발팀 함정

"싼 인건비에 혹한 경영진이 일부 개발을 해외로 돌린다.
결국 개발 부서 사이에 의사소통만 복잡해진다."

소프트웨어 관리자들을 논쟁으로 끌어들이는 가장 확실한 주제가 바로 해외 개발팀이다. 지난 15년 동안 업계는 개발과 지원을 해외로 돌리는 사례가 점차로 늘어났다. 어떤 관리자들은 해외 개발팀이 불가피한 진보라 여기는 반면, 어떤 관리자들은 무작정 비용만 줄이려는 필사적인 몸짓으로 여긴다. 어떤 관리자들은 잠재적으로 유용한 도구이며 난관이 크지만 극복할 수 있다고 믿는다. 어떻든 모두가 한 가지 사실에는 동의한다. 해외 팀이 잘못될 위험은 도처에 널렸다는 사실을.

다음은 (결국 실패하는) 개발을 해외로 돌리기로 결정하는 경영진의 사고 방식 몇 가지다.

- "지금부터 국내에서 인력이 회사를 떠나면 프란즈 조세프에서 새 인력을 고용하겠습니다."
- "포틀릿 컴포넌트에 들어가는 업무량을 과소평가했습니다. 안도라에 있는 개발자 세 명이 두 달 동안 바쁘지 않다고 합니다. 그들에게 국내 팀을 지원하게 합시다."
- "이런! 출시 일정이 정말 빡빡하군요. 필요한 개발자를 모두 투입하려면 해외로 돌리는 방법밖에 없습니다. 그래야 일정이 단축됩니다."

다른 지역에 있는 개발팀이 서로 교류하고 협업하려면 상당한 비용이 든다. 위와 같은 발언은 이에 대한 무지를 여실히 드러낸다. (한쪽에서 직원이 회사를 떠났다고) 저쪽에다 업무를 임의로 넘기면 두 팀이 최소한으로 필요한 의사소통의 대역폭이 늘어난다. 마찬가지로, 담당자가 이쪽에서 일하는데 팀장은 저쪽에 있다면 양쪽이 필요한 의사소통의 횟수와 강도 또한 급격히 증가한다.

  기본적인 원리는 새롭지 않다. 오래 전부터 우리는 배워왔다. 시스템 복잡도를 제어하려면 시스템을 여러 구성요소로 쪼갠 후 각 구성요소의 인터페이스 복잡도를 최대한 줄여야 한다고. 개발팀의 업무 흐름을 설계할 때도 마찬가지다. 팀원들이 지리적으로 흩어져 있다면 (특히 시간대가 다르다면) 그만큼 위험은 커진다. 가능하면 바다 건너 오가는 의사소통 횟수와 대역폭을 줄이는 편이 낫다. 즉, 다음과 같은 상황을 피한다.

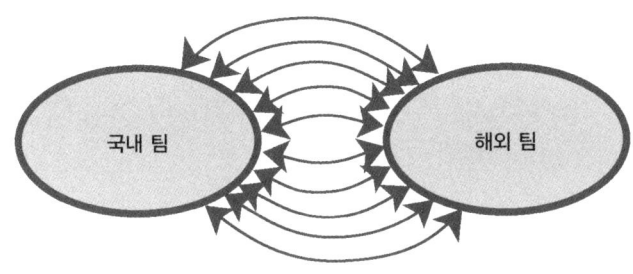

  그렇다면 프로젝트가 해외 개발팀 함정에 빠졌다는 사실은 어떻게 판단할까? 다음 증상을 눈여겨 살펴보자.

- 양쪽 개발자들이 서로 진도를 맞추고자 매일 오전 6시 혹은 저녁

8시에 회의를 연다.
- 국내 관리자 세 명이 해외 개발자 두 명을 관리한다.
- 팀원과 팀장의 시차가 4시간이 넘어간다.
- 해외 개발팀이 여섯 가지 제품을 지원하지만 직접 출시하는 제품은 없다.

그렇다고 해외 개발팀을 활용하지 말라는 이야기가 아니다. 우리는 1990년대 초반부터 해외 파트너를 활용해 성공을 거두었다. 그들의 잠재력을 최대한 활용하려면 경험자가 해주는 다음 충고를 새겨듣기 바란다.

1. 잦은 교류는 한 지역으로 제한하라. 신속한 소통과 교류가 필요한 업무는 (국내든 국외든) 한 곳에 할당하라.
2. 처음 몇 번은 국내 개발보다 오래 걸린다는 사실을 인지하라. 해외 개발이 성공하려면 팀이 새 근육을 키울 시간이 필요하다.
3. 해외 팀은 국내 팀과 다르지 않다는 사실을 인식하라. 그들도 의미 있고 도전적인 업무를 원한다. 대다수 해외 인력 시장은 굉장히 경쟁적이다. 그래서 우수한 개발자는 선택할 여지도 많다. 당연히 그들은 자신의 기술을 발전시킬 기회를 제공하는 업무를 선호한다. 유능한 개발자는 유지보수에 목숨 거는 노동 착취형 공장에 머무르지 않는다.
4. 지역마다 목적을 부여하라. 지역마다 영혼이 필요하다. 건강한

지역과 건강하지 않은 지역을 구분 짓는 요인은 많지만, 활기찬 지역은 대개 목적이 분명하다. 이렇게 건강한 지역에서는 구체적인 제품이나 시스템을 만들거나, 비록 더 큰 제품이나 시스템의 일부에 속해도 의미 있고 이름도 붙어있는 컴포넌트를 제작한다. 반대로, 특별한 목적 없이 잡다한 개발팀과 지원팀을 모아놓은 지역은 열의와 사기가 저조하다. 해외 팀을 만든다면 팀에게 부여할 목적부터 정하라.

위 단계를 따르면, 특히 마지막 단계를 명심하면, 국내 팀 함정도 피할 수 있다.

81 작전실

"프로젝트가 작전실을 중심으로 돌아간다."

매년 우리는 작전실을 갖춘 프로젝트를 열두어 개 남짓 접한다. 팀원들은 프로젝트 공동 공간에서 서로 부대낀다. 작전실 벽은 프로젝트 결과물로 가득하다. 비록 주류는 아니지만 분석할 가치가 있는 패턴이라 생각한다. 이런 프로젝트는 성공으로 직행할 가능성이 높기 때문이다.

> 작전실이 필요하지 않은 프로젝트는 수행할 가치가 없는 프로젝트라는 생각이 들기 시작했다.
>
> – 톰 드마르코

작전실은 잦은 교류가 프로젝트 성공에 필수적이라는 인식에서 나온다. 또한 작전실은 업무 결과물을 능동적으로 전시하면 팀 단결력이 높아지고 업무 진행이 매끄러워진다는 믿음을 표현한다. 마지막으로 작전실은 프로젝트를 적극적으로 지원하겠다는 상부의 의지를 표명한다. 작전실로 할당된 공간은 일종의 투자다. 물리적인 공간을 투자받은 프로젝트는 그만큼 중요한 프로젝트라는 상징적인 의미를 확보한다.

대다수 작전실은 회의실 하나를 점령해 사용한다. 회의실은 팀원 일부나 전부 그리고 소수 방문객을 수용할 정도로 규모가 크다. 일반적으로 팀원들은 거의 매일 작전실을 드나든다. 작전실에서 그들은 핵심 인터페이스를 의논하고 설계와 재설계 방안을 토론한다.

작전실에 영구적으로 전시하는 산출물은 제작 중인 문서, 설계안,

일정, PERT 차트, 인력 수급 차트, 위험 목록, WBS(Work Breakdown Structure), 다양한 업무 결과물, 관리 문서 등이다. 팀원들은 프로젝트 계획서나 설계 문서가 필요할 때마다 작전실로 달려간다. 동료들이 내놓은 결과물이 궁금할 때에도 작전실에 들른다. (자세한 내용은 패턴 75 「냉장고 문」에서 설명한다.) 모든 팀원들이 작전실 근방에서 일하면 가장 좋다. 즉, 작전실과 주변 공간이 프로젝트 영역으로 명확히 정의되면 가장 이상적이다.

프로젝트 관리자 역시 작전실에 자주 머문다. 프로젝트 관리자는 작전실에서 프로젝트 생명을 유지한다. 관리자 역시 보고서와 산출물을 작전실에 전시하므로 이들을 분석하고 갱신하는 책임은 당연히 프로젝트 관리자에게 떨어진다.

당연한 말이라 여길지도 모르지만 그래도 다시 한 번 강조하고 넘어간다. 무작정 공간을 확보해서 작전실을 만든다고 효과가 저절로 얻어지지는 않는다. 작전실은 프로젝트에서 유기적이고도 필수불가결한 요소여야 한다. 즉, 프로젝트가 스스로 선택한 방향이어야 한다. 그래야만 (때때로 생겨나는) 마법의 작전실이 가능하다.

82 무슨 냄새?

"조직에 속한 사람들은 조직의 흥망성쇠를 감지하지 못한다."

- 플러뤼 부인이 경영하는 빵집은 프랑스 알프스 지역의 샤모니 마을에 있다. 매일 아침, 신선한 빵이나 크루아상을 사러 오는 손님들은 가게에 들어서며 만면에 미소를 머금는다. 냄새가 너무 좋기 때문이다. 플러뤼 부인과 종업원들은 냄새에 취한 고객들에게 우수한 서비스를 제공하지만 자신들은 웃지 않는다.
- 미국 롱 아일랜드 동쪽 끝에는 오리 농장이 여러 곳 있다. 대다수는 가족이 소유하고 운영까지 한다. 근처를 지나면, 농장이나 표지를 보지 못해도 오리 농장이 있다는 사실을 금방 안다. 냄새 때문이다. 엄밀히 말하면 악취에 가깝다. 가까이 다가가면 눈물이 날 정도다. 매일매일 농장에서 일하는 사람들은 어떻게 견딜까? 오리 똥 냄새를 맡지 못한다는 설명 외엔 답이 없다.

일반적으로 (조직이 풍기는 냄새와) 프로젝트가 풍기는 냄새는 강렬하다. 빵집 냄새에서 오리 농장 냄새까지 다양하지만 정작 (조직에 속하는 사람들과) 프로젝트에 속하는 사람들은 냄새를 못 맡는다.

모든 구성원들은 자신의 조직이 풍기는 냄새를 알아야 한다. 그래야 다음 중 한 가지를 선택할 테니까.

- 숨을 깊이 들이쉰 후 하던 일을 그대로 한다.
- 창문을 조금 연다.
- 방향제를 뿌린다.

조직에서 어떤 직위에 있든지 스스로 냄새를 맡기는 불가능하다.

냄새를 파악하려면 외부에서 참신한 코를 데려올 필요가 있다. 흥미롭게도, 프로젝트 경험이 충분하다면 다른 조직에 신선한 코가 되어줄 능력도 충분하다. 지역 전문가 단체에 SNIFF Smell-Now: It's-For-Facts 프로그램을 만들어도 괜찮겠다.

우리는 오랫동안 다양한 조직에서 냄새를 맡아왔다. 다음은 (빵집과 오리 농장 외에) 우리가 실제로 맡은 냄새다. 자세한 설명은 생략한다.

- 요양원
- 감옥
- 십대 침실
- 무대 뒤 분장실
- 바닷바람
- 암 전문의 대기실
- 곰팡이
- 놀이터
- 전기 화재
- 시가 상점

냄새 이름을 보고서 조직 분위기가 떠오르지 않는다면 둘 중 하나다. 자신이 이미 속해 있거나, 한 번도 속한 적이 없거나.

레너드 스키너드가 노래했듯이, "냄새를 못 맡겠니?"[1]

---

[1] (옮긴이) 이 가사 내용은 18금이다. 〈http://popnlyric.com/home/lyrics/_t/thatsmell.htm〉

83 까먹은 교훈

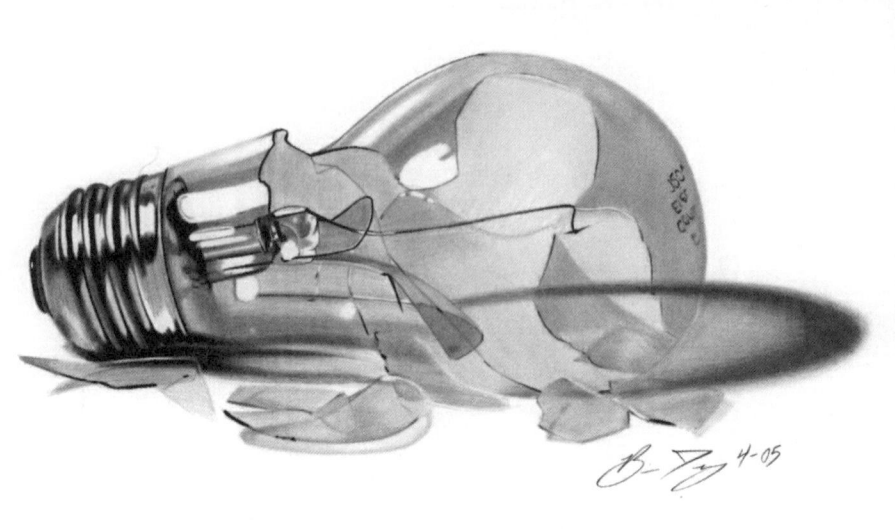

"팀이 실수를 인지하고도
같은 실수를 반복한다."

프로젝트에서 어떤 활동이 중요할까?

코드 짜기? 당연하지!
요구사항 올바로 수집하기? 요구사항에 비춰 제품 테스트하기? 물론!
설계? 그렇지!
프로젝트가 끝난 후 교훈을 되짚어 업무 방식 개선하기? 뭘 되짚는다고? 교훈? 왜 그런 일에 시간을 낭비해야 하는데? 이미 프로젝트는 끝났는데? 바꿀래야 바꿀 수 없지. 게다가 명상할 시간 따윈 없어. 다음 프로젝트가 코 앞에 닥쳤으니까. 곧바로 착수해야지.

회사 사람들 반응이 이렇다고? 걱정 마라, 혼자가 아니다.
프로젝트가 끝난 후 성공한/실패한 이유를 검토하지 않으려는 핑계 중 하나가 당연히 시간이 없으리라는 믿음이다. 또 다른 핑계는 좀더 냉소적이다. "소 잃고 외양간 고쳐봐야 무슨 소용입니까? 회사는 어차피 변경을 허락하지 않을 겁니다. 게다가 우리는 이제 막 CMMI 3 등급을 취득했습니다. 지금 방식을 고수하지 않으면 2등급으로 떨어질지도 모릅니다."
두 핑계 모두 이미 저지른 실수를 또 다시 반복하는 확실한 비결이다. '모두가 실패라고 인정하는' 실패를 만회할 방법이 없기에 이미 저지른 실패가 다음에도 영향을 미친다. 그래서 똑같은 실패를 또 다시 저지른다.

프로젝트를 끝낸 직후 사후분석을 수행하면 똑같은 실패를 피하기가 쉬워진다. 하지만 때로는 분석만으로 충분하지 못하다. 사후분석을 수행하고도 효과를 못 보는 경우가 있다. 다음 대화를 살펴보자.

"우리는 대다수 프로젝트에서 사후분석을 수행합니다. 2시간 정도를 투자하여 프로젝트에서 잘한 점과 잘못한 점을 돌아봅니다. 실컷 털어놓고 나면 속이 후련해집니다."
"그러고 나서는요?"
"음, 그러고 나서는 모두가 다음 프로젝트로 넘어갑니다."
"직전 프로젝트와 똑같은 방식으로 일하면서요?"
"음, 거의 그렇다고 봐야겠죠."

어떻게 그럴 수 있을까? 어떻게 사후분석이 변화를 촉진하는 촉매가 아니라 긴장을 해소하는 수단으로 전락했을까? 사후분석이란 원래가 '변화를 목적으로 수행하는 활동'이 아니던가? 맞는 소리 같지만 사실은 단어 하나가 빠졌다. 사후분석은 '내부 변화를 목적으로 수행하는 활동'이다.

프로젝트가 끝난 후 사후분석을 하다 보면 '엄밀하게 프로젝트 내부 문제가 아닌 문제'가 주요 원인으로 드러나는 경우가 많다. 프로젝트 외부에서 가해진 제약으로 발생한 문제들이다. 예를 들어, 조직 인터페이스, 꽉 막힌 정치 노선, 인위적 중간 단계, 강요된 인력 부족, 초기 인력 과잉, 불편한 강제 표준, 촉박한 일정, 사무 업무 지원 부족 등이다. 이와 같은 문제는 팀 영향권을 벗어나므로 해결책 역시 팀 역량을 벗어난다.

그런데 팀 영향권에 '완전히' 속하는 문제는 십중팔구 엄청나게 실현이 어렵다. 다시 말해서, 외부 변화는 정치적인 이유로 어렵고 무서우며, 내부 변화는 실현상의 이유로 어렵고 무섭다는 소리다. 그래서 팀은 오도가도 못하는 상황에 처한다. 때때로 사후분석이 진지하게 뭔가를 바꾸려는 의지 없이 한낱 신세한탄으로 끝나는 이유가 여기에 있다.

단순히 신세한탄으로 그치는 사후분석은 '행동 조치'가 아니라 '관찰 목록'을 결과로 내놓는다. 뒤엎는 방법은 간단하지만 제대로 하기가 쉽지 않다. 열쇠는 '행동 조치'를 정하자고 고집하는 데 있다. 팀 영향권에 속하는 문제든, 팀 영향권을 벗어나는 문제든, '효과가 없었거나 방해가 되었다고' 인식한 문제마다 팀이 다음 반복, 다음 버전, 다음 프로젝트에서 '행동 조치'를 정한다. 이렇게 사후분석을 수행하면 팀이 건설적인 설계 모드로 돌입한다. 어떤 조치는 조직적인 변화를 요구하겠지만 그렇다고 완전히 엉뚱한 변화는 곤란하다. 모든 조치는 내부 프로젝트 절차가 통과해야 하는 실행 가능성 테스트를 똑같이 통과해야 한다.

흔히 사후분석을 시작할 때 많이 쓰는 기교 하나가 팀원들이 한 명씩 돌아가며 좋았던 점 하나와 나빴던 점 하나를 털어놓는 방법이다. (그러면 팀원들이 말하면 안 된다고 생각했던 사안까지 쉽사리 털어놓는다.) 유사한 기교를 활용하여 성공적으로 변화를 유도할 수도 있다. 팀의 영향권에 완전히 속하는 조치와 팀의 영향권을 (일부라도) 벗어나는 조치를 적어도 하나씩 제시하게 만든다.

각 조치마다 "방법이든 업무든 사람이든 제약이든, 무엇을 어떻게 바꿔서 다음에는 문제를 피하겠다."고 명시해야 한다. 각 조치는 적용할 위치를 명확히 지정해야 하며 구체적인 하나의 목표를 향해서 나가야 한다. 즉, 조치를 취할 곳을 지정하는, 변경을 안내하는 안내도가 필요하다. 이렇게 개별 조치는 요청 받은 변경 내역을 안내도에 맞춰 제한하므로, 외부 세력이 받아들일 가능성도 훨씬 더 높다.

대개는 프로젝트가 끝난 후에 사후분석을 수행하지만[1] 반복 하나를 끝내거나 버전 하나를 출시한 후에 중간 검토를 수행해도 효과적이다.

용감한 회사가 사후분석으로 이익을 얻는다. 그들은 자신들의 접근 방식과 프로세스와 조직 구조를 면밀히 검토할 (심지어 날카롭게 비판할) 용의가 있으며, 기꺼이 변경할 의사도 있다. 이런 조직은 일하기가 즐겁다. 자신이 변화를 일으킬 수 있는 기회는 조직 문화에서 구성원들이 특히 소중하게 여기는 가치다.

---

[1] 사후분석을 프로젝트 회고, 사후 프로젝트 검토라고도 한다. 사후분석을 수행하는 방법은 노만 L. 커서 (Norman L. Kerth)의 『Project Retrospectives: A Handbook for Team Reviews』(New York : Dorset House Publishing, 2001)를 읽어본다. 귀중한 조언이 많이 담겼다.

84 설익은 아이디어의 고결함

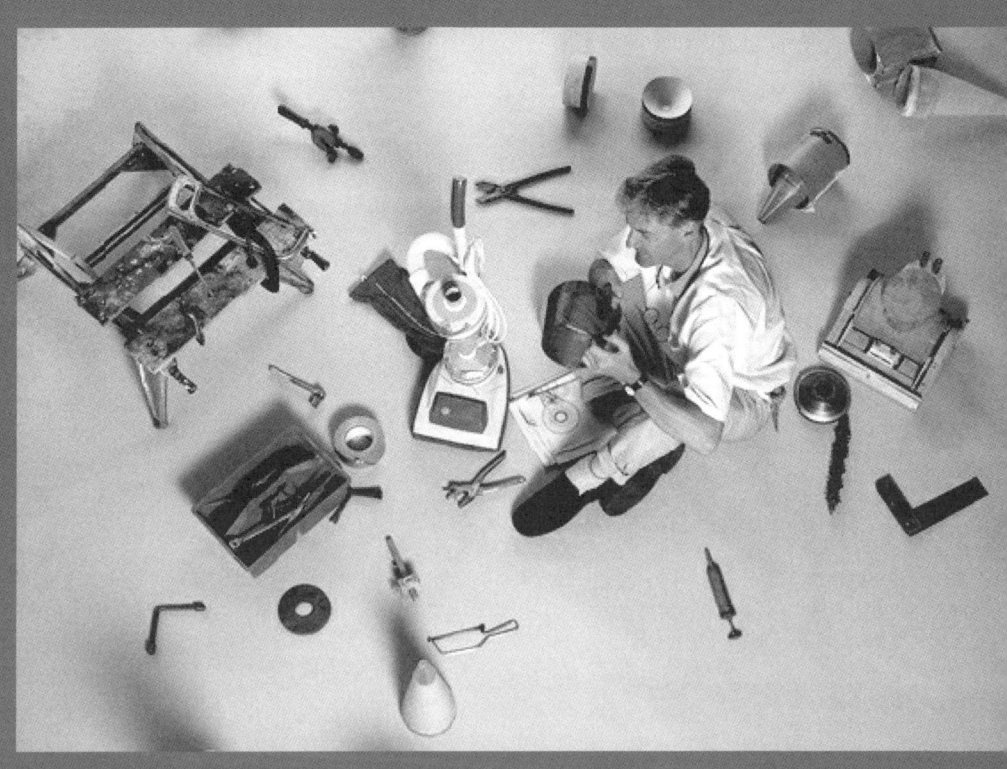

"팀이 설익은 아이디어도 기꺼이 키우고 다듬는다."

팀원들이 설익은 아이디어를 내놓기 주저하는 분위기에서는 발전이 더디다. 아니, 때로는 발전이 멈춘다. 강한 팀은 불완전한 아이디어도 자유롭게 토론한다. 많은 팀이 이런 분위기를 장려한다. 원래 아이디어가 완벽하지 않다면 개선하면 되니까. 내놓기만 한다면.

설익은 아이디어도 프로젝트에서 차지하는 역할이 있으므로 챙기고 보호해야 마땅하다. 예를 들어, 브레인스토밍 세션과 여러 창의력 워크샵은 팀원들이 자기 생각을 자유롭게 제안하는 분위기에서만 가능하다. 생각이 아무리 불완전하고 불가능해 보이고, 완전히 무모할지라도……. 또한 팀원들은 비판이나 조롱을 걱정하지 않고서 자신의 생각을 말할 수 있어야 한다. 우리는 아주 설익은 아이디어가 존중과 기회를 얻은 후, 가치 있는 제품으로 변하는 사례를 여러 차례 보았다.

설익은 아이디어가 발전할 기회를 주려면 행동의 변화가 필요하다. 어떤 사람들, 조직, 팀은 당장 가능한 아이디어가 아니라면 완전히 무시한다. 아이디어를 제안하려는 사람은 꼼꼼히 생각하고 빈틈 없이 따진 후 즉각적인 가치가 명백히 드러나게 제안해야만 한다. 그렇지 않으면 아이디어는 사장된다. 아이디어를 완벽하게 다듬어서 내놓으라는 조직은 그룹 사고가 주는 장점을 부정하고 프로젝트 혁신이라는 흐름을 끊어버린다. 대다수 아이디어는 여러 사람이 머리를 맞대면 더 나아지므로.

사람들은 창조보다 개선에 능하다. 그리고 거의 모든 아이디어는 (계속 노력한다면) 개선이 가능하다. 모든 팀원들이 완벽한 아이디어를 내놓기는 어렵다. 모든 팀원들이 자기 아이디어를 조리 있게 표현하기도 어렵다. 실험적인 아이디어가 발전하려면 (때로는 격렬한) 논쟁이 필요하다. 여럿이 토론해야 아이디어가 성숙하고 발전한다. 물론 모든 아이디어가 논쟁의 장에서 살아 남는 건 아니다. 하지만 모든 아이디어에 공평한 기회를 주어야 마땅하다.

아이디어는 공짜다. 시간이 아주 촉박하지 않다면 당장 가능하지 않다는 이유로 성급히 내다버릴 이유가 없다. 팀원들이 설익은 아이디어도 마음껏 제안하는 문화가 필요하다. 그것도 공짜다.

사족 _ 제임스 다이슨의 설익은 아이디어였던 원심력 진공청소기는 15년 동안 5,000회에 걸친 프로토타입을 거친 후에야 제품으로 태어났다. 현재 다이슨 진공청소기 모델 중 하나는 미국, 영국, 아일랜드, 스페인, 벨기에, 스위스, 호주에서 가장 인기 있는 제품이며 또 다른 모델은 일본에서 인기를 끌고 있다.

85 누수

"시간과 돈은 꼼꼼하게 관리하는 범주에서
대충 관리하는 범주로 '새 나가기' 십상이다."

딜레마는 이렇다. 현재 회사 신형 포털에 조그만 인터페이스를 추가하려고 서버쪽 코드를 다듬느라 바쁘다. 빌어먹을 인터페이스에 15시간이나 투자했지만 아직도 완성하지 못했다. 골똘히 코드를 고민하는데 PMO Program Management Office 담당자가 들러서 금주 업무시간 기록표를 채우라고 요청한다. "즉시 PMO 시스템에 로그인해서 채워주세요." 로그인하고 보니 지금까지 '5321: 동적 포털 인터페이스 구현' 업무에 소모한 시간이 상당하다. 여기에 15시간을 더하면 원래 할당된 시간을 모두 쓴 것이다. 그러면 필연적인 질문이 날아오리라. "이제 끝났습니까?" 당연히 아니다. 그러면 당연히 다음 질문이 날아온다. "그럼 언제 끝납니까?" 허걱, 가능하면 피하고픈 상황이다.

다행스럽게도 '5977: 응답 시간 조율'이라는 업무는 지금까지 기록한 시간이 없다. 새삼스럽게 지난 15시간을 다시 돌아보니 (너무 자세히 돌아볼 필요는 없다) 응답 시간을 조율하는 업무와 뭔가 비슷하지 않은가? 물론이다. 그 정도면 비슷하다. 그래서 '5977: 응답 시간 조율' 항목에 15시간을 기록한다. 대다수 WBS Work Breakdown Structure 항목은 100% 명확하지 않으므로 시간을 보고할 항목을 판단할 때 어느 정도 선택의 여지가 존재한다.

관리층은 할당한 시간을 거의 쓴 항목에 관심을 기울인다. 할당한 시간을 다 쓰면 업무가 끝나야 하니까. '내일'을 넘어서는[1] 다른 업무에는 눈길을 돌리지 않는다. 이렇듯 악의 없이 다른 업무에다 살짝 보고한 15시간을 우리는 누수 leakage 라 부른다.

[1] 패턴 7 「내일」을 참조한다.

대다수 프로젝트는 두 가지 형태로 누수가 일어난다. 하나는 업무를 잘못 분류하는 누수다. 앞서 소개한 예가 여기에 속한다. 다른 하나는 업무 일부를 다음 업무로 미루는 누수다. 업무를 대단히 꼼꼼하게 정의한다면 두 번째 누수는 생기지 않는다. 하지만 대개는 초반 업무 일부를 나중 업무로 떠넘길 여지가 존재하기 마련이다. 두 가지 유형 모두 효과는 동일하다. 프로젝트에 보이지 않는 지연을 초래한다. 전자는 프로젝트 후반에 할당된 시간을 줄인다. 후자는 프로젝트 후반에 수행할 업무를 늘인다. 둘 다 프로젝트를 제시간에 끝내기 어렵게 만든다.

다음은 흔히 발생하는 누수다.

- 관리층이 시간이나 인력을 거의 다 소모한 업무에만 관심을 쏟는다. 그래서 시간이나 인력이 여유 있는 업무로 누수가 일어난다. (첫 번째 누수 유형인 '잘못된 분류'다.)
- 관리층이 만료일이 가까운 업무에만 관심을 쏟는다. 그래서 만료일이 많이 남은 업무로 누수가 일어난다. (업무 일부가 뒤로 미뤄지므로 두 번째 누수 유형이다.)
- 요구사항 단계에서 업무 일부를 구현이나 테스트 단계로 넘긴다. 구현이나 테스트 단계에서 즉흥적으로 처리할 업무로 간주한다. (유형 2)
- 혁신 활동은 명확히 정의하기 어렵다. 그래서 자칫하면 온갖 업무가 혁신 활동으로 분류된다. (유형 1)

- 흔히 쉬운 업무는 어려운 업무보다 먼저 끝난다. 그래서 (관심이 집중되는) "이만큼 끝냈습니다." 메타 범주에서 (불명확한) "이만큼 남았습니다." 메타 범주로 누수가 일어난다.
- 업무가 프로젝트에서 완전히 누수되어 프로젝트 사후 유지보수 단계로 미뤄진다.

누수를 순전히 계산상 문제라 여길지도 모르겠다. 그렇다면 프로젝트 활동에서 유용한 통계를 뽑으려는 사람들에게나 중요하리라. 하지만 누수가 프로젝트에 미치는 효과는 좀더 잠행적이다. 때로는 누수로 인해 프로젝트가 부분적으로 혹은 완전히 통제를 벗어나기도 한다. 업무가 프로젝트에서 완전히 누수된다면 (출시 후에 고치고 또 고쳐야만 하는) 조잡한 제품이 나오며 관리층은 품질을 전혀 통제하지 못하는 상황에 처한다. (일정을 맞추리고) 초반에 어려운 업무가 누수된다면 시간이 지나면서 난이도가 높아져 프로젝트가 95%에서 전진하지 못하고 남은 업무 5%에 프로젝트 시간이 5%를 넘어서는 상황이 발생한다.

"대다수 사람은 화폐의 시간 가치는 이해하지만 시간의 화폐 가치는 이해하지 못한다."

  - 스티브 맥메나민

86 템플릿 좀비

다음 칸에 뭔가 적혀 있습니까?

> 예

다음 칸은 어떻습니까?

> 위를 보시오.

"팀이 단순히 템플릿을 채워나간다.
출시에 필요한 업무를 생각하고
고민하지 않는다."

문서에 들어갈 내용보다 문서가 따라야 할 표준에 집착하는 팀이 있다. 이들을 템플릿 좀비라 부른다. 빈칸 채우기에 집착하는 팀은 다음과 같은 방법으로 문서 품질을 평가한다.

"프로젝트 발의서를 끝냈습니다."

"끝냈는지 어떻게 압니까?"

"항목마다 내용을 채워 넣었습니다."

"좋습니다. 이제 승인만 남았군요."

템플릿 좀비는 문서 형식을 우선한다. 문서 내용은 뒷전이다. 아니, 아예 생각하지 않는다. 미리 정의된 항목마다 뭔가를, 아니 무엇이든 채워 넣으면 그만이다. 그래서 템플릿 좀비는 잘라내기/붙여넣기에 능숙하다. 템플릿에 맞지 않는 내용은 모두 무시한다.

템플릿이 무조건 나쁘다는 이야기가 아니다. 실제로 템플릿은 경험을 전달하는 훌륭한 수단이다. 예를 들어, 점검목록checklist과 질문 프레임워크는 특히 유용하다. 문제는 템플릿을 절체절명의 진리로 신봉하는 조직에 있다. 그들은 모든 프로젝트가 똑같다고 생각한다. 템플릿 좀비는 템플릿 빈칸에 (무엇이든) 뭔가를 채우면 프로젝트가 성공하리라 믿는다. 각 프로젝트가 고유하다는 불편한 진실을 인정하고 템플릿을 길잡이 안내서로 취급하는 대신, 그저 무심히 빈칸을 채우는 유혹에 굴복한다.

언젠가 참석한 검토 회의에서 팀원들이 설계 아이디어를 토론하기 시작했는데 누군가 템플릿이 그 아이디어를 수용하지 못한다며 반대했다. 나중에 다른 문서에서 다뤄야 한다는 이유에서였다. 템플릿을 변경하는 대신 팀은 그냥 아이디어를 버렸다.

어느 한 조직에서는 팀이 반란을 일으켰다. 외부 방법론자들이 만든 표준 템플릿 집합을 사용하라고 위에서 명령이 떨어졌는데, 그 템플릿은 숫자로 떡칠한 최악의 템플릿이었다. 숫자에 매달리면 실패는 자명했다. 팀은 조용히 실용적인 방식으로 업무를 진행했다. 그리고 방법론 규칙을 맞추고자 사무원을 시켜 무의미한 템플릿을 채워 넣었다. 문서는 누구도 읽어보지 않았지만 페이지를 다 채웠으므로 합격점을 받았다.

― 수잔 로버트슨

템플릿 항목에 채워 넣을 내용으로 늘 고민에 빠진다면 문서 내용보다 문서 형식이 중요한 템플릿 좀비 세상이 생각보다 가까울지도 모른다. 덧붙여 템플릿에 맞지 않는다는 이유로 모델을 (또는 기타 유용한 뭔가를) 추가하지 못한다면 이미 템플릿 좀비 세상에 도달했는지도 모른다. 프로젝트 대화가 형식, 배치, 글꼴, 번호 매기기에 초점을 맞출 때, 템플릿 좀비들이 어둠 속에서 비틀거리며 걸어나와 당신께 다가간다.

길드 소개 …

어떤 시스템이든 시스템을 개발하는 조직이라면 '아틀란틱 시스템즈 길드'가 만든 방법론과 기법을 사용할 가능성이 크다. 아틀란틱 시스템즈를 구성하는 핵심 멤버 6명은 다음과 같다.

런던 파트너인 수잔 로버트슨Suzanne Robertson과 제임스 로버트슨 James Robertson은 'Volere 요구사항 프로세스'를 만든 사람들이다. 이 프로세스는 인기 있는 Volere 요구사항 명세서 템플릿을 포함한다. 제임스와 수잔은 세미나와 컨설팅으로 전세계 다양한 조직이 요구사항 발견과 의사소통을 개선하도록 돕는다. 로버트슨 부부는 『Mastering the Requirements Process』『Requirements-Led Project Management』『Complete Systems Analysis』를 함께 집필했다.

스티브 맥메나민Steve McMenamin은 볼랜드 소프트웨어 사 공학부 부사장이다. 여기서 그는 개방형 응용 생명주기 관리 제품군을 개발하는 팀을 이끈다. 볼랜드 사에 합류하기 전에는 BEA 시스템, 크로스게인 사, 에디슨 인터네셔널 사에서 경영진으로 일했다.

팀 리스터Tim Lister는 길드의 뉴욕 사무소에서 일한다. 팀은 길드를 좀더 효과적으로 운영하는 방법에 시간을 투자한다. 팀은 자타가 인정하는 위험 관리 광신자로서, "프로젝트 승패는 위험과 포상에 달렸으며 위험과 포상을 고려하지 않는 생산성과 품질은 의미가 없다."고 믿는다. 팀은 톰 드마르코와 함께 『Peopleware』(한국어판 : 『피플웨어』), 『Waltzing With Bears』(한국어판 : 『소프트웨어 프로젝트에서의 리스크 관리』)를 집필했다.

독일 아헨에 있는 피터 흐루스카Peter Hruschka는 실시간 임베디드 시스템의 요구사항 분석과 설계 전문가다. 피터는 시스템 아키텍처 문서로 사용하는 ARC42 템플릿을 만든 공동 개발자다. 사회 초년생 시절에는 구조적 방법론과 객체지향 방법론에 사용하는 모델링 도구를 개발하기도 했다. 또한 방법론과 도구에 관한 책도 여러 권을 공동으로 집필했다.

톰 드마르코Tom DeMarco는 책 열두 권을 집필한 저자이자, 프로젝트 성공과 (때로는) 프로젝트 실패(논란)를 다루는 전문 컨설턴트다. 기술 분야와는 무관한 소설과 단편집을 내기도 했으며, 현재 역사와 관련한 책을 집필하는 중이다. 톰은 동반자이자 부인인 샐리 오 스미스와 메인 주 캄덴에 산다.

사진 출처 …

도입: Copyright ⓒ 2007 by Peter Angelo Simon (www.PeterAngeloSimon.com)
패턴 1. 아드레날린 중독증: Artwork by Kelley Garner, supplied by iStockPhoto
패턴 2. 발바닥에 땀나도록 뛰어라: Photo ⓒ Byron W.Moore, supplied by BigStockPhoto
패턴 3. 생선 썩는 내: Copyright ⓒ by Stefanie Timmermann/iStockPhoto
패턴 4. 신나는 회의, 자 박수!: Photo courtesy of Chris Linn, Corporate Entertainer (www.chrislinn.com) used with permission
패턴 5. 보모: Copyright ⓒ by Darryl Mason/iStockPhoto
패턴 6. 관련통(關聯痛): Copyright ⓒ 2005 Tari Faris/iStockPhoto
패턴 7. 내일: Photograph by Mark Lisao (markldxb@gmail.com)
패턴 8. 눈 맞추기: Copyright ⓒ 2006 by Leah-Anne Thompson/iStockPhoto
패턴 9. 무드링 관리: "Mood Ring" by Bruce MacEvoy (www.handprint.com)
패턴 10. 광신도: Copyright ⓒ by Joseph Jean Rolland Dube/iStockPhoto
패턴 11. 영혼을 빌려주다: Rembrandt's "Faust," from the Wikipedia Commons
패턴 12. 시스템 개발 레밍 주기: Photo by llwill/iStockPhoto
패턴 13. 후보 선수 없음: Photographer: gocosmonaut/iStockPhoto
패턴 14. 대면 접촉: Copyright ⓒ 2007 by Lise Gagne/iStockPhoto
패턴 15. 조각칼을 주었으니 미켈란젤로가 되어라: Copyright: AleksandrUgorenkov/iStockPhoto
패턴 16. 대시보드: Diagram by James Robertson
패턴 17. 끝없는 장애물: Faculty Meeting," burin engraving, 3.9 inches x 6.1 inches (100mm x 155mm),ⓒ 2002 Evan Lindquist-VAGA/NY
패턴 18. 영계와 노땅: Photo by Timothy Lister
패턴 19. 영화 평론가: Artist:Dan Leap/iStockPhoto

패턴 20, 한 놈만 팬다: Copyright ⓒ Tim Pannell/Corbis
프로젝트 용어정리: Copyright ⓒ Alexei Garev, used with permission
패턴 21, 너무 적막한 사무실: Copyright ⓒ 2007 by Milan Ilnyckyj (sindark.com)
패턴 22, 소비에트 스타일: Drawing by Tom DeMarco
패턴 23, 자연적인 권위: Photographer:Zennie/iStockPhoto
패턴 24, 흰 선: Photo by David Lee | Agency:Dreamstime.com
패턴 25, 침묵은 암묵적인 동의다: Copyright:Karen Squires/iStockPhoto
패턴 26, 밀짚 인형: Photo by Suzanne Robertson
패턴 28, 시간이 선택의 여지를 앗아간다: Photo by Emin Ozkan/iStockPhoto
패턴 29, 루이스와 클라크: Supplied by Images of American Political History
패턴 31, 리듬: ⓒ Nicemonkey | Dreamstime.com
패턴 32, 야근 예보: Copyright ⓒ by Maciej Laska/iStockPhoto
패턴 33, 포커 게임: "Card Players" by Pro Hart, used with permission
패턴 34, 그릇된 품질 관문: Graphic by Kativ/iStockPhoto
패턴 35, 테스트 전에 하는 테스트: ⓒ Undy | Dreamstime.com
패턴 36, 사이다 하우스 규칙: Copyright ⓒ by Bruce Lonngren/iStockPhoto
패턴 37, 말한 다음 써라: Photo by Scott Olson,Copyright ⓒ 2007 Getty Images
패턴 38, 프로젝트 매춘부: Copyright:Roberto A. Sanchez/iStockPhoto
패턴 39, 대들보: Copyright ⓒ by Nick Martucci | Agency:Dreamstime.com
패턴 40, 옷 입는 이유: Copyright ⓒ Tim Davis/CORBIS
패턴 41, 동료 평가: Copyright ⓒ 2007 by Felix Mockel/iStockPhoto
패턴 42, 스노클링과 스쿠버다이빙: "The Atlantic Trench," from the Wikipedia Commons
패턴 43, 언제나 문제는 빌어먹을 인터페이스!: Copyright ⓒ by Frances Twitty/iStockPhoto
패턴 44, 파란 영역: Photographer understood to be John T. Daniels. Library of Congress/Wikipedia Commons
패턴 45, 뉴스 세탁: From left, (a) Copyright Maartje van Caspel/iStockPhoto; (b) Copyright Guillermo Perales Gonzales/iStockPhoto;

(c) Copyright Michael Kemter/iStockPhoto;
(d) Copyright Duncan Walker/iStockPhoto

패턴 46, 진실은 천천히 알려주마: "Untitled 12" (2001) by Tai-Shan Schierenberg, courtesy Flowers,London

패턴 47, 막판 경기 연습하기: Photo by bluestocking/iStockPhoto

패턴 48, 음악가: Photo courtesy of Borys Stokowski

패턴 49, "Journalists": Artist: doodlemachine/iStockPhoto

패턴 50, 빈 자리: Photo by James Robertson

패턴 51, 나의 사촌 비니: 20TH Century Fox/The Kobal Collection

패턴 52, 기능 수프: Artist:Yails/iStockPhoto

패턴 54, 벤: Copyright:Pathathai Chungyam/iStockPhoto

패턴 55, 예의 바른 조직: Copyright ⓒ 2007 by Don Bayley

패턴 56, 전념: Copyright ⓒ 2006 by Joanne Green/iStockPhoto

패턴 57, 야구 선수는 울지 않는다!: Copyright ⓒ 2005 by Rob Friedman

패턴 58, 폭력 탈옥: "Confrontation 2" by Chaim Koppelman,Terrain Gallery, used with permission

패턴 59, 매번 정시에 출시한다: Copyright ⓒ by eyeidea/iStockPhoto

패턴 60, 음식++: Copyright ⓒ by Sawayasu/iStockPhoto

패턴 61, 고아 산출물: Photo copyright ⓒ by James Rye

패턴 62, 숨겨진 아름다움: Copyright 2007 by Michael Altschul/visuelmedie.dk

패턴 64, 워비곤 호수의 아이들: Photo courtesy of Marja Flick-Buijs, used with permission

패턴 65, 공동 교육: Copyright:Dmitriy Shironosov/iStockPhoto

패턴 66, Seelenverwandtschaft: TOHO / The Kobal Collection

패턴 67, 십자 나사: Photo from the Wikipedia Commons

패턴 68, 혁신 예측하기: Photo by Gabriel Bulla/Stockxpert

패턴 69, 말린 몬스터: CBS/MCA/Universal/The Kobal Collection

편집실 바닥: Copyright ⓒ by Valerie Loiseleux/iStockPhoto

패턴 71, 브라운 운동:Woodcut by Joseph Taylor,Copyright ⓒ 2007

패턴 72, 안전 밸브: Photo kindly supplied by Weir Valves & Controls UK,Ltd.

패턴 73, 바벨탑: Supplied by Kunsthistorisches Museum,Wien oder HM,Vienna

패턴 74, 의외의 반응: Copyright:Pattie Calfy/iStockPhoto

패턴 75, 냉장고 문: Photo by James Rye/BigStockPhoto

패턴 76, 내일은 태양이 뜨리라: Photograph by chuwy/iStockPhoto

패턴 77, 엎친 데 덮치기: Copyright © Radius Images/Alamy

패턴 78, 변경이 가능한 시기: "Samson and Delilah" woodcut by Bobby Donovan, copyright

패턴 79, 인쇄소: Copyright:Tim Messick/iStockPhoto

패턴 80, 해외 개발팀 함정: Photo by Peter Hruschka

패턴 81, 작전실: Photo by Peter Hruschka

패턴 82, 무슨 냄새?: Copyright:Yanik Chauvin/iStockPhoto

패턴 83, 까먹은 교훈: Pencil drawing by Brian Duey (www.dueysdrawings.com), Copyright © 2006, used with permission

패턴 84, 설익은 아이디어의 고결함: Photograph courtesy of James Dyson

패턴 85, 누수: Copyright © by John Carleton ǀ Agency: Dreamstime.com. German image credit:Copyright:Lise Gagne